La evaluación de la calidad académica en debate

Osvaldo Barsky

La evaluación de la calidad académica en debate

Volumen I
Los rankings internacionales de las universidades y el rol de las revistas científicas

Colección UAI - Investigación

Barsky, Osvaldo
La evaluación de la calidad académica en debate : los rankings internacionales de las universidades y el rol de las revistas científicas. - 1a ed. - Ciudad Autónoma de Buenos Aires : Teseo; Universidad Abierta Interamericana, 2014.
308 p. ; 20x13 cm.
ISBN 978-987-723-018-5
1. Política Educacional. I. Título
CDD 379

© UAI,Editorial, 2014

© Editorial Teseo, 2014

Teseo - UAI. Colección UAI - Investigación

Buenos Aires, Argentina

ISBN 978-987-723-018-5

Editorial Teseo

Hecho el depósito que previene la ley 11.723

Para sugerencias o comentarios acerca del contenido de esta obra, escríbanos a: **info@editorialteseo.com**

www.editorialteseo.com

Autoridades

Rector Emérito: Dr. Edgardo Néstor De Vincenzi
Rector: Mg. Rodolfo De Vincenzi
Vice-Rector Académico: Dr. Francisco Esteban
Vice-Rector de Gestión y Evaluación: Dr. Marcelo De Vincenzi
Vice-Rector de Extensión Universitaria: Ing. Luis Franchi
Decano Facultad de Desarrollo e Investigación Educativos: Lic. Perpetuo Lentijo

Comité editorial

Lic. Juan Fernando Adrover
Arq. Carlos Bozzoli
Mg. Osvaldo Barsky
Dr. Marcos Córdoba
Mg. Roberto Cherjovsky
Mg. Ariana De Vincenzi
Dr. Roberto Fernández
Dr. Fernando Grosso
Dr. Mario Lattuada
Dra. Claudia Pons
Dr. Carlos Spector

Los contenidos de los libros de esta colección cuentan con evaluación académica previa a su publicación

PRESENTACIÓN

La Universidad Abierta Interamericana ha planteado desde su fundación en el año 1995 una filosofía institucional en la que la enseñanza de nivel superior se encuentra integrada estrechamente con actividades de extensión y compromiso con la comunidad, y con la generación de conocimientos que contribuyan al desarrollo de la sociedad, en un marco de apertura y pluralismo de ideas.

En este escenario, la Universidad ha decidido emprender junto a la editorial Teseo una política de publicación de libros con el fin de promover la difusión de los resultados de investigación de los trabajos realizados por sus docentes e investigadores y, a través de ellos, contribuir al debate académico y al tratamiento de problemas relevantes y actuales.

La Colección Investigación Teseo - UAI abarca las distintas áreas del conocimiento, acorde a la diversidad de carreras de grado y posgrado dictadas por la institución académica en sus diferentes sedes territoriales y a partir de sus líneas estratégicas de investigación, que se extienden desde las ciencias médicas y de la salud, pasando por la tecnología informática, hasta las ciencias sociales y humanidades.

El modelo o formato de publicación y difusión elegido para esta colección merece ser destacado por posibilitar un acceso universal a sus contenidos. Además de la modalidad tradicional impresa comercializada en librerías seleccionadas y por nuevos sistemas globales de impresión y envío pago por demanda en distintos continentes, la UAI adhiere a la red internacional de acceso abierto para el conocimiento científico y a lo dispuesto por la Ley 26.899 sobre Repositorios digitales institucionales de acceso abierto en ciencia y tecnología, sancionada por el Honorable Congreso de la Nación Argentina el 13 de noviembre de 2013, poniendo a disposición del público en forma libre y gratuita la versión digital de sus producciones en el sitio web de la Universidad.

Con esta iniciativa la Universidad Abierta Interamericana ratifica su compromiso con una educación superior que busca en forma constante mejorar su calidad y contribuir al desarrollo de la comunidad nacional e internacional en la que se encuentra inserta.

Dr. Mario Lattuada
Secretaría de Investigación
Universidad Abierta Interamericana

ÍNDICE

Presentación 11

Presentación general 15

Primera sección
Acerca de los rankings internacionales de las universidades y su repercusión en Argentina 23

1. Introducción 25
2. El origen de la clasificación de las universidades en países, disciplinas y regiones 28
3. La internacionalización de los rankings. Las tramas institucionales 34
4. Limitaciones metodológicas en la construcción de los rankings internacionales 51
5. Repercusión de los rankings y respuestas a las críticas .. 64
6. Los medios de comunicación y los rankings 67
7. Evolución de los procesos de evaluación de la calidad universitaria en Argentina y el desafío de los rankings 73
8. Síntesis sobre la problemática de los rankings 87

Segunda sección
Historia de las publicaciones científicas 95

9. Introducción 97
10. Los libros. Historia y vigencia 98
11. Las academias y las sociedades científicas 124
12. El surgimiento de las revistas científicas 127
14. Auge y retroceso de las editoriales científicas alemanas 144

14 LA EVALUACIÓN DE LA CALIDAD ACADÉMICA EN DEBATE

15. El impacto de la Segunda Guerra Mundial, la emergencia dominante del sistema científico norteamericano y del idioma inglés como la nueva "lingua franca" de comunicación científica 150
16. La expansión de las revistas científicas 160
17. Los antecedentes sobre sistemas de organización de la información científica 170
18. El debate en Estados Unidos sobre la organización de la información científica 196
19. La cultura de la citación 200
20. El Institute for Scientific Information (ISI): "el huevo de la serpiente" en la evaluación científica 261
21. Rebelión en la granja 282

Conclusiones generales 287

Bibliografía 293

PRESENTACIÓN GENERAL

Este libro nace como un esfuerzo por encontrar respuestas a temas que dominan hoy el escenario de la evaluación de las universidades y de la función de investigación de éstas. La preocupación por cómo están impactando crecientemente en la comunidad académica y en la opinión pública en la Argentina, así como los paradigmas que dominan los procesos de evaluación, han sido motivo de mi preocupación desde que en 1993 fui convocado por la Secretaría de Políticas Universitarias de la República Argentina, dirigida por Juan Carlos del Bello, para la realización de un diagnóstico sobre la situación de los postgrados universitarios en el país[1] y para colaborar en el diseño del Fondo para el Mejoramiento de la Calidad Universitaria (FOMEC).

Una cosa llevó a la otra y terminé como Coordinador Académico del FOMEC, dirigido por Carlos Marquis, entre 1995-1998. Allí tuvimos una intensa experiencia de evaluación de proyectos de mejora de las universidades estatales, que entre otros rubros daban alta importancia a la consolidación de procesos y a la capacitación de recursos humanos destinados a mejorar la investigación en las universidades. En interacción con destacados académicos que formaban parte de los comités de pares, que presentaban los proyectos o integraban el equipo técnico del FOMEC, fuimos entendiendo las distintas perspectivas de los procesos de mejora de la calidad

---

[1] Barsky, O. (1997). *Los posgrados universitarios en la República Argentina*. Buenos Aires, Troquel.

de acuerdo a las diversas tradiciones disciplinarias e institucionales. Dado que se asignaban importantes recursos a los proyectos, el esfuerzo por evaluarlos con fineza y su alta complejidad institucional, cristalizaron en un intenso aprendizaje para quienes veníamos de otras experiencias académicas distintas al manejo de la educación superior.

Cuando ya el FOMEC había estabilizado su accionar y llegaba la hora de beneficiarse de un funcionamiento burocrático menos estresante, surgió un nuevo desafío. Se creó por ley la Comisión Nacional de Evaluación Universitaria (CONEAU), que resolvió iniciar sus actividades acreditando los postgrados universitarios. Emilio Mignone, el notable educador argentino, quien fuera su primer Presidente, me convocó para esta tarea. Jugaba en contra de una negativa el hecho de haber realizado los primeros estudios integrales sobre la problemática y además era imposible no ser seducido por su extraordinaria personalidad y su capacidad de entusiasmar a quienes apelaba para impulsar estas iniciativas que habían sido un sueño largamente acariciado en su vasta trayectoria de constructor institucional de la educación superior argentina. Como Coordinador del Área de Acreditación de Postgrados de la CONEAU entre 1996 y 1999 interactué nuevamente con colegas de las distintas disciplinas que evaluaban estas actividades, un salto relevante en los procesos de evaluación de la calidad universitaria en el país, del que todos los actores involucrados aprendimos mucho.

Los temas de la evaluación de la calidad siguieron acompañándome al integrar la Comisión Asesora de Sociología y Demografía del CONICET, que terminé presidiendo, entre los años 2002 y 2004. Se trataba aquí de evaluar a los investigadores en forma individual; recuerdo largos debates con mis colegas en función de las distintas prioridades que cada uno de nosotros asignaba a las formas en que se plasma la producción científica en sus distintas expresiones (libros, artículos en libros, documentos de trabajo, publicaciones en distinto tipo de revistas científicas, presentaciones en jornadas, seminarios y congresos). También las ríspidas discusiones mantenidas con los miembros de la Junta de Calificaciones del CONICET, ampliamente hegemonizada por integrantes de las Ciencias Naturales y Exactas, a quienes les resultaba muy difícil juzgar la calidad de los investigadores que no fueran de sus áreas, dado que las tradiciones disciplinarias se expresan en formas de divulgación del conocimiento muy distintas. Un punto recurrente en estas diferencias era el valor asignado a los libros, máxima expresión de la producción y la calidad de un investigador en las Humanidades y las Ciencias Sociales, y un producto menor para las Ciencias Exactas y Naturales que los identificaban como textos de docencia o divulgación, versus la máxima prioridad que asignaban a la publicación en revistas internacionales acreditadas.

Otra diferencia notable entre las tradiciones disciplinarias tenía que ver con el valor de los títulos de postgrados. Mientras que para las Ciencias Exactas y Naturales y las Humanidades los doctorados eran el título máximo de referencia, para las Ciencias Sociales marcadas en Latinoamérica por las maestrías de la Facultad Latinoamericana de Ciencias Sociales (instaladas a partir de 1959 en diversos países de la región, al igual que el mundo de los negocios forjado en la tradición de las maestrías de origen norteamericano), este título era relevante. Ni hablar de los abogados y los médicos entre quienes las especialidades eran la nota de calidad dominante, o los ingenieros que cursaban sus niveles de especialización dentro del propio título de grado. Estos temas siguen vigentes. Los recientes acuerdos impulsados por el Ministerio de Ciencia, Tecnología e Innovación Productiva con el conjunto del sistema científico nacional para cambiar las formas de evaluación de los científicos que trabajan en proyectos aplicados, surgieron de las dificultades causadas por los criterios dominantes en las comisiones del CONICET y de la Agencia Nacional de Investigaciones, donde los pares académicos juzgan a los investigadores en función de la cantidad de publicaciones en revistas internacionales de alta calidad (definidas en función del "factor de impacto", tema que analizaremos en profundidad en esta publicación). A pesar de estas resoluciones, las conservadoras comunidades académicas mantienen sus criterios y llevará años y mucho debate superar los sesgos introducidos por la práctica asentada de estas disciplinas.

Más adelante, al difundirse crecientemente en el país los distintos rankings internacionales sobre las universidades, me tocó observar de cerca la gran preocupación que (sobre todo en las universidades privadas) existía en relación a la ubicación nacional, latinoamericana o internacional que distintas consultoras o entidades académicas organizadoras de estas clasificaciones asignaban según distintos criterios a las universidades. Impactos mediáticos generados por opiniones ligeras de periodistas con escaso dominio del tema pero con acceso a medios masivos no hicieron más que fortalecer estas preocupaciones. Por cierto, los directivos de las universidades estatales asignaron menor importancia a estos temas. En primer lugar porque sus ingresos no guardan correlación con su inserción de mercado, y en segundo lugar porque fueron escasos los académicos que se preocuparon por realizar investigaciones integrales que permitieran debatir las deformaciones y debilidades de estas clasificaciones. Al crear (desde la Universidad Abierta Interamericana) la revista *Debate Universitario* y asumir su dirección, desarrollé en su primer número una síntesis de las investigaciones que sobre el tema venía realizando en el Centro de Altos Estudios en Educación de la entidad. Leyendo la vasta bibliografía existente sobre la temática a nivel internacional y la gran documentación y fuentes disponibles en Internet, traté de explicarme el origen de esta temática, tanto en términos conceptuales como de las estructuras institucionales públicas y privadas que se fueron plasmando en su desarrollo.

Esta investigación me condujo necesariamente a intentar entender los procesos por los cuales las revistas académicas internacionales (dominantemente en inglés) se convirtieron en el centro de la evaluación de la calidad. Se hizo necesaria una revisión histórica que empezara por analizar el desarrollo de los libros y las editoriales científicas, para explicar estos procesos en términos históricos, de manera de mostrar que muchos de los procesos actuales de rebelión de las comunidades académicas y de muchos gobiernos con la construcción del sistema de evaluación, comercialización y difusión de las revistas científicas, se explican por las deformaciones que tuvieron lugar en la construcción misma del sistema de organización de la información científica. Procesos que se ejemplifican aquí con la creación del Institute for Scientific Information (ISI) producto de circunstancias históricas que definieron sus limitaciones y que impactaron profundamente en la deformación del sistema internacional de evaluación de la ciencia. Por cierto, esta historia no terminó de escribirse con la creación y el funcionamiento del ISI, pero entendemos que este es un dato de tanta relevancia que nos permite concluir el primer volumen de este libro, que sometemos a la consideración de muchos académicos y funcionarios preocupados por los impactos que estos temas producen en el manejo de los procesos de evaluación de la ciencia y la tecnología, con las consiguientes consecuencias en la distribución de recursos, el desarrollo de las carreras académicas de los investigadores y tantos temas relevantes asociados. Esperamos que también sea útil para los investigadores y docentes que trabajan sobre temas de educación superior, para los periodistas interesados en profundizar estas problemáticas y para el público que curiosamente se asoma a estas problemáticas que hacen a la vieja preocupación de la fijación de reglas de juego para la medición de la calidad universitaria y la evaluación de la ciencia y la tecnología. O por lo menos a la comprensión más profunda de los distintos núcleos de intereses que regulan los criterios dominantes.

En el segundo volumen se expondrá la evolución de los distintos sistemas vigentes de evaluación de la relevancia de las revistas científicas (Scopus, SCImago), y los debates en desarrollo a nivel internacional de las nuevas formas de comunicación científica y formas de acceso provocadas por el desarrollo de Internet, así como un análisis más detallado de los debates actuales sobre el uso del idioma español en el mundo académico latinoamericano. Nos detendremos en la historia de la evaluación de la ciencia en Argentina y la generación y evolución de sus revistas científicas, sus editoriales universitarias y las formas dominantes de la comunicación científica nacional. Confiamos en que las críticas, sugerencias y comentarios del libro aquí presentado nos ayuden a mejorar las preguntas esenciales para el desarrollo de la investigación que sirve de base a este trabajo en proceso.

Una aclaración sobre las fuentes y citas en este libro. Para no abrumar al lector con interrupciones permanentes sobre el origen de la información, solo se citan los autores cuando se reproducen fragmentos textuales. En la bibliografía se encontrarán las fuentes que han sido más utilizadas en este estudio, que por cierto tiene mucho de síntesis de investigaciones y documentos generados por distintos estudiosos de las problemáticas. Dado que en gran parte sintetizamos procesos analizados detalladamente por otros académicos, no aspiramos a una gran originalidad al respecto. Sí en todo caso al valor de ciertos énfasis y formas de organizar la información que en su secuencia permitan una mirada menos frecuente que las de cierta literatura dominante en las Ciencias de la Educación, la Bibliometría y la Cientometría que codifican como verdades reveladas ideas que disimulan las dificultades históricas y limitaciones conceptuales con que se han construido los sistemas de evaluación de la calidad de las universidades y de las publicaciones científicas.

Esta investigación ha sido desarrollada en el Centro de Altos Estudios en Educación (CAEE) de la Universidad Abierta Interamericana. Quiero agradecer a las autoridades de la Universidad su apoyo irrestricto para desarrollar esta investigación, así como a los miembros del CAEE y de la revista *Debate Universitario* con quienes he mantenido constantes intercambios sobre las temáticas aquí desarrolladas.

En este proceso hemos tenido la dolorosa pérdida de la coordinadora de *Debate Universitario*, Gabriela Giba, que también colaboró permanentemente en la localización de material utilizado como fuente en este libro, y con quien mantuve detalladas conversaciones sobre los sistemas de documentación científica. A ella le dedico este libro.

PRIMERA SECCIÓN
ACERCA DE LOS RANKINGS INTERNACIONALES DE LAS UNIVERSIDADES Y SU REPERCUSIÓN EN ARGENTINA

1. Introducción

En los últimos años la difusión de los rankings internacionales de universidades ha provocado remezones en la comunidad académica y en las autoridades universitarias de Argentina, además de trascender periodísticamente en forma masiva. En algunos casos cierta debilidad en la presencia en lugares destacados entre las universidades de la región ha generado explicaciones confusas, y en otros casos (particularmente en las universidades privadas) se asiste a esfuerzos importantes que incluyen la asignación de recursos humanos para trabajar en la mejora de las posiciones que ocupan las universidades. Pero en muy pocos casos ha habido esfuerzos para valorar la aptitud de este tipo de mediciones para medir la calidad de las instituciones universitarias.

En estas notas se pretende contribuir a explicar el origen y las dificultades metodológicas de los rankings internacionales, y las respuestas que a escala internacional están encarando las comunidades académicas donde se ha tomado conciencia de los impactos negativos de estas mediciones de excesiva precariedad. También se señala la conexión de estas temáticas con políticas nacionales de evaluación e información universitaria que vuelven a adquirir relevancia frente a esta problemática.

Un *ranking* o *tabla clasificatoria* es una relación entre un conjunto de elementos tales que, para uno o varios criterios, el primero de ellos presenta un valor superior al segundo, este a su vez mayor que el tercero y así sucesivamente, permitiéndose que dos o más elementos diferentes puedan tener la misma posición. El orden se refleja asignando a cada elemento un ordinal, generalmente números enteros positivos o con decimales si se comparan cantidades significativas. De este modo se pueden reducir medidas detalladas a una secuencia de números ordinales, proporcionando una clasificación más simple y fácil de entender y que sustituye información más compleja que puede incluir múltiples criterios.[2] El origen de los rankings es deportivo. Permitió agrupar los resultados de los equipos o de individuos de distintos deportes en orden descendente de manera de definir finalmente una tabla de acuerdo a puntajes obtenidos. El orden en esta tabla, de alguna forma, definía no sólo ganadores sino también parámetros de calidad, fácilmente medibles y también factibles de ser entendidos por los seguidores de estas actividades, facilitando el trabajo de los periodistas y de los medios de comunicación masivos. La medición en deportes es sencilla. Los equipos o jugadores se enfrentan en cada partido con el objetivo de ganar en un tiempo determinado y sumar puntos en el período fijado para la competencia global organizada.

Por su propia naturaleza institucional compleja, las universidades, que agrupan carreras disímiles que integran disciplinas con tradiciones diferenciadas en relación a los campos del conocimiento y de las aproximaciones epistemológicas a estos, parecen no poder ser sometidas a un tratamiento similar a escala planetaria.

---

[2] "A ranking is a relationship between a set of items such that, for any two items, the first either 'ranked higher than', 'ranked lower than' or 'ranked equal to' the second. In mathematics, this is known as a weak order or total preorder of objects. It is not necessarily a total order of objects because two different objects can have the save ranking. The rankings themselves are totally ordered. For example, materials are totally preordered by hardness, while degrees of hardness are totally ordered". (Rauhvargers, A. 2011: 10).

No todas las universidades tienen los mismos objetivos ni la misma historia institucional y nacional, por lo tanto no puede decirse que jueguen el mismo juego, ni compitan directamente entre sí para obtener puntajes, ni tampoco pueden acumularlos ya que no se sabe cuáles serían los criterios para ganar.[3] Sin embargo, lo que parecía un despropósito, sobre todo en escala internacional, no fue obstáculo para que la temática avanzara y se concretara en un núcleo de ámbitos académicos y particularmente de revistas y periódicos que encontraron una fuerte repercusión en la opinión pública y en potenciales clientes de esta información.

En los medios académicos latinoamericanos se asiste a una incipiente reacción frente a la creciente difusión periodística y las repercusiones institucionales. De todos modos sigue pesando (frente a estas clasificaciones y particularmente frente a los criterios de "modelo de universidad implícita") un estado de adaptación o en todo caso de culpabilidad o impotencia frente a las dificultades de adaptarse a estos niveles de calidad que se suponen objetivos y universales. Desentrañar esta temática en profundidad supone remontarse a la evolución del sistema universitario internacional y al desarrollo de los procesos de evaluación de la calidad de las actividades universitarias y de su acreditación, dado que de estos se deriva la construcción de indicadores que luego han sido utilizados en las tablas clasificatorias que concitan nuestra atención.

---

[3] Véase Harvey, L. (1999). "Quality in higher education". Paper at the Swedish Quality Conference, Göteborg, University of Central England in Birmingham.

2. El origen de la clasificación de las universidades en países, disciplinas y regiones

Los antecedentes de los rankings se vinculan a procesos de la sociedad norteamericana, principalmente en aquellos vinculados al deporte y a la educación como parte de una cultura nacional habituada a la evaluación y a la competitividad. Esto está ligado al origen de las universidades estadounidenses, con un fuerte peso de las universidades privadas y de las estatales descentralizadas por estado, en ambos casos con fuertes controles de la sociedad civil de sus objetivos y de su calidad.

Las acreditaciones de las instituciones universitarias por las Asociaciones de Universidades desde fines del siglo XIX convirtieron en práctica habitual el acceso al conocimiento público de las normas de calidad aplicadas para evaluar y reconocer a los miembros del sistema universitario. En los Estados Unidos, las clasificaciones académicas aparecieron por primera vez en la década de 1870.

Entre ese año y 1890 la Oficina de Educación publicó un reporte anual con datos estadísticos, clasificando a las instituciones. En 1910 la Asociación Americana de Universidades instó a la Oficina a reinstalar las clasificaciones. En 1911 la Oficina de Educación publicó una clasificación de 344 instituciones. Entre 1910 y 1933 el psicólogo James Mc Keen Cattell, profesor de la Universidad de Pennsylvania, publicó "American Men of Science", rankeando anualmente a las instituciones en base al número de científicos eminentes asociados a ellas como miembros o como estudiantes y el porcentaje sobre el total de profesores. En 1925, Raymond Hughes, presidente de la Universidad de Miami y luego director del American Council on Education publicó "A Study of the Graduate Schools of America", que rankeaba a 26 dis-'ciplinas de 36 instituciones de acuerdo a su reputación. En 1957, Chesley Manly, del periódico Chicago Tribune, publicó seis diferentes rankings: las mejores universidades, los mejores colegios mixtos, los mejores colegios de hombres, los mejores colegios de mujeres, las mejores escuelas de leyes y las mejores de ingeniería. En 1959, Hayward Keniston, de la Universidad de Pennsylvania, publicó un ranking en base a las reputaciones de 15 universidades en una amplia gama de disciplinas. En 1966, Allan Carter, del American Council of Education, publicó "An Assesment of Quality in Graduate Education", rankeando 106 instituciones. Peter M. Blau y Rebecca Z. Margulies rankearon entre 1973 y 1975 a las escuelas profesionales en base a las opiniones de los decanos de estas, para luego publicar en 1974 "The Reputations of American Professional Schools".

Si bien los sistemas de clasificación jerárquica de universidades o departamentos existen en los Estados Unidos desde hace más de un siglo, los rankings comenzaron a adquirir mayor visibilidad e importancia a partir de su aplicación sobre la enseñanza de grado, como cuando en 1982 se publica la Fiske Guide to Colleges, por ejemplo. Pero alcanzaron repercusión masiva por la publicación, a cargo de Roberto (Bob) Morse,[4] del *U.S. News & World Report (America´s Best Colleges)* en 1981.

---

[4] Robert Morse es director de investigación de datos de *U.S. News & World Report* y ha trabajado en la compañía desde 1976. Desarrolla las metodologías y encuestas para clasificar a las mejores universidades y escuelas de postgrado de Estados Unidos en rankings anuales, y el objetivo manifestado por la publicación es ofrecer a los futuros estudiantes el mejor análisis disponible.

Desde su primera aparición en 1983, las revistas *USNews* y el *World Report* de los colegios y escuelas de postgrado han recibido mucha atención del público norteamericano. El *USNWR* publica anualmente las mejores escuelas de postgrado de Estados Unidos en base a seis indicadores principales y diez sub-variables que incluyen la reputación académica, la selección de los estudiantes, los recursos docentes y financieros, la tasa de retención y la satisfacción de los alumnos.[5]

---

[5] Artículos periodísticos como el siguiente ilustran el impacto de esta publicación en el nivel internacional y al mismo tiempo adelantan el perfil del tipo "ideal" de universidad norteamericana que irá moldeando el perfil de calidad internacional: "La Universidad de Harvard, en Cambridge (Massachusetts), reinó, por tercer año consecutivo, en el ranking de universidades de Estados Unidos que publica hoy la revista *U.S. News & World Report*. El informe se difunde cada agosto, cuando los estudiantes norteamericanos se preparan para empezar su curso en las universidades del país, y se basa en las calificaciones, selección y otros índices sobre el rendimiento académico y la reputación de los alumnos. Harvard, que compartió el año pasado el liderazgo con su eterna rival Princeton (Nueva Jersey), es la universidad más antigua del país, una de las más elitistas y donde han estudiado grandes figuras nacionales e internacionales, como el Presidente de Estados Unidos, Barack Obama. Princeton quedó en un segundo puesto, aunque ambas universidades han copado los dos primeros puestos desde 2001, sin que otras prestigiosas escuelas hayan podido destronarlas, como la Universidad de Yale, en New Haven (Connecticut), que consiguió el tercer lugar. La Universidad de Columbia (Nueva York) se quedó en el cuarto puesto y las de Stanford (California) y Pensilvania (Philadelphia) empataron en la quinta posición. Según el director de investigación de la revista, Robert Morse, en una escala de 100 puntos, Harvard ganó a Princeton por 1, gracias a sus calificaciones más altas, los mayores índices de graduación y sus mejores profesores y recursos financieros. Además de los difíciles procesos de selección para acceder a estas escuelas

Para ciertas disciplinas, como las vinculadas a administración y negocios, las revistas especializadas comenzaron a rankear a las instituciones en base a encuestas de opinión entre académicos, usuarios y receptores de los egresados, es decir empresas. Estas formas de reconocimiento se desarrollaban en forma paralela a métodos propios del sistema académico, como la consolidación de revistas con referato por disciplina, y a distinciones internacionales de gran exposición pública que premian a la calidad científica, entre las que se destacan por su tradición los premios Nobel.

Pero esta problemática adquirió una fuerte relevancia a partir de cambios en el control de los recursos estatales destinados a la educación superior. Y ello está asociado en gran parte a los procesos que se desarrollaron en Europa, donde el peso histórico del modelo de financiamiento estatal comenzó a ser cuestionado y a exigirse crecientes contrapartidas de calidad institucional de las universidades beneficiadas. En primer lugar en Inglaterra. Allí, en la década de 1960, después del Informe Robbins, se incrementó el rol del Estado para reformar y modernizar las universidades y lograr que jugaran un rol más decisivo en la innovación científica y tecnológica. Este proceso, inicialmente asociado a la creación de nuevas universidades y un gran incremento de la matrícula de estudiantes después de

privadas, sus matrículas y otros costes son de entre 30.000 y más de 45.000 dólares al año. La universidad pública mejor situada en la lista es la Universidad de California, en Berkeley, que se posiciona en el número 22 y que tiene unos costes de más de 10.000 dólares por curso para los residentes en ese estado y de más de 33.000 para los de afuera." Emol, Santiago de Chile, 17 de agosto de 2010.

la Segunda Guerra Mundial, se modificó fuertemente desde 1979. La asunción de Margaret Thatcher impulsó (desde la publicación del informe Jarrat en 1985) una fuerte reorientación de los procesos universitarios. Se disminuyeron los presupuestos estatales y se fortalecieron tendencias privatizadoras. Se concentró en la industria la capacidad para producir innovación tecnológica y se planteó a la universidad la necesidad de posicionarse con prestigio y calidad para afrontar estos nuevos desafíos generados desde la demanda productiva. El informe Dearing, de 1997, reforzó estas tendencias privatizadores reorientando la investigación de las universidades hacia las nuevas tecnologías de la información y la comunicación para que estas pudieran obtener financiamiento.

La extensión de estos procesos impulsó a las universidades a convertirse en receptoras de recursos provistos por la inversión privada o por los estados que promovían desarrollos científico-técnicos asociados a cambios en la productividad del sistema económico.

En este contexto pasan a ser funcionales los rankings universitarios por países y regionales, generales y especializados. El *Sunday Times* publicó por primera vez su rango de las universidades del Reino Unido en el año 2001 (UK THES), incluyendo las siguientes dimensiones: selección de los estudiantes, cociente entre académicos y estudiantes, alojamiento, tasas de egreso, número de estudiantes con altas notas, gasto en biblioteca, valor de las matrículas, número de estudiantes de postgrado y niveles y calidad del empleo de los graduados. En abril de 1998, el semanario Der Spiegel de Alemania publicó un ranking europeo de universidades en varias disciplinas. El diario La Repubblica de Italia se sumó a estas iniciativas y otras instituciones académicas y medios de difusión también lo hicieron.

Estos procesos se expandieron en otros continentes. En Australia, la Good Universities Guide utiliza dieciséis indicadores de calidad. En Canadá, desde 1991 la revista *Maclean's* utiliza 22 indicadores en base a encuestas a las universidades. Desde 1989 se publica en Estados Unidos el Informe Gourman sobre carreras de grado, y desde 1997 el Informe Gourman de Programas de Postgrado. La revista *Asiaweek* publicó el reporte sobre las mejores universidades de Asia entre 1997 y 2000. A lo anterior es necesario añadir que revistas especializadas privilegian a las carreras ligadas a la Administración de Negocios, lo que ha dado lugar a que el Master en Business Administration (MBA) sea a nivel internacional probablemente el programa objeto del mayor número de rankings mundiales y regionales. Creado pioneramente en el año 1900 por Amos Tuck School of Busines Administration de Estados Unidos, este programa se ha expandido a gran parte de los países.

3. La internacionalización de los rankings. Las tramas institucionales

Los rankings a escala planetaria son una manifestación de cambios en los contextos en los que se desempeñan las instituciones de educación superior. Se vinculan con tres transformaciones recientes:

a) La creciente internacionalización de la educación superior.

b) Los procesos de mercantilización de la educación universitaria ligados a la constitución de mercados de alcance global o regional de estudiantes y de académicos. (Véase Barsky, O. et al., 2004).

c) Los cambios en las modalidades de gestión de las instituciones universitarias que destacan las vinculaciones con distintos tipos de actores interesados. Lo que conlleva la necesidad de la provisión por parte de estas de información adecuada y accesible sobre su desempeño.

3.1. Rankings formales de universidades

3.1.1. Academic Ranking of World Universities (ARWU)

El primer ranking mundial de universidades históricamente reconocido por la comunidad internacional es el publicado por la universidad Jiao Tong de Shanghái desde el año 2003: el Academic Ranking of World Universities (ARWU). La universidad depende directamente del Ministerio de Educación y de la municipalidad de la ciudad de Shanghai y sus orígenes se remontan a 1896, con la fundación de la escuela pública Nan Yang. Es una institución reconocida por su destacado papel en las ciencias y en las ingenierías y entre sus numerosos institutos de investigación el Instituto de Educación Superior es el que ha construido la metodología y elabora anualmente este ranking de universidades.

Este ranking de universidades de todo el mundo está basado esencialmente en indicadores cuantitativos de producción científica. Su creación estuvo estrechamente asociada a la decisión del sistema científico y universitario chino, fuertemente centralizado bajo la órbita estatal de tener un modelo a replicar para el avance de la formación de científicos en China. El modelo escogido fue el de las universidades, donde buena parte de las nuevas camadas de científicos chinos se han formado.

Preferentemente las llamadas "universidades de investigación", de gran relevancia en Estados Unidos: unas 125 entre las 4.000 universidades y *colleges* que integran el sistema de educación superior de este país, pero de alto impacto en el proceso internacional de desarrollo científico. La lógica central de este ranking es la de la política estatal de una nación que privilegia fuertemente el desarrollo de la ciencia y que toma como modelo ideal al vigente en los países capitalistas más avanzados.

Desgraciadamente, la denominación genérica de este ranking introdujo de entrada una gran confusión sobre estas clasificaciones. La lista de clasificación que Shanghai utiliza se basa en un multi-indicador compuesto casi exclusivamente por indicadores ligados a la máxima producción científica mundial: premios Nobel y premios Field (Matemáticas) obtenidos por profesores y alumnos, artículos publicados en las revistas *Nature* y *Science*, *papers* y citas correspondientes a los indexados en Science Citation Index y Social Science Citation Index del Institute for Scientific Information (ISI), totalizan el 90% de la evaluación. Articulados con estos, la dedicación de recursos humanos con antecedentes a tiempo completo mide la función de la enseñanza. Las ponderaciones entre los indicadores son arbitrarias aunque debido a la dominancia de los vinculados con investigación el rendimiento en cada indicador tiende a correlacionarse estrechamente con el desempeño en los otros indicadores.

Se trata entonces de un ordenamiento de este perfil de universidades en que se rankean unas 500, que representan el 2% del total mundial. Así se registran 149 universidades norteamericanas (con Harvard como el máximo referente), con 17 sobre las 19 primeras, completadas por las británicas Oxford y Cambridge. De Latinoamérica solo aparecen cuatro universidades brasileñas, una argentina, una mexicana y una chilena, todas a partir de la escala 100-150. Si bien aparecen 29 universidades chinas, ninguna lo hace antes del puesto 151-200, lo que revela con toda crudeza la importante diferencia entre el nivel de la calidad de estas universidades y el modelo ideal escogido, además de la honestidad intelectual con que fue elaborada la clasificación, sujetándose rígidamente a los indicadores escogidos.

Claramente entonces, con los indicadores seleccionados, esta clasificación es estrictamente parcial y mide esencialmente la función de investigación en las universidades de acuerdo a los parámetros dominantes en ciertas comunidades académicas. No mide directamente los niveles de internacionalización ni los recursos, ni en forma autónoma la enseñanza.

Al haber sido la primero internacionalmente aceptada, goza de prestigio en el perfil de las universidades de investigación, dado que además los datos son generados externamente y sólo el número de profesores equivalentes a tiempo completo está sujeto a la manipulación de las universidades.

3.1.2. Los rankings ligados al negocio de la evaluación universitaria

En los países desarrollados de economía de mercado los procesos de mercantilización de la educación universitaria ligados a la constitución de mercados de alcance global o regional de estudiantes y de académicos incluyen también al enorme negocio de la evaluación universitaria. No podía escapar a ello el tema de los rankings universitarios. En el siguiente caso que presentamos, no sólo aparece con claridad este entramado sino también el tamaño de los grandes jugadores de este mercado y las disputas abiertas de intereses mercantiles sobre esta temática.

Con variantes metodológicas, en el año 2004, el periódico The Times, de Londres, difunde el segundo ranking de impacto internacional. El ranking Times Higher Education (THE) fue originalmente publicado por el suplemento de educación superior del periódico. A partir de 2007 estos rankings fueron compilados por la consultora de temas educacionales Quacquarelli-Symonds (QS), dirigida por Nunzio Quacquarelli. Esta clasificación jerarquiza a universidades de todo el mundo a partir de una combinación de indicadores de producción científica y calidad de la enseñanza, presencia internacional de docentes y estudiantes y, en gran medida, opinión de empleadores y académicos seleccionados con relativa arbitrariedad por la consultora.

En el año 2009 Times Higher Education cortó sus vínculos con QS y firmó un acuerdo con Thomson Reuters. Esta es una enorme empresa de información generada por la compra que hizo The Thomson Corporation del Reuters Group Limited (más conocido como Reuters), una tradicional agencia de noticias con sede en el Reino Unido, conocida por suministrar información a los medios de comunicación y a los mercados financieros. El 15 de mayo de 2007, The Thomson Corporation llegó a un acuerdo con Reuters para combinar las dos empresas. El 17 de abril de 2008, la nueva compañía fue creada bajo el nombre de Thomson Reuters, asentada legalmente en Canadá.

Thomson Reuters es ahora una de las grandes compañías que suministra información para empresas y profesionales sobre diversos temas y mercados. Su plataforma proporciona a los académicos y administradores universitarios acceso a bases de datos del mundo de 12.000 de las revistas de mayor impacto académico y más de 110.000 resúmenes de congresos. Abarca las Ciencias Exactas y Naturales, las Ciencias Sociales, Artes y Humanidades y una cobertura retrospectiva que se remonta al año 1900. Tiene su sede en Nueva York, con sucursales en Londres y Eagan (Minnesota), opera en más de 100 países y emplea unas 50.000 personas.[6]

A pesar de la larga experiencia y tradición norteamericana en evaluación (o quizás justamente por ello), las revistas de este país se limitaron inicialmente a la evaluación de carreras de grado y postgrados locales o disciplinas específicas pero también locales. Actualmente, la pionera del sistema, *U.S. News*, ha incorporado el ranking mundial de QS asociándose con la consultora inglesa, pero sin generar su propia metodología o tabla.

---

[6] Hasta el 2007, The Thomson Corporation fue también uno de los principales proveedores de libros de texto de educación superior del mundo, soluciones de información académica y de materiales de referencia. El 26 de octubre del 2006, Thomson anunció la propuesta de venta de sus activos de Thomson Learning. En mayo de 2007, Thomson Learning fue adquirida por Apax Partners y en julio pasó a llamarse Cengage Learning. En 2007, Educational Testing Service (ETS) adquirió Thomson Prometric con su red mundial de centros de prueba en 135 países. ETS, una entidad inicialmente sin fines de lucro creada en 1947 en Estados Unidos para el desarrollo de la investigación educativa y los procesos de evaluación y acreditación, ha extendido su influencia a todo el mundo. ETS desarrolla, administra y evalúa más de 50 millones de pruebas anualmente - que incluyen los exámenes de inglés *TOEFL*® y *TOEIC*®, el exámen para ingreso a universidades: el General *GRE*® y exámenes de materias y las evaluaciones The Praxis Series™ (conocimientos profesionales) - en más de 180 países, en unas 9.000 oficinas en el mundo.

Luego de la ruptura con The Times, la consultora Quacquarelli Symonds (QS) continuó publicando su ranking mundial sobre universidades (QS World University), avanzando sobre mediciones por disciplinas y por regiones, con una metodología más abarcativa. Esta estrategia le permitió incorporar a un número mayor de universidades medibles, clientes potenciales para los avisos comerciales que ayudan a sumar ingresos a la consultora además de las alianzas mencionadas. Este ranking se difunde directamente como QS o, como dijimos, a través de *U.S. News & World Report* de los Estados Unidos. Hay que señalar que la ruptura mencionada con el Times no fue por cierto amigable y ambos grupos se critican duramente en sus documentos y compiten fuertemente por sus posiciones en el mercado de evaluación. Además, QS basa su información sobre revistas científicas en su asociación con la base de datos de Scopus, del grupo editorial Elsevier, creado en el año 2004, mientras que The Times se asoció con Thompson Reuters, lo que muestra la importante batalla económica por el monopolio del suministro de la información que está detrás de estos procesos supuestamente académicos.

3.1.3. Las respuestas ligadas a la tradición rusa en ciencias

La clasificación del ranking ARWU –que como se mencionara más arriba fue creada por la Universidad Jiao Tong de Shangai en el año 2003– tuvo un fuerte impacto a escala internacional. En una comunidad académica de gran tradición como la rusa y de otras naciones que integraban la Unión Soviética, los criterios utilizados dejaban en niveles muy bajos a sus comunidades universitarias. En el año 2003 la primera universidad que aparecía ranqueada, la Universidad de Moscú, figuraba en la posición 102-151. Ello provocó un gran malestar en las universidades rusas,[7] lo que está estrechamente asociado a la larga tradición en los estudios sobre organización de la ciencia en Rusia, temática que se desarrolla en la Segunda Sección de este libro.

La respuesta fue la creación del Global Universities Ranking-Reitor (Peümop), elaborado por la agencia Reitor y la Universidad estatal Lomonosov de Moscú. Los primeros resultados fueron publicados en el año 2009. Su nacimiento partió del diagnóstico de que los rankings internacionales difundidos no reflejaban adecuadamente las realidades de las universidades rusas. Su ranking se diferencia bastante en los indicadores de calidad utilizados hasta ese momento. Además del

---

[7] Una nota del Ministerio de Educación y Ciencia de la Federación Rusa señala: "Lamentablemente, los centros docentes rusos, incluso los más grandes y conocidos, ocupan posiciones lejos de ser elevadas en las clasificaciones mundiales. Lo que, a menudo, nada tiene que ver con el real estado de cosas, sino que obedece a la ausencia de criterios objetivos de su valoración o a la estrechez de enfoques: por ejemplo, se toma en consideración tan solo el número de premios Nobel que egresaron de la universidad, la cantidad de publicaciones en la revista *Nature* y la movilidad de estudiantes. Con tales criterios no está categóricamente de acuerdo el rector de la Universidad Lomónosov de Moscú Víctor Sadovnichi. Está convencido de que la Universidad que dirige merece un lugar mucho más alto que la quinta centena en la que resultó según la clasificación internacional de Times. En el mundo no hay otra universidad que lance sus propios satélites con fines científicos. Lo hace tan solo la Universidad Lomonósov. El segundo ejemplo: el superordenador. Ahora es la base del progreso. En el mundo no hay otra universidad que posea tal superordenador. Podría mencionar estudios de nanotecnologías, biotecnologías, ciencias cognitivas. Por eso, creo que nuestras principales universidades se encuentran a un alto nivel en rankings objetivos de instrucción universitaria."

análisis de las universidades recogidas por los otros rankings analizados más arriba se agregan aquí las casas de altos estudios de mejor nivel de la Federación Rusa e instituciones de los países que formaron la Unión Soviética. Se reformulan y amplían considerablemente los indicadores.

Además de otros tradicionales utiliza indicadores como:
- Número de programas de estudio por nivel (licenciatura, especialista, etc.).
- Número de estudiantes ganadores de concursos académicos internacionales.
- Número de publicaciones de funcionarios que no sean artículos de revistas o monografías científicas; es decir, libros de texto, manuales y otros.
- Número de certificados sobre descubrimientos y las patentes de invención obtenidas por la universidad y por los funcionarios de investigación y académicos.
- Valor total de los servicios de formación y de laboratorio de las universidades.
- Número de investigadores que han sido investidos doctor Honoris Causa por universidades extranjeras.
- Número de profesores que son miembros de las academias nacionales e internacionales de ciencias.
- Características socialmente significativas de las actividades de los graduados en el campo de la cultura, los negocios, la política, o como funcionarios o directivos de organizaciones gubernamentales internacionales. (Fuente: Ministerio de Educación y Ciencia de la Federación Rusa).

3.2. Rankings sobre la productividad en la función de investigación (sean o no universidades)

Después de realizar importantes críticas a las metodologías de los rankings existentes, señalando la necesidad de restringir estas mediciones a actividades específicas como la enseñanza o la investigación y a espacios territoriales e institucionales homogéneos, el Centro para la Ciencia y Estudios Tecnológicos de la Universidad de Leiden, Suiza, elaboró el Leiden Ranking, una lista de clasificación que se basa exclusivamente en indicadores bibliométricos. A principios de 2007 clasificó a las 100 universidades europeas con mayor número de publicaciones científicas. Sus indicadores son el volumen de artículos científicos, el volumen de citación de estos, las citas por artículo, el número de trabajos publicados en el 10% superior de tasas de citación en el campo respectivo y la proporción de artículos de la universidad en esta categoría. Utiliza los datos de Thompson-ISI. Los datos son utilizados por los especialistas en la política de investigación y en menor medida están asociados a la reputación de la universidad, como en el caso de los otros rankings señalados.

The Taiwan Higher Education Accreditation and Evaluation Council Ranking rankea las performances de los *papers* científicos publicados por 500 universidades a nivel mundial usando la información proporcionada por SCI (Science Citation Index) y SSCI (Social Sciences Citations Index) de Thomson Reuters midiendo la productividad de las investigaciones, el impacto de estas y su excelencia. Se publica desde el año 2007.

El Ranking Iberoamericano de SCImago Institutions Ranking (SIR) rankea a las instituciones universitarias iberoamericanas en base a los datos cuantitativos de publicación y citación de trabajos de investigación. Se vale para ello de la base de datos Scopus perteneciente a Elsevier, que agrupa a las revistas científicas seleccionadas por los criterios por ella establecidos, algo menos restrictivos que los del ISI. En el año 2012 presentaba información sobre 1.401 universidades de España, Portugal y América Latina. SCImago es un grupo de investigación dedicado a la evaluación de la ciencia mediante análisis, representación y evaluación de la información contenida en bases de datos. Los miembros del grupo SCImago pertenecen al Consejo Superior de Investigaciones Científicas (CSIC) y a las Universidades de Granada, Alcalá de Henares y Carlos III de Madrid, Extremadura, Oporto (Portugal), Universidad Nacional de la Plata (Argentina) y Pontifica Universidad Católica de Valparaiso (Chile).

3.3. Utilización de indicadores y clasificaciones sin el propósito de generar listados o rankings

El impacto de la difusión de los rankings internacionales de universidades produjo una fuerte reacción de las comunidades académicas de distintas regiones del mundo. Ya hemos visto lo que sucedió en Rusia y en los países que componían la Unión Soviética con otra historia de tradiciones científicas e instituciones, tema que se desarrolla en la Segunda Sección de este volumen. Pero también en Europa y América Latina se objetaron fuertemente estas mediciones tal como se formularon e instrumentaron. En el año 2008, el Directorio General para la Investigación de la Comisión Europea creó un grupo de trabajo para la Evaluación de la Investigación Universitaria, que en 2010 publicó un documento que mostraba la gran complejidad de clasificar a las actividades de investigación de las universidades dadas sus diversas tradiciones disciplinarias e instrumentos de validación de la calidad elaborando una matriz de indicadores multidimensional. Paralelamente, el German Centre for Higher Education Development (CHE), de Alemania, comenzó en 1998 a publicar un conjunto de indicadores rankeados, pero sin trasladar este ordenamiento a las instituciones. La idea central es que los estudiantes puedan construir su propio perfil de universidad a la que se aspira. Universidades austríacas y suizas se sumaron a esta iniciativa dándole un perfil internacional. A partir del año 2007 se comenzó a publicar el CHE Excellence Ranking sobre Ciencias Naturales. Desde 2009 se extendió a la ciencia política, economía y psicología. Metodológicamente, no se trata de construir un ordenamiento global simple sino un análisis detallado que evite agregar datos parciales para producir un puntaje global. Esto se basa en la idea de que no existe una institución o modelo de institución universitaria que se pueda considerar "la mejor", ya que cada una puede ser más relevante en ciertos campos disciplinarios o en ciertos aspectos (docencia, investigación, transferencia de conocimiento). En lugar de decretar a un presunto ganador universal ofrece un ordenamiento multidimensional. Las ubicaciones de las instituciones en cada dimensión y en cada disciplina a su vez las ubica dentro de un grupo: alto, medio o bajo. Las diferencias son consistentes entre cada grupo pero no entre instituciones dentro de estos, que sólo son ubicadas en orden alfabético.

El proyecto The U-Map, creado por la Unión Europea, es desarrollado por el Centre for Higher Education Policy Studies (CHEPS) de la Universidad de Twente de Holanda. Presenta un conjunto de indicadores en porcentajes y rangos de manera de hacer muy dificultoso construir tablas ordenadas de instituciones, ya que su propósito es sólo ofrecer información. Inicialmente fueron publicados datos sobre Noruega, Holanda y Bélgica.

Como una continuidad de los dos anteriores se crea el European Multidimensional University Ranking System (U-Multirank), que es un proyecto financiado por la Unión Europea y ejecutado por The Centre for Higher Education Policy Studies at Twente University de Holanda y el Zentrum für Hochschulentwiclung (CHE) de Alemania. Está destinado a crear un sistema mundial de información sobre las universidades, que debería permitir superar los principales inconvenientes de los actuales rankings mundiales de universidades y se apoya en los avances del proyecto CHE. En materia de enfoque multidimensional cubre las distintas misiones de las universidades: enseñanza, investigación, innovación, internacionalización, impacto en la sociedad y empleabilidad de los egresados. No proporciona tablas de ordenamiento jerárquico y no realiza ponderaciones de los indicadores, ya que los estos pueden ser independientes. Ello permite a los usuarios elegir sus propios criterios y ponderaciones al hacer comparaciones. Se reduce así fuertemente el rol de la agencia encargada de la elaboración de los rankings con índices unificados.

En la misma dirección metodológica, América Latina y el Caribe (ALC) lograron unificar criterios y decidieron adoptar la propuesta del Mapa de Educación Superior en América Latina y el Caribe (MESALC) impulsada por el Instituto Internacional de la UNESCO para la Educación Superior en América Latina y el Caribe (UNESCO-IESALC). Esta herramienta profundiza los conocimientos sobre la educación superior, desarrollando y promoviendo la cultura de la información como una alternativa regional que trascienda las esferas de comparación que proponen los rankings universitarios. La decisión fue tomada como parte de la celebración del IV Encuentro de Redes Universitarias y Consejos de Rectores de América Latina y el Caribe, el 6 de mayo de 2011. El MESALC es un sistema de información de libre acceso que contiene datos estadísticos de las diferentes instituciones de educación superior (ES) de América Latina y el Caribe, que surge de la necesidad de conocer cómo se comporta la educación superior en la región y cuáles son sus principales características, fortalezas y debilidades.

El MESALC se define como un sistema de información en línea, creado por UNESCO - IESALC, cuyo propósito es promover la articulación de los sistemas nacionales de información sobre ES en la región, contemplando la creación de estos espacios en aquellos países carentes de la infraestructura necesaria. MESALC busca profundizar el conocimiento de la ES y promover la cultura de información, para ello cuenta con un articulado de descriptores, variables e indicadores orientados al diagnóstico de la situación académica de cada nación; acompañado por un Glosario de la ES que permite identificar y definir los conceptos básicos utilizados en la implementación del proyecto. Las categorías y los datos estadísticos comprenden una base de información en escala, lo que permite al usuario ubicarse en tres perspectivas: regional, nacional e institucional. La creación y desarrollo del proyecto depende de cada país e institución de educación superior (IES) involucrado; por lo tanto parte del enriquecimiento nacional, adaptándose a las políticas públicas que promueven el desarrollo de la ES.

A diferencia de los rankings, el Mapa permite al usuario final conocer tanto las dimensiones de la ES en las distintas IES de ALC, como la comparación libre de variables e indicadores de su preferencia, haciendo del proceso selectivo un espacio transparente que otorga al interesado la libertad de realizar criterios de búsqueda en áreas y aspectos específicos de su interés. Actualmente el Proyecto MESALC se encuentra en fase final de desarrollo e implementación de la plataforma tecnológica. Esta sugiere un alto nivel de apertura y flexibilidad ante la compleja diversidad de los sistemas de recolección de información de la ES presentes en la región.

En esta misma línea, y con el fin de promover la internacionalización del proyecto, MESALC, en el año 2010 se asocia al proyecto INFOACES, financiado mayoritariamente por la Comisión Europea, dentro del programa ALFA III, que aglutina a un total de 32 socios de 22 países diferentes (17 de América Latina y 5 de Europa), todos ellos coordinados por la Universitat Politècnica de València, a través del Centro de Gestión de la Calidad y del Cambio. Este tiene como objetivo principal crear indicadores de segunda y tercera misión con el fin de establecer las tipologías de un grupo diverso de IES de América Latina y con miras a expandir el proyecto a la totalidad de instituciones de la región. UNESCO - IESALC, como miembro del Comité Ejecutivo de INFOACES, ha propuesto el trabajo en sinergia con MESALC, con el fin de que ambos puedan complementarse y nutrirse con la información levantada.

INFOACES contempla los mismos principios del MESALC pero con un objetivo diferente: mientras que el

MESALC busca en primera instancia resaltar y conocer la realidad de cada IES y de cada Sistema Nacional de Educación Superior (SNES), INFOACES se orienta a estudiar la dinámica y la interacción de estas realidades. El sistema de indicadores se plantea en dos niveles. El primero estará constituido por un Sistema Básico de Indicadores (SB), referidos a la estructura (recursos y procesos), resultados (producto) y datos externos (contexto) de las Instituciones de Educación Superior. En base a estos indicadores se construye la definición de tipologías, válidas no sólo para las instituciones participantes sino para todas las instituciones de América Latina. En un segundo nivel, INFOACES incluye un Sistema Estratégico de Indicadores (SE), que recogerá aquellos que están orientados a la gestión, evaluación y *benchmarking* de las instituciones.

Por cierto, existe una importante discusión sobre las dificultades de la utilización de indicadores en la evaluación de la educación superior, aunque su utilización esté muy extendida. Por eso, a distintos autores les gusta citar a Nicholls (1992): "los indicadores son valores numéricos que se utilizan para medir algo difícil de medir". Pérez Rasetti (2011: 13-14) destaca estas dificultades cuando al criticar metodológicamente a los rankings señala: "Lo primero que hay que descartar es la ponderación entre indicadores, especialmente porque es la operación que simplifica y reduce la información y también porque depende de una construcción poco sustentada, arbitraria y prejuiciosa. Es decir, presupone un modelo de excelencia previamente adoptado; en el caso del ranking de Shangai, es bastante evidente que se trata del modelo de universidad de investigación norteamericana y deja afuera todo otro modelo institucional de educación superior. Por otra parte, algo nos enseñan los rankings sobre los criterios para la selección de los indicadores. Estos deben estar adaptados a la mostración del universo que se quiere abarcar y no nos serán de gran utilidad aquellos de ocurrencia excepcional, como sería el caso de los premios Nobel para nuestra región".

Una de las dificultades de la construcción del MESALC y del proyecto INFOACES es precisamente la rigidez en la utilización de ciertos indicadores válidos para ciertas disciplinas, pero mecánicamente extendidos por las comunidades científicas dominantes al conjunto del universo del conocimiento, reproduciendo así parte de los problemas que se busca evitar al abandonar la utilización de los rankings internacionales.

3.4. Rankings de páginas web

En el año 2004 aparece el Webometrics Ranking of World Universities, que es producido por el Cybermetrics Lab (CCHS), un grupo de investigación perteneciente al Laboratorio de Cibermetría del Consejo Superior de Investigaciones Científicas (CSIC) de España, en alianza con diversas universidades de este país y de Portugal. Webometrics clasifica a más de 20.000 universidades de todo el mundo a partir de la presencia de sus páginas web, y 12.000 son incluidas en sus listados.

Se considera que la importancia que ha adquirido Internet es tal que se puede apreciar qué tan buena es una universidad analizando la presencia que tiene en la web la producción de sus académicos y la frecuencia con la que se consultan los productos respectivos y, en general, la página institucional. En consecuencia, la unidad de análisis en este caso es el dominio web institucional, por lo que sólo son tenidos en cuenta los centros de investigación y universidades con un dominio web independiente. Se diseñaron cuatro indicadores a partir de los resultados cuantitativos obtenidos de los principales motores de búsqueda (Google, Yahoo, Live Search y Exalead).

El Factor de Impacto Web (WIF, por sus siglas en inglés) combina el número de enlaces externos entrantes con el número de páginas web de un dominio, siguiendo una relación 1:1 entre visibilidad y tamaño. Esta relación se usa para hacer el ranking, añadiendo los otros dos indicadores: el número de archivos ricos que contiene un dominio web, y el número de publicaciones incluidas en la base de datos de Google Scholar. Por su relevancia en las actividades académicas y de publicación y su volumen de uso, se consideran *archivos ricos* al número de Adobe Acrobat, Adobe PostScript, Microsoft Word y Microsoft PowerPoint con terminaciones .pdf, .ps, .doc y .ppt.

3.5. Ranking de universidades por un aspecto específico

En el año 2007, la École Nationale Supérieure des Mines de Paris organiza el Professional Ranking of World Universities. Se clasifican aquí a universidades de todo el mundo por la presencia de sus egresados como CEO de las empresas listadas en la revista *Fortune 500*. Lo interesante es que en este ranking, dentro de los primeros cinco lugares, e incluso dentro de los primeros 28, Japón encabeza el listado, seguido de Estados Unidos, Francia, Gran Bretaña y aparecen con presencia Corea y Brasil, lo que mostraría una diferencia importante en relación a los ordenamientos basados en la calidad de las instituciones que miden otros rankings, aunque obviamente la propiedad nacional de las empresas está en muchos casos asociada a la de sus CEO.

4. Limitaciones metodológicas en la construcción de los rankings internacionales

Desde su aparición, los intentos de generar escalas clasificatorias de instituciones complejas en base a algunos indicadores simples han sido objeto de análisis comparativos refinados[8] y de duras críticas por diversos académicos. Expondremos lo que en nuestra opinión son los ejes más relevantes de cuestionamiento a los rankings universitarios internacionales.

4.1. La imposible evaluación de objetos institucionales diversos

El solo intento de rankear en orden descendente a miles de instituciones universitarias de diferentes países implica ocultar la principal característica de las universidades: que son normalmente grandes, complejas y que articulan una extraordinaria diversidad de tradiciones universitarias y disciplinarias. A su vez, las universidades pueden tener algunas disciplinas con fuerte tradición en investigación y otras en transferencia, o en calidad de la docencia.

Un caso notable por su dimensión, que permite ejemplificar esta cuestión, es el de la Universidad de Buenos Aires (UBA). Desde su constitución es en realidad

---

[8] Alex Usher y Massimo Savino (2006) han realizado un estudio metodológico comparativo entre 19 rankings mundiales, regionales y nacionales de imprescindible consulta.

una Federación de Facultades de gran tamaño, con unos 300.000 estudiantes. La Facultad de Ciencias Económicas, por ejemplo, tiene 55.000 estudiantes, cifra que está por encima de la gran mayoría de las universidades del mundo. En esta Universidad hay facultades como la de Ciencias Exactas o la de Naturales con un peso importante de profesores de dedicación completa, muchos de ellos investigadores de primer nivel del CONICET y con un relativamente bajo número de estudiantes. Con el apoyo del Ministerio de Ciencia y Tecnología se desarrollan aquí muchos proyectos de investigación de alto nivel, con alumnos becados como auxiliares de investigación. En la misma Universidad, la Facultad de Ciencias Sociales, con una gran cantidad de estudiantes (25.000) y un número reducido de docentes de dedicación completa y bajos recursos de investigación, ofrece un contraste notable.

Cuando los rankings internacionales miden con sus parámetros a la UBA, toman un promedio de situaciones extremadamente diversas. Arrastrada por algunas disciplinas, la Universidad aparece entonces con altos niveles en materia de investigación entre las universidades latinoamericanas, pero su promedio general se cae fuertemente al incluirse dimensiones como la relación entre alumnos y docentes de dedicación completa, o el número de doctores sobre los profesores, aspecto que en la tradición argentina no ha sido valorizado hasta épocas recientes porque sólo corresponde a las disciplinas de aquellas con menor peso relativo (Exactas, Naturales, Humanidades) frente al gran peso de las carreras profesionales que privilegian los títulos de grado u otros títulos de postgrados (especializaciones en Medicina y Derecho, maestrías en Administración y

Ciencias Sociales). Esquemas organizativos similares se encuentran en la Universidad Nacional Autónoma de México (UNAM), la más grande de América Latina, con sedes a lo largo del territorio mexicano y en Canadá y Estados Unidos.

Emprendimientos institucionales de esta magnitud son imposibles de evaluar en términos comparativos en su globalidad. Las universidades argentinas de gestión estatal con ingreso irrestricto y sin costo matricular, con centenares de miles de estudiantes y decenas de miles de docentes, no pueden compararse en términos agregados con algunas universidades privadas con examen de ingreso, alto costo de matrículas, escaso número de estudiantes, docentes de dedicación *full time* y máximo título académico, instalaciones académicas de alto nivel y concentradas en pocas carreras académicas preferentemente de postgrado, o con universidades estatales brasileñas con rasgos similares salvo que no cobran aranceles.

4.2. El concepto de calidad subyacente o de modelo universitario implícito

Los rankings internacionales más difundidos parten abiertamente de un "determinado tipo ideal" de universidad, y los indicadores que se utilizarán son finalmente desagregaciones de los rasgos de este. A la capa superior de estas instituciones se las denomina actualmente "universidades de rango mundial" (Salmi, 2009). Si bien quienes las analizan sostienen que no necesariamente deben tratarse de universidades de investigación, es evidente que los rankings internacionales, al seleccionar las instituciones, privilegian abiertamente aquellas que muestran altos nivel en materia de investigación.

El ranking más influyente desde esta mirada, elaborado por la Universidad Jiao Tong de Shangai, se apoya en indicadores objetivos que tanto en materia de publicaciones como en la composición del personal docente y de los alumnos, refiere a los indicadores de más alta calidad internacional en materia de producción de ciencia. Los indicadores objetivos del THES y el de la consultora QS asignan un papel destacado a la investigación y sus formas de medir la calidad de la enseñanza son muy pobres (relación entre profesores de dedicación exclusiva con número de alumnos). El hecho de que se sumen indicadores subjetivos de opinión de académicos y empleadores introduce factores poco controlables ya que supondría un conocimiento del sistema universitario internacional por los encuestados que no existe, y por ende las opiniones están sesgadas por diverso tipo de imágenes (impactos publicitarios, difusiones en medios, acción orientada de las propias instituciones evaluadas que pueden sugerir a los evaluadores, etc.), que en todo caso permiten apreciar distancias con los indicadores más duros, sobre todo a medida que se desciende en las escalas de las universidades rankeadas. De todos modos, las posiciones de elite están reservadas a las universidades de investigación de gran tamaño.

Los indicadores subjetivos recogen las opiniones de los académicos consultados sobre la calidad de las instituciones. Esta forma de recoger información ha sido ampliamente criticada por distintos especialistas, ya que es imposible que los informantes tengan nociones precisas de la calidad de las instituciones más allá de los saberes de su propia disciplina. E incluso en su propio campo no necesariamente están actualizados de nuevos desarrollos y además los criterios son afectados por razones de competencia, lo que suele estar muy presente en el mundo académico donde se disputan espacios de prestigio y de recursos.

En cuanto a las opiniones de los empleadores, otros estudios señalan que en realidad las decisiones de contratación por las empresas están asociadas a las cualidades personales del candidato, tales como aptitud de trabajo en equipo, creatividad, capacidad de resolver problemas, habilidades de comunicación, y otras. Cualidades que pueden ser evaluadas directamente por los empleadores, y donde la institución en la que estudió el egresado e incluso el carácter de su título de postgrado es un factor que se tiene en cuenta pero que no define su ingreso. Esto explica, en el caso de Argentina, la mayor demanda de profesionales con especialidades y maestrías que de doctorados.

En relación a los indicadores que aparecen como "objetivos": cantidad de profesores con título de doctorado, impacto de la producción científica en las revistas con referato en inglés, publicaciones por académico, repercusión de las actividades de la universidad en las mediciones realizadas en los sistemas informáticos (web), cantidad de alumnos por profesores, tienen varias dificultades. La primera tiene que ver con los porcentajes asignados arbitrariamente a cada rubro. La segunda se relaciona con la diversidad de situaciones dentro de algunos indicadores que dependen de la disciplina y cuya divergencia no expresa necesariamente calidad diversa. Así, en las carreras más profesionales la dedicación de los docentes es más baja, y ello tiene que ver con su mayor inserción en actividades profesionales que son una condición necesaria para elevar la calidad de los conocimientos transmitidos en estas áreas. Los indicadores en realidad están construidos sobre los criterios de calidad fijados desde su origen en las universidades norteamericanas de investigación.

4.3. La medición de la producción científica limitada por el idioma y un único medio de publicación

Las mediciones de las publicaciones académicas se restringen a una de las formas de circulación del conocimiento científico: las revistas con referato. Notablemente ello afecta a la otra forma esencial de producción científica que es dominante en las Ciencias Sociales y Humanidades: los libros. Para ciertas disciplinas, claramente no es comparable la importancia de una publicación en revistas con un libro, que no es la mera suma de artículos sino una obra integral del conocimiento, de otra valía. Lateralmente, también han perdido la importancia que merecen los artículos en libros, que suelen ser relevantes de acuerdo al académico que opera de compilador. Su pérdida relativa de importancia en relación a los artículos en las revistas no tiene que ver con razones de calidad, sino con unas estrictamente pragmáticas: las posibilidades de estandarizar cuantitativamente niveles de comparabilidad.

Ya hemos señalado la alta conexión existente entre algunas consultoras o revistas internacionales productoras de rankings y el control que las mismas empresas ejercen sobre la sistematización de las publicaciones en revistas con referato y en las citas que se derivan de estas. Los rankings de Jiao Tong de Shangai y el THES utilizan la frecuencia con que aparecen mencionados los artículos científicos elaborados por los profesores de las universidades, en las bases de datos Thomson conocidas bajo las siglas SCI (Science Citation Index Expanded) y

SSCI (Social Science Citation Index). Habíamos señalado que Thomson Reuters es ahora una de las grandes compañías que proporcionan información para empresas y profesionales sobre diversos temas y mercados. Su plataforma proporciona a los académicos y administradores universitarios acceso a bases de datos del mundo de 12.000 de las revistas de mayor impacto académico y más de 110.000 resúmenes de congresos.

La otra gran alianza a nivel privado en materia de rankings, se desarrolla entre la revista norteamericana pionera del sistema, *U.S. News*, y la consultora inglesa QS con la empresa Elsevier a través de la utilización de la base de datos bibliográfica y de resúmenes y citas de artículos de revistas científicas denominada Scopus. Esta base cubre unos 18.000 títulos de más de 5.000 editores internacionales, incluyendo la cobertura de 16.500 revistas con referato de las áreas de Ciencias Exactas y Naturales, Tecnología, Medicina, Ciencias Sociales, Artes y Humanidades. Elsevier es una empresa refundada en 1880, pero tomó su nombre de una tradicional editorial holandesa creada en 1580.

Las revistas son organizadas jerárquicamente a escala internacional a través de dos mecanismos. Aquellas que son editadas y publicadas por sociedades científicas reconocidas internacionalmente, y aquellas cuyos procesos de edición, publicación y comercialización se realizan a través de grandes empresas trasnacionales.

La producción científica mundial está dominada por el conocimiento generado en los países de alto desarrollo económico, lo que se expresa también en el dominio del procesamiento y la difusión de la información científica. La suma de publicaciones registradas en todos los campos de la ciencia que considera el Institute for

Scientific Information (ISI), que generó el grupo de los siete (Estados Unidos, Reino Unido, Japón, Alemania, Francia, Canadá e Italia) en el período 1981-2002, fue de 9.869.717. En cambio, los seis países iberoamericanos más productivos (España, Brasil, Argentina, México, Chile y Venezuela) registraron un total de 520.155 publicaciones en el mismo período, es decir 19 veces menos.

Si bien en los últimos años se ha expandido la cantidad de publicaciones latinoamericanas con reconocimiento internacional, los puntos de partida son extremadamente disímiles y las tendencias de reproducción del sistema difíciles de equilibrar. Ello se agrava porque siendo el inglés el idioma por excelencia en el mundo de la ciencia, los científicos angloparlantes ignoran el contenido de la literatura redactada en otros idiomas, lo que explica, en gran parte, el menor acceso que tienen los trabajos publicados en otras lenguas a la comunidad científica internacional, lo que tiene a su vez otro efecto rebote: las publicaciones nacionales orientadas a temas aplicados, cuyo público corresponde esencialmente a comunidades científicas o de utilización en estas áreas, son editadas en el idioma local y las temáticas son también esencialmente de interés específico.

De la mano de lo anterior está el otro gran desafío: enfrentar las mediciones actuales de la producción científica, centralizadas en torno al Instituto para la Información Científica (Institute for Scientific Information) (ISI), que fue fundado por Eugene Garfield en 1960. Posteriormente fue adquirido por Thomson en 1992 y a partir de 2008 es parte de la fusión entre Thomson y Reuters. ISI ofrece servicios de bibliografía. Está particularmente especializado en el análisis de citación. Mantiene una base de datos de citaciones que cubren miles de revistas, conocida como Science Citation Index (SCI), que es posible consultar *on line* a través del servicio Web of Science (WOS). Esta base de datos permite a los investigadores identificar qué artículo ha sido citado más frecuentemente, y quién lo ha citado.

ISI también tiene una publicación anual, el Journal Citation Report, que lista el "factor de impacto" de cada una de las revistas que controla. Dentro de la comunidad científica el factor de impacto juega un enorme y controvertido papel en determinar el reconocimiento atribuido a las publicaciones científicas. El factor de impacto se calcula generalmente con base en un periodo de dos años. Por ejemplo, el factor de impacto en el año 2011 para una determinada publicación puede calcularse como sigue:

A = Número de veces en que los artículos publicados en el periodo 2009-2010 han sido citados por las publicaciones a las que se les da seguimiento a lo largo del año 2011.
B = Número de artículos publicados en el periodo 2009-2010.
Factor de impacto 2011 = A/B.

El factor de impacto mide la calidad de las revistas o su importancia. Esas revistas son de solvencia contrastada y de referencia en cada especialidad, y cada una tiene un factor de impacto (FI) calculado a partir del número de veces que los artículos publicados en ella son citados después en otros artículos. Como el número de citas que recibe un artículo indica el interés que suscita, el FI deviene un referente del prestigio de la revista donde se publican. Por lo demás, el FI de esas revistas (unas 8.000) es muy dispar, variando entre 0,01 y 49,79.

Este tipo de indicadores facilita las evaluaciones de los patrocinadores (privados o estatales) de grupos de investigación para dar cuenta de la productividad de las inversiones realizadas, por ello existe una demanda por medidas como esta. Tiene cobertura internacional amplia y es fácil de utilizar. También mide a las propias revistas y define financiamientos al respecto. Sin embargo, el factor de impacto ha sido cuestionado desde diversos ángulos:
- El número de las citas no mide realmente la calidad de la publicación, sino la cantidad de publicaciones.
- El periodo de cálculo base para citas es muy corto. Los artículos clásicos son citados frecuentemente aún después de décadas.
- La naturaleza de los resultados en distintas áreas de investigación produce distinta cantidad de publicaciones y a diferente ritmo, lo que tiene un efecto en el factor de impacto. Generalmente, por ejemplo, las publicaciones de la Física tienen un período muy corto para ser citados, de uno o dos años, mientras que las del campo de la Medicina tienen un factor de impacto más bajo, incluso dentro del campo médico es mucho más alto el impacto de las publicaciones en cardiología que en el resto de las especialidades.

La arbitrariedad del período de dos años fijados por el ISI para calcular el factor de impacto, la limitada cantidad de revistas incluidas en la base de datos del ISI, el contar "revisiones" citadas con mayor frecuencia que un artículo original, no tomar en cuenta el efecto que producen las "auto-citas" para el cálculo de este índice o presumir una relación directa entre citaciones y calidad de un artículo, son algunas de las razones que han motivado innumerables críticas al uso del factor de impacto como indicador de la producción científica sin poder impedir su utilización mecánica en la evaluación de los investigadores y en el apoyo a los proyectos.

En la Segunda Sección realizamos un análisis detallado del origen del ISI y de la aplicación del factor de impacto en los procesos de evaluación científica.

4.4. Las dificultades en la medición de la calidad de la enseñanza en los rankings internacionales

Una de las mayores dificultades con que tropiezan quienes elaboran los rankings internacionales es medir la calidad de la enseñanza y hacer estas mediciones comparables. Por ello suelen asignarse representaciones proporcionales menores a esta dimensión. En un artículo publicado en octubre de 2011, Phyl Baty, el principal responsable de la metodología del ranking del Times, señaló la pobreza de uno de los indicadores utilizados: la cantidad de profesores a tiempo completo por estudiante. Se supone que si hay una baja proporción de estudiantes por docente esto mejora la calidad de la enseñanza. La evidente debilidad del indicador le llevó al propio Baty a señalar: "*After all, you cannot judge the quality of the food in a restaurant by the number of waiters employed to serve it*" (Después de todo, no puedes juzgar la calidad de la comida de un restaurant por la cantidad de mozos empleados para servirla). Este indicador es directamente inaplicable como promedio de diferentes tradiciones disciplinarias que conllevan también diferentes relaciones docente-alumno, pero se usa.

Para las universidades argentinas, sobre todo para las de gestión estatal, este indicador es globalmente negativo, dado que el sistema de ingreso irrestricto en las universidades estatales y el importante tamaño de algunas universidades privadas con ingresos irrestrictos o con limitaciones relativamente débiles, determinan un cociente muy alto comparado con buena parte de las otras universidades latinoamericanas, particularmente de Chile y Brasil.

Otro indicador que se utiliza es la cantidad de doctores por docentes totales. El sistema tradicional argentino de grado largo y gran peso de especialidades y maestrías, ha hecho que en las disciplinas de mayor tamaño la cantidad de doctores sea muy escasa, y aunque existen incentivos continuos del Estado en esta dirección a través de becas, los cambios en esta temática tomarán décadas y no siempre arrojan resultados linealmente positivos.[9] Ello también contrasta fuertemente con países como Brasil, donde el doctorado después de grados cortos y maestrías académicas cortas está estructurado

---

[9] "Como ya se ha señalado, en muchos casos las normas y criterios tienden a reproducir una visión tradicional de la educación superior, sin reconocer que existen otros indicadores de calidad que se pueden usar con mayor eficacia en diferentes tipos de instituciones. Un ejemplo común es el de la contratación de personal académico: muchos organismos de aseguramiento de la calidad insisten en las calificaciones académicas como una medida de la calidad y olvidan que, en muchos casos (como programas profesionales o nuevos campos de conocimiento), podría ser más eficaz usar otro tipo de calificaciones. Así, no siempre tener un mayor porcentaje de docentes con grado de doctor es garantía de una mejor docencia. Dejando de lado la calidad del programa donde se obtuvo dicha calificación, en ocasiones puede ser preferible menos doctores y más profesionales con experiencia. La calidad del personal docente es siempre fundamental; lo importante es reconocer que esta calidad se puede identificar de muchos modos distintos" (Lemaitre, 2009: 182-3).

ascendentemente desde 1964. El peso de la comunidad académica brasileña en los rankings de QS está explícitamente planteado por los directivos de la consultora en diversos artículos y ello se aprecia en haber sumado este indicador que da un 10% de puntaje en las mediciones recientes para América Latina, rubro no contemplado en el ranking internacional de QS.

Finalmente existen análisis muy refinados sobre la inconsistencia en los porcentajes asignados, y particularmente en el gran peso de los factores subjetivos en los ranking del Times y de QS, donde la mitad de los puntajes se asignan a consultas necesariamente arbitrarias a las comunidades académicas y a los empleadores que sólo pueden dar respuestas acotadas a las disciplinas que conocen directamente y en ningún caso a las universidades en su conjunto, lo que requeriría sofisticados mecanismos de evaluación y tiempos que exceden ampliamente a una consulta puntual.

Las comunidades académicas que elaboraron el CHE y el MESALC, basadas en una filosofía diferente a la de los rankings internacionales y promotoras de bases de información multivariables no valorativas se extendieron ampliamente en estas críticas. Las comunidades académicas que habían impulsado estos procesos a nivel nacional intentaron no quedar asociadas a estos tropezones internacionales.

5. Repercusión de los rankings y respuestas a las críticas

Desde su aparición, los rankings han merecido profundas objeciones conceptuales y críticas estimuladas por las posiciones no siempre favorables para muchas comunidades académicas en relación a sus expectativas. No podemos detallar aquí la innumerable cantidad de cuestionamientos, pero es importante señalar que la fuerza indudable de la tentación de clasificar a las instituciones por razones de mercado y opinión pública, además de prestigio de las comunidades académicas en juego, no sólo no debilitó el proceso de construcción de estos indicadores sino que se fortalecieron en la opinión pública y en su repercusión en las comunidades académicas.

La respuesta a las críticas fue la creación de un verdadero movimiento académico vinculado favorablemente con la elaboración de los rankings traducido en la creación del IREG (Observatory on Academic Ranking and Excellence) que fue establecido en 2004 en el marco de la Reunión de Seguimiento de la Mesa Redonda sobre "Indicadores Estadísticos para Evaluación de la Calidad de Instituciones de Educación Superior: Metodologías de Ranking y Tablas de Posiciones", convocada conjuntamente por el Centro Europeo de la UNESCO para la Enseñanza Superior (CEPES) y el Instituto de Políticas de Educación Superior (IHEP).

El grupo de especialistas articulado en torno al IREG dio a conocer, durante la segunda reunión formal sobre rankings, celebrada en Berlín, Alemania (mayo de 2006), el documento titulado "Principios de Berlín sobre los Rankings de Instituciones de Educación Superior". Con posterioridad a este ejercicio, el trabajo del IREG se ha enfocado a la organización del Observatorio Internacional sobre Rankings Académicos y Excelencia, a través del cual se difunde información sobre los principales rankings de carácter nacional e internacional, así como el programa de actividades del grupo de trabajo.

El documento de Berlín sostiene los siguientes principios: a) Ser una entre múltiples y diversas aproximaciones a la evaluación (*assessment*) de insumos, procesos y resultados de la educación superior. b) Reconocer la diversidad de instituciones y tomar en cuenta sus diferentes misiones y objetivos. c) Especificar el contexto lingüístico, cultural, económico e histórico de los sistemas educativos calificados mediante rankings. d) Dar preferencia a la medición de resultados.

La atenta lectura de estos criterios resalta la imposibilidad de la construcción de un ranking global unificado que incorpore todas las dimensiones señaladas. Justamente las críticas que reciben estas tablas clasificatorias son las aquí enumeradas. Cada una de las dimensiones planteadas ha sido rigurosamente cuestionada.

Así, los rankings aparecen como medidas absolutas y no como una de las diversas aproximaciones a la evaluación. Tienen criterios predefinidos y por ende no incorporan las diversidades de las instituciones y mucho menos sus distintas misiones y objetivos como sí hacen las evaluaciones institucionales. Mucho menos se amoldan a los distintos contextos nacionales de los sistemas educativos. Finalmente, muchos de los indicadores son de disponibilidad de recursos y no de resultados y otros son opiniones subjetivas estáticas sobre las instituciones.

Notablemente, estas y otras trabas extensamente enumeradas en este documento son presentadas como estándares para la construcción de rankings y no como luces rojas sobre las enormes dificultades para hacerlo. Como señalan agudamente Stella y Woodhouse (2006), parece como si una alerta sobre los peligros de fumar fuera convertida en un documento que dijera: "no hay problemas con fumar siempre y cuando usted evite los peligros del cigarrillo".

6. Los medios de comunicación y los rankings

En el año 2010 el reconocido periodista argentino Andrés Oppenheimer publicó su libro ¡Basta de historias! *La obsesión latinoamericana con el pasado y las 12 claves del futuro*. Este trabajo y diversos artículos del autor han tenido una notable repercusión periodística, por lo que es un buen punto de partida para el debate sobre la calidad de la educación en Argentina y particularmente sobre los mecanismos de evaluación existentes a nivel internacional y nacional.

La tesis principal del libro es que los países latinoamericanos están demasiado inmersos en una revisión constante de la historia, que los distrae de lo que debería ser su principal prioridad: mejorar sus sistemas educativos. Se señala que los recursos naturales ya no son los que producen más crecimiento y que los países que más avanzan en el mundo son los que apostaron a la innovación y producen bienes y servicios de mayor valor agregado. Su visión de la situación del sistema educativo latinoamericano es profundamente crítica. Plantea que si bien se ha producido un gran avance en la expansión cuantitativa de la educación en todos los niveles, este avance no ha tenido su correlato en términos de la calidad de la educación.

Específicamente en relación al sistema universitario señala que la visión triunfalista existente en la región sobre los logros de las grandes universidades latinoamericanas y de los sistemas educativos en general, se desmorona en la medida en que se comparan con el resto del mundo. Utiliza para ello los rankings internacionales más conocidos. El realizado por el Suplemento de Educación Superior del diario Times de Londres, en el que figura una sola universidad latinoamericana entre las primeras 200 a nivel mundial (la Universidad Nacional Autónoma de México (UNAM) en el puesto 190). También el de la Universidad Jiao Tong de Shanghai de China, que no ubica a ninguna de las latinoamericanas entre las 100 mejores, y sólo aparecen la de San Pablo entre el puesto 100 y 151 y las de Buenos Aires y de la UNAM de México entre el puesto 152 y 200.

Otro comentario crítico está asociado a que las grandes universidades latinoamericanas tienen gran cantidad de estudiantes de las carreras humanísticas u otras con poca salida laboral o divorciadas de la economía del conocimiento del siglo XXI. Demasiados estudiantes en Derecho, Psicología, Sociología, Filosofía e Historia y pocos en ciencias e Ingeniería. 57% de los estudiantes de la región cursa carreras de Ciencias Sociales contra el 16% que cursa carreras de Ingeniería y Tecnología. Estas cifras van en la dirección inversa de países como China o la India, donde los estudiantes de Ingeniería superan con gran amplitud a los de las carreras de Ciencias Sociales y humanísticas.

Percibe a estos procesos estrechamente asociados al hecho de que América Latina, junto con África, sean las regiones del mundo con menor inversión en investigación y desarrollo de nuevos productos y con menos patentes registradas en el mercado mundial. Todos los países latinoamericanos invierten menos en investigación y desarrollo que un solo país asiático, como Corea del Sur. Ello se explicaría porque la mayor parte de la investigación en Latinoamérica se hace en el ámbito académico estatal y está divorciada de las necesidades del mercado. Cita a la Organización para la Cooperación y el Desarrollo Económicos (OCDE), que señala que "no hay países que jamás hayan logrado un estatus tecnológico avanzado sin un porcentaje significativo de inversión privada en investigación y desarrollo" (OCDE, Reviews of Tertiary Education, p. 50). Compara porcentajes de dicha inversión entre Corea del Sur (74%), EE. UU. (64%), China (60%) con el 47% de Colombia, 41% de Brasil, 30% en México, 29% en Chile, 26% en Argentina y 10% en Venezuela.

Indica que en términos de inversión sobre el PBI, China invierte el 1,4% contra 0,9% de Brasil, 0,6% de Argentina o 0,4% de México, a pesar de que en China hay todavía una gigantesca pobreza, pero que están saliendo de esa situación en base a fortalecer procesos como los de educación y la investigación aplicada.

Hábilmente, el periodista relaciona problemas estructurales de los países latinoamericanos que explican la baja inversión privada en ciencia y tecnología y la deformación de la oferta académica en perjuicio de las carreras de ingeniería, con la ubicación desfavorable en rankings internacionales construidos con grandes debilidades metodológicas y sesgados hacia la función de investigación. Este tipo de enfoque justamente superpone esta función con el rango de calidad universitaria, empobreciendo notablemente el análisis de las instituciones universitarias.

En una nota reciente (diario La Nación, 9 de octubre de 2012), Oppenheimer insiste sobre el tema. Allí cita una conversación con Phil Baty, editor del ranking de

Educación Superior del Times, que confirma que estas mediciones identifican calidad de la universidad con calidad en investigación. Dice Baty: "Las universidades de primera línea cuestan dinero. Y en América Latina vemos una concentración de recursos en universidades que tienen un enorme número de estudiantes y requieren mucho gasto en infraestructura, lo que les hace difícil invertir en investigación". Lo que el entrevistado y Oppenheimer no advierten es que una gran parte del sistema universitario mundial, incluido el de los países desarrollados, se dedica a la formación de profesionales y técnicos en forma masiva, no necesariamente asociados a procesos de investigación de punta, lo que está reservado a instituciones universitarias y no universitarias (incluidas empresas privadas de gran tamaño) que dan cuenta de lo fundamental de la investigación, tanto básica como aplicada. Buena parte de estos procesos avanzados de investigación no se reflejan en las formas tradicionales de registro del mundo académico.

Frank Rhodes, presidente de la Universidad de Cornell, señala que las denominadas "principales universidades de investigación" públicas y privadas del sistema norteamericano son 125 instituciones sobre 4.096 *colleges* y universidades de todo el sistema. Las universidades de investigación se distinguen por tener un número sustancial de estudiantes de doctorado y un compromiso significativo con la investigación organizada, y representan el 77% de los gastos de investigación y desarrollo del sistema universitario. Rhodes señala críticamente los esfuerzos de otras universidades no incluidas en este selecto grupo por desarrollar actividades de investigación y postgrado: "La suposición ocasional de que la investigación –de la calidad que sea– es algo superior a la enseñanza, lleva en muchos casos, a reducir la responsabilidad esencial de la enseñanza, en la cual la institución puede tener un récord largo y distinguido, y dedicarse a los estudios de postgrado e investigación, para lo que puede estar mal equipada" (2009, 48).

En la misma dirección, para América Latina, José Joaquín Brunner (2012) señala: "Entre las casi 4 mil universidades iberoamericanas (3.999) sólo 62 (menos de un 2%) se aproximan a la noción de una *research university* por el volumen de su producción científica medida bibliométricamente; un segundo grupo, de tamaño similar (69 universidades), puede calificarse como compuesto por universidades con investigación; luego hay un tercer grupo, de 133 universidades (3,3% del total) que, con benevolencia, puede decirse que se halla integrado por 'universidades emergentes' a la investigación, cada una de las cuales publican, en promedio, durante un período de cinco años entre 50 y 200 artículos anuales. En consecuencia, el 93% de nuestras 4.000 universidades debe clasificarse como instituciones puramente docentes, incluyendo entre ellas a un grupo de algo más de 1.100 universidades (28%) que tienen una actividad artesanal de investigación, publicando en promedio entre 1 y hasta 49,8 artículos anualmente durante el último lustro. Ahora bien, el hecho de que en la época de la educación superior masiva y en vías de universalizarse, la mayoría de estudiantes curse sus estudios superiores en institutos no-universitarios y en universidades puramente docentes –públicas o privadas– no puede sorprender. Pues son estas instituciones –menos selectivas y, por ende, de menor prestigio académico y social, y con un menor costo unitario por alumno– las únicas que están en condiciones de garantizar un acceso masivo, y eventualmente universal, para estudiantes provenientes de hogares con menor capital económico, social y cultural. A ellas debemos que se hayan abierto las puertas hasta ayer cerradas hacia la educación terciaria, permitiendo el ingreso de un contingente cada vez más grande de jóvenes y adultos al dominio del conocimiento profesional y técnico hasta ayer controlado por una minoría".

En el mismo artículo Oppenheimer confunde la iniciativa del MESALC con la construcción de un ranking latinoamericano, cuando justamente se trata de un sistema de información que está diseñado, al igual que el CHE en Europa, para informar específicamente sobre fortalezas de las universidades en disciplinas específicas pero nunca para cruzar dimensiones para rankear en forma agregada a estas instituciones.

Este diagnóstico, y las numerosas notas periodísticas que han aparecido desde la difusión del ranking latinoamericano de la consultora QS, hacen relevante profundizar en el análisis del tema de los rankings de las universidades en Argentina. Notablemente, la potencia comunicacional de los rankings, que permiten escalas simples de comparación, permiten su difusión a públicos masivos que por cierto no se interesarían demasiado en análisis más complejos de temas como la evolución de la calidad de la educación universitaria y la importancia de políticas refinadas y de larga duración al respecto.

Así planteada, la temática de la evaluación de la calidad, que fue el origen histórico de estos procesos, queda desfigurada y absorbida por estas generalizaciones. Por ello es relevante replantear la historia de estos procesos en el país.

7. Evolución de los procesos de evaluación de la calidad universitaria en Argentina y el desafío de los rankings

7.1. La organización institucional

Como sabemos, los orígenes de los modernos sistemas de evaluación universitaria están asociados a las características de la expansión del sistema universitario norteamericano. Las iniciativas privadas y de los estados federales determinaron la creación de una importante cantidad de colegios y universidades en los que un pequeño sector de alta calidad y tradición convivía con gran cantidad de nuevas instituciones en expansión. El modelo estadounidense tiene una tradición antigua en el manejo de un sistema educativo heterogéneo, que desde su origen se basó en la competencia, el alto peso de la educación privada y un importante grado de descentralización del sector estatal a través de los estados federales, por lo que requirió estructurarse tempranamente mediante organismos de coordinación, de acreditación y de control de calidad.

Desde fines del siglo XIX las asociaciones de universidades establecieron estándares mínimos de calidad y las asociaciones profesionales pasaron a controlar los procesos de acreditación para el ejercicio de estas. Las universidades existentes obtienen una licencia de los estados federales para otorgar grados académicos. Luego, las asociaciones regionales de universidades organizan la evaluación de las universidades, que es obligatoria cada diez años para mantener su acreditación. Los procesos son conducidos por el Council of Graduate Schools y por el American Council of Education. La acreditación institucional es por diez años y la acreditación de programas por cinco.

En Europa hay fuerte tradición estatal en el control de los procesos universitarios y son los estados nacionales los que organizan los procesos de evaluación, generalmente a través de un organismo intermedio y especializado entre el gobierno y las universidades, estableciendo estándares y procedimientos. El actual modelo europeo de convergencia hacia un área de educación superior europea, por la integración de los países y la creciente articulación con el mercado, lleva a complejos sistemas de evaluación y de integración (reconocimiento de créditos, etc.), que se suman a formas de control previas de cada estado.

En América Latina hay una gran superposición de las distintas tradiciones académicas internacionales. El peso del liberalismo de fines del siglo XIX impulsó con gran relevancia a las universidades estatales, que establecieron el monopolio de la acreditación automática de la calidad en sus títulos y la habilitación profesional directa. En algunos países, las universidades católicas –algunas desde la época colonial-primero, y otras universidades de gestión privada después–, fueron complejizando el sistema institucional.

El gran crecimiento y masificación del sistema universitario, la expansión de un sistema de postgrados basado en tradiciones de distinto origen y con asignación de valor diferencial a los diversos títulos, debilitaron el "sello de fábrica" de los títulos universitarios. Las crisis presupuestarias de los estados latinoamericanos en las décadas de 1980 y 1990 plantearon la necesidad del control de los presupuestos universitarios. Aparece con fuerza la acción del "Estado evaluador", con programas de evaluación de la calidad universitaria, un hecho inédito para las universidades latinoamericanas.[10]

En la región, estos procesos toman fuerza en Brasil con la acción de la CAPES (Coordinación y Perfeccionamiento del Personal de Nivel Superior), que impulsó procesos de evaluación de los sistemas de postgrado con consecuencias en la adjudicación de recursos estatales a dichas actividades. En México la adjudicación de recursos estatales se fue asociando a procesos de evaluación de los académicos y de las instituciones.

En Argentina, la evaluación institucional ha sido introducida en la agenda universitaria recién hacia 1990. La necesidad de la evaluación institucional había sido expresada por la comunidad universitaria a través de encuentros, talleres y actividades organizados con el fin de facilitar un debate democrático sobre una temática nueva y compleja como ésta. Pero fueron las políticas impulsadas por la Secretaría de Políticas Universitarias del Ministerio de Cultura y Educación (a través de la ley de Educación Superior 24.521 sancionada en 1995) las que dieron un impulso decisivo a estos procesos. La resistencia del sistema universitario estatal estaba asociada a una mirada autosuficiente y autocomplaciente

---

[10] "Las universidades latinoamericanas siempre fueron evaluadas por sus estudiantes, profesores, y gobiernos en términos de su democratización para adentro y para afuera, su politización o enajenación, el prestigio social de sus egresados y el tipo de empleos obtenidos. Pero nunca fueron evaluados en términos de la calidad de la enseñanza o investigación. Rara vez se comparaban con otros países. No había sistema de información, y cuando se hacían comparaciones, no había grupos insatisfechos suficientemente organizados como para promover el cambio". (Schwartzman, 1992).

y al control político de las autoridades de las universidades estatales de los procesos académicos. Se asociaba también a esta resistencia el temor del sistema privado por el control de la evaluación estatal en relación a sus actividades.

La ley le dedica una sección completa a la evaluación institucional y a la acreditación, y en su artículo 44 plantea: "Las instituciones universitarias deberán asegurar el funcionamiento de instancias internas de sistemas de evaluación institucional que tendrán por objeto analizar los logros y dificultades en el cumplimiento de sus funciones, así como sugerir medidas para su mejoramiento. Las auto-evaluaciones se complementarán con evaluaciones externas, que se harán como mínimo cada seis años, en el marco de los objetivos definidos por cada institución". La obligatoriedad fue justificada hasta que se consolidara una cultura de la evaluación, por la escasa propensión de las instituciones a la evaluación externa.

En base a la experiencia institucional francesa se crea la CONEAU (Comisión Nacional de Evaluación y Acreditación Universitaria), aunque se intenta asimilar también la experiencia norteamericana y se admite como complementarias bajo la supervisión de la CONEAU a las Agencias Privadas de Evaluación reconocidas por el Ministerio de Educación.[11] Los procesos bajo supervisión de la CONEAU son: a) la evaluación institucional externa de las universidades; b) la evaluación del proyecto institucional para la creación de nuevas universidades estatales; c) la evaluación para la autorización provisoria

---

[11] Esta es una experiencia parcialmente trunca. Las dos agencias que se constituyeron fueron organizadas por universidades privadas y la CONEAU no les delegó funciones de acreditación sino solamente de evaluación institucional.

o el reconocimiento definitivo de las universidades privadas y d) la acreditación de las carreras de grado y de postgrado.

7.2. La evaluación de las instituciones universitarias

Respeto a la evaluación institucional, el sistema que adoptó Argentina fue inspirado en el modelo francés de evaluación (aunque el francés no incluye acreditaciones). Se basa en una autoevaluación y en una evaluación externa. La diferencia es que en el caso francés el proceso de evaluación es estructurado, a partir de una serie de indicadores elaborados por un Comité Nacional de Evaluación (CNE) y de un cuestionario detallado. En el caso argentino, si bien hay lineamientos generales para el desarrollo del proceso, la autoevaluación no es estructurada y su elaboración depende de los equipos o comisiones que se organicen en las instituciones. No se cuenta con financiamiento que permita que el resultado de las recomendaciones reciba recursos adicionales externos.

En 1997, la CONEAU elaboró un documento denominado "Lineamientos para la evaluación institucional". Allí se incluía una ejemplar carta de su presidente, el destacado educador Emilio Mignone, a la que llamó "Criterios básicos para la autoevaluación universitaria desde el punto de vista de la evaluación externa". En el texto se señalaba que tanto la autoevaluación como la evaluación externa deben realizarse, según lo prescribe la cláusula citada, *en el marco de los objetivos definidos por cada institución*. Y agregaba que estos, por lo general, se encuentran explicitados en los fines y funciones establecidos en los estatutos de las universidades nacionales y en los proyectos fundacionales de las universidades privadas, además de los propósitos y metas contenidos en planes de desarrollo, memorias anuales, políticas y reglamentaciones aprobadas por sus órganos de gobierno.

Esta definición sitúa el contexto de la evaluación y resalta con nitidez lo inadecuado de las metodologías de los rankings, que son una evaluación institucional abstracta con indicadores genéricos que justamente prescinden de las características específicas de las instituciones universitarias y de su accionar definido por sus objetivos institucionales. Y explicitaba: "En cuanto a la autoevaluación resulta imprescindible señalar que su ejecución es de responsabilidad exclusiva de las instituciones universitarias en el marco de las normas reseñadas. Esto surge del carácter autónomo y autárquico de las universidades nacionales y provinciales, según lo establecen los artículos 75 inciso 19 de la Constitución Nacional y 48/61 y 69 de la ley 24.521; y la personería jurídica de las privadas, reconocida y reglamentada por los artículos 62 a 68 inclusive del mismo ordenamiento legal. El marco antedicho, exponente de una vigorosa tradición argentina, exige a la Comisión Nacional de Evaluación y Acreditación Universitaria un cuidadoso respeto hacia el proceso de autoevaluación encarado por los establecimientos. La CONEAU entiende que no es atribución suya la imposición de modelos ni metodologías en la materia".

La riqueza del principio de autoevaluación de las universidades que planteaba la CONEAU, y que se llevó adelante en los procesos de evaluación institucional de muchas universidades de gestión estatal y privada del país, debe ser rescatada para contrastarla con la pobreza informativa en que se basan las metodologías de los rankings, tanto en materia de los escasos indicadores utilizados como de las fuentes de información. Señalaba así el documento de CONEAU:

> La autoevaluación debe ser necesariamente participativa, con la intervención de todos los actores de la comunidad universitaria, utilizando las competencias que puedan resultar útiles provenientes de las distintas disciplinas y metodologías. Es aconsejable igualmente la consulta de sectores ajenos, pero vinculados con los objetivos y las tareas de la universidad.
> La autoevaluación debe contener información cuantitativa y cualitativa suficiente como para permitir una interpretación y un juzgamiento objetivo de la realidad. Esto no implica una acumulación abusiva de estadísticas –que a veces ocultan los hechos y dificultan el análisis– pero si de elementos fácticos respecto a los alumnos (número, categorías, ingreso, actuación, dedicación, evaluación, desgranamiento, período de graduación, etc.); a carreras, cursos, exámenes, promoción, correlatividades, etc.; al personal docente (títulos académicos, ingreso, carrera, evaluación, curriculum vitae actualizados, dedicación, concursos, consagración a la investigación, dedicación, publicaciones, etc.); personal no docente (número, clasificación, ingreso, capacitación, evaluación, etc.); programas de extensión y bienestar estudiantil; edificios, infraestructura, bibliotecas, laboratorios, equipos, informática, presupuesto, etc.
> Toda evaluación, en cualquiera de sus fases, implica la utilización de medios cuantitativos y cualitativos, que son complementarios y de ninguna manera exclusivos ni aislados. Los aportes cualitativos (entrevistas, encuestas, análisis de la historia, de los objetivos, los niveles de gobierno y gestión, la cultura y el clima organizacional, los programas de transferencia, los recursos y el contexto socio-económico y cultural que rodea a la institución, como así también el estudio de la producción educativa y de investigación, la reinterpretación de los datos numéricos, el examen de resultados del aprendizaje y de la investigación, etc.) son en definitiva los instrumentos capaces de subrayar y ponderar

los datos cuantitativos y, sin desvirtuarlos, permitir arribar a conclusiones válidas y útiles.

La autoevaluación de las instituciones universitarias tiene que terminar con recomendaciones y propuestas que satisfagan lo establecido por la ley de Educación Superior en su artículo 44: analizar los logros y dificultades en el cumplimiento de sus funciones, así como sugerir medidas para su mejoramiento. A ese respecto convendrá distinguir entre las propuestas de mejoramiento que pueden y deben llevarse a cabo con los actuales recursos y aquéllas que exigirán aportes adicionales.

Es también importante concebir la autoevaluación a partir de la concepción de la universidad como una unidad de análisis, teniendo en cuenta su perspectiva contextual e histórica y cubriendo la totalidad de las funciones que desempeña. En otros términos, debe concluir con un informe final que no debería escindir los diversos componentes, ya sea funcionales o disciplinares, sino que tienda a resaltar la unicidad de la institución.

Como se aprecia, había una excelente guía para que las evaluaciones institucionales tuvieran alto impacto en la mejora de la calidad de las instituciones universitarias, ya que se aplicaban las mejores tradiciones internacionales de evaluación. En la medida, además, en que la evaluación externa realizada por pares evaluadores de alta calidad ayudara a profundizar en la detección de los problemas que obstaculizaban un mejor desarrollo institucional y a precisar objetivos de mejora que pudieran ser internalizados por los académicos y las autoridades universitarias.

7.3. El debilitamiento de las evaluaciones institucionales, los procesos de acreditación y los sesgos en la evaluación de la función de investigación

Las condiciones políticas en que se impulsó la instalación de la CONEAU y de las funciones de evaluación y acreditación fueron extremadamente complejas. De hecho la Universidad de Buenos Aires, la mayor del país, se resistió durante años a participar en estos procesos y aún hoy algunas comunidades académicas ponen trabas a estas actividades. En ese contexto, las acreditaciones de postgrados primero y de grado (carreras del artículo 43 de la ley de Educación Superior) después, adquirieron creciente relevancia por las consecuencias punitivas previstas para el funcionamiento de estas carreras. Ello hizo que las universidades dieran prioridad a estas actividades en detrimento de las evaluaciones institucionales, dada la falta de consecuencias de una evaluación negativa.

Por otra parte, al no haber un uso del Estado de los resultados de las evaluaciones institucionales para el diseño y el desarrollo de políticas sectoriales, ni para la distribución presupuestaria, ni para gestionar el funcionamiento del sistema universitario, no se asentó socialmente la importancia de los dictámenes de evaluación de las universidades, que en otros países tienen alto impacto social y consecuencias en la gestión estatal. Este vacío de legitimidad externa de estos procesos ha dejado un espacio crecientemente aprovechado por la difusión mediática de los rankings internacionales.

Los procesos de acreditación han tenido gran impacto y han determinado cambios significativos en las instituciones universitarias. Dadas las consecuencias institucionales que determinaban la posibilidad de funcionamiento de los postgrados o que ponían en riesgo las carreras de grado alcanzadas, las instituciones y las comunidades académicas prestaron particular atención a esta problemática. Dentro de estos adquirió gran relevancia el *rol de la función de investigación* en las universidades. Esto tuvo que ver con los sistemas preexistentes de evaluación de los investigadores dentro del Consejo Nacional de Investigaciones Científicas y Técnicas (CONICET). El prestigio en esta área de la institución y de sus investigadores determinó que, al conformarse los listados de los comités de pares en la CONEAU, una gran parte de estos fueron escogidos en todas las disciplinas entre personal científico del CONICET. Estos investigadores trasladaron a las comisiones asesoras de la CONEAU su visión sobre la calidad en materia de investigación.

El primer problema asociado a lo anterior, es que la práctica de evaluación en el CONICET era sobre los becarios e investigadores de carrera, mientras que en el caso de la CONEAU no se trataba de juzgar la actividad de determinadas personas sino procesos integrales que permitieran obtener calidad en materia de formación educativa, tanto en carreras de grado como de postgrado. En ese sentido la función de investigación debía aparecer subordinada a este objetivo superior. Esta confusión fue generada desde la propia CONEAU, donde los formularios de acreditación demandan acciones de investigación en el sentido tradicional, al tiempo que se pedían acciones en este terreno a los postgrados como si se tratara de entidades autónomas y no de espacios educativos formativos que pueden a través de la docencia integrar conocimientos de investigación generados en distintas entidades, en muchos casos diferentes de aquella donde se desarrolla la actividad. Esto se agravó en el caso de los postgrados profesionales.

El segundo problema es que en la transmisión de los criterios del CONICET para la evaluación de la investigación, se encuentra, por su historia institucional, una fuerte predominancia de las tradiciones que se han ido construyendo en el área de las ciencias básicas, tradiciones que corresponden a un sistema internacional homogéneo en este aspecto y definido por el desarrollo disciplinar llevado adelante en los países desarrollados. La Física, la Química, las Matemáticas, la Biología desarrollan procesos de conocimiento en materia de investigación de carácter universal y así son evaluadas.

Diferente es el caso de las disciplinas asociadas al estudio de las realidades locales desde el lado de las Ciencias Sociales y las Humanidades, como aquellas vinculadas con áreas aplicadas como las ingenierías, la Arquitectura y otras. Sin embargo, la predominancia de los criterios de las ciencias básicas, con el modelo dominante de *papers* publicados en revista de referato internacional subordinó a los otros procesos. ¿A qué se debió esto en la Argentina?

En primer lugar a las características del desarrollo científico local. Argentina, al igual que la mayor parte de los países de menor desarrollo, destina el peso esencial de sus recursos (particularmente estatales) al financiamiento de las ciencias básicas. Ello es exactamente al revés de los países de mayor desarrollo económico y científico donde el peso esencial de la inversión se realiza en el desarrollo experimental y en las tecnologías aplicadas. Esto tiene que ver a su vez con el gran peso en los países desarrollados de la inversión de las empresas privadas, la que es particularmente débil en Argentina.

Esta situación de fondo, más el peso de la formación del CONICET a fines de la década de 1950, determinó que las corporaciones de las ciencias básicas capturaran el grueso de los recursos estatales a través del control de esta institución pero también de la Secretaría de Ciencia y Tecnología devenida recientemente en Ministerio.

Es tan notable el peso de esta predominancia, que esto ha llevado a conflictos relevantes dado que los investigadores del CONICET asentados en las instituciones del sistema científico (el INTA, el INTI, la CONEA, etc.) que llevan adelante importantes proyectos de desarrollo aplicado, son evaluados negativamente en el CONICET por no ajustarse al esquema tradicional de la publicación de *papers*, lo que muestra cómo el sistema de evaluación se ha vuelto profundamente no funcional a las necesidades de desarrollo del país.

Finalmente, esta deformación del sistema de evaluación se convirtió en una traba para el funcionamiento de las instituciones de ciencia y tecnología en Argentina. Frente a ello, el Ministerio de Ciencia y Tecnología (MINCYT) realizó el 8 de septiembre de 2011 un taller cuyas conclusiones centrales fueron:
- la no pertinencia de aplicar criterios de evaluación del personal dedicado a la investigación básica al personal dedicado a la investigación aplicada y al desarrollo tecnológico y social;
- la diferencia existente entre las distintas disciplinas y la forma en que cada una evalúa a su personal;
- la dualidad entre la evaluación de trayectorias individuales y trayectorias colectivas; y
- la distancia entre criterios de calidad académica y criterios de relevancia y/o pertinencia organizacional.

En el año 2012 se dicta la resolución MINCYT 007/12, que crea la Comisión Asesora sobre Evaluación del Personal Científico y Tecnológico. La Comisión aborda una de las iniciativas prioritarias de trabajo para el MINCYT como es profundizar el desarrollo de instrumentos de evaluación que permitan una ponderación más equilibrada entre lo que se denomina ciencia básica y las actividades orientadas al desarrollo tecnológico y social. Se trata de la elaboración de pautas de evaluación dirigidas a superar el esquema de medición tradicional basado en el modelo lineal de producción de conocimiento. En este marco se apunta a revisar las modalidades de evaluación del personal científico y tecnológico entendiendo que su definición inviste un carácter político. Las decisiones respecto de su implementación son orientativas para el personal evaluado ya que se encuentran en estrecha vinculación al esquema de incentivos y estímulos que éstos reciben.

La resolución realiza el siguiente diagnóstico sobre la evaluación del personal científico y tecnológico:

i. La dualidad institucional que suponen aquellos casos en los que los investigadores son financiados por CONICET pero su lugar de trabajo es otro de los organismos de ciencia y tecnología o las universidades. Esta situación genera, en algunos casos, una duplicación en la evaluación y una contradicción en los requerimientos de las distintas instituciones.

ii. La Carrera del Investigador Científico establecida por el CONICET ha contribuido a la estabilidad y el prestigio del sistema científico. Sin embargo, se resalta que esto ha tenido como consecuencia la adopción de sus instrumentos de evaluación por

parte de otras instituciones que no están necesariamente guiadas por los mismos objetivos.
iii. Respecto al sistema de evaluación actual, se observa la preeminencia de indicadores que consideran a los investigadores en su trayectoria individual fundamentalmente a partir de su producción bibliométrica y la insuficiente utilización de criterios que consideren también su inserción y desempeño en equipos de trabajo. Un cambio en esta modalidad permitiría evaluar mejor los aportes que los investigadores hacen a la misión específica de las instituciones en las que se desempeñan.

Este giro copernicano en los criterios de evaluación del personal científico tiene pendiente otros debates, que también involucra afectar decisiones institucionales del sistema científico institucional argentino. Uno es el de extender explícitamente estos criterios desarrollados para las ciencias aplicadas a la evaluación de las Ciencias Sociales y Humanidades. Otro cambio profundo es el de la evaluación de los títulos académicos, particularmente la absolutización de los doctorados como sinónimo de calidad máxima en todas las disciplinas, haciendo abstracción de sus tradiciones que difieren en las distintas ramas del conocimiento. Absolutización que determinó la adjudicación plena del financiamiento de las actividades de postgrado por parte del MINCYT, generando un desarrollo artificial de estas actividades en disciplinas sin esta tradición, y desprotegiendo a las otras modalidades de formación académica y profesional.

8. Síntesis sobre la problemática de los rankings

Los rankings de las universidades tienen sus antecedentes en los procesos de evaluación y acreditación de las universidades que nacieron en Estados Unidos a fines del siglo XIX donde, frente a la proliferación de instituciones a lo largo de todo el país, surgió la necesidad de certificar la calidad de las instituciones, sobre todo en áreas críticas como la Medicina, donde estaba en juego la salud y la vida de la población. Originalmente no sucedió lo mismo en Europa y en América Latina, bastando el nombre de las grandes universidades como sello de calidad. La masificación de los procesos de enseñanza superior desde la década de 1960 fue impulsando también aquí medidas de control estatal sobre la calidad de las actividades y de las instituciones.

Paralelamente, las comunidades académicas generaban mecanismos de difusión de sus actividades científicas y se fue imponiendo el sistema de revistas con referato, que garantizaba controles de calidad y eran fácilmente sistematizables y comparables, a través de indicadores indirectos como los índices de impacto. Esta posibilidad de ser comparables desplazó a los libros, originalmente las expresiones máximas de referencia de calidad.

Un paso posterior, iniciado también en Estados Unidos y replicado luego en otros países, fue pasar de la evaluación de programas e instituciones o de artículos científicos por pares académicos, a comparaciones interinstitucionales (rankings). Y aquí comienza un largo, complejo y muchas veces caótico proceso de medición en base a indicadores. Cada emprendimiento metodológico incluyó diferentes perfiles de indicadores. Algunos objetivos y directamente medibles: recursos docentes y financieros, presencia de docentes y estudiantes extranjeros, visibilidad de la institución en el sistema de internet, volumen y calidad de la producción científica.

En la medida en que estas comparaciones se hacían dentro del mismo país y disciplina, las comparaciones eran controlables, e incluso cuando se incorporaron criterios subjetivos a través de encuestas de opinión entre los académicos se suponía que los niveles de conocimiento directo podían mitigar la dificultad de registrar apropiadamente las fortalezas y debilidades de las instituciones universitarias. Ya aparecían dificultades en los sistemas vinculados a la producción científica a través de las revistas con referato, y bastante literatura crítica ha circulado sobre las dificultades de este sistema de evaluación y sobre la forma de generar los indicadores de impacto a través de la repercusión cuantitativa para clasificar la calidad de las revistas.

Pero esta problemática se iba a erosionar definitivamente en la medida en que con mucha audacia algunos centros académicos, periódicos o revistas, pretendieron extender estas metodologías a escala planetaria, sobre las más de 22.000 universidades que, se estima, existen actualmente. Los primeros intentos construyeron clasificaciones estrictamente de la calidad de las investigaciones de las universidades. Nombres pomposos como el de *ranking mundial de universidades*, se limitaban simplemente a ordenar a las universidades en base a indicadores ligados a los procesos de investigación del más alto nivel (premios Nobel y Field de Matemáticas, publicaciones en la revista *Nature* y *Science*, e indicadores registrados en el sistema de registro de publicaciones e impacto). Obviamente, a partir de este perfil de medición las universidades llamadas "de investigación", encabezadas por las norteamericanas y algunas europeas fueron asimiladas en los primeros lugares al concepto de "mejor". Últimamente apareció también el concepto de "universidades de rango mundial", basadas en el reconocimiento internacional. Según los estudiosos de esta definición, son entre 30 y 50 universidades de ocho países de Estados Unidos, Europa y Japón. Según ha señalado Albatch: "todo el mundo quiere una, nadie sabe lo que es y nadie sabe cómo obtenerla" (2004). En realidad, el eje de estas instituciones es el alto nivel de sus investigaciones, lo que supone grandes recursos para ello.[12]

El tema pasaría a complicarse aún más cuando con ánimo estrictamente comercial se construye el ranking del Times primero, y luego de la consultora Quaquarelli-Symond (QS) como un desprendimiento de esta iniciativa. En un intento de correrse parcialmente del universo estricto de las universidades de investigación, los técnicos de estas organizaciones asignaron un porcentaje

---

[12] Aún en estudios específicos para impulsar la creación de este tipo de universidades se reconoce que: "Las crecientes presiones y las razones que se dan para justificar el esfuerzo por conseguir universidades de rango mundial deben ser examinadas en un contexto adecuado con el fin de evitar la sobreestimación del valor y la importancia de las instituciones de rango mundial, e impedir las distorsiones en la manera de asignar recursos dentro de los sistemas nacionales de educación superior. Incluso en una economía global del conocimiento, donde cada nación, tanto industrial como en desarrollo, trata de aumentar su parte del pastel económico, el sensacionalismo en torno a instituciones de rango mundial supera con creces, al menos a corto plazo, la necesidad y la capacidad de muchos sistemas de beneficiarse de este tipo de educación avanzada y de las oportunidades de investigación que pueda ofrecer". (Salmi, 2009: xxvii).

decisivo de la puntuación a las evaluaciones subjetivas basadas en las opiniones de académicos y empleadores. El tema es que los académicos no podían tener una opinión razonable sobre el mundo de las universidades, de las cuales sólo conocen generalmente pequeñas partes asociadas a la disciplina que profesan o son repetidores de opiniones sobre las instituciones en base a la propaganda u otros mecanismos de difusión que estas realizan. Procesos similares a los de los empleadores que tampoco pueden tener una visión integral del mundo de los egresados, sus capacidades adquiridas y sus inserciones laborales. Por ello estas dimensiones son en estas instituciones un secreto de estado; porque de revelarse se advertiría la fragilidad de esta información. De hecho en QS las universidades evaluadas pueden sugerir los nombres de los académicos no ligados a la misma y de los responsables de recursos humanos de las empresas que pueden ser consultados, y dependerá de la cantidad de personas que consignan el subir en indicadores que determinan nada menos que el 50% del puntaje total.

Hemos mostrado en el texto la debilidad con que se miden indicadores como la calidad de la enseñanza. Lo que sucede es que es imposible para estas consultoras recabar una masa exhaustiva de información de cada institución y entonces necesitan apelar a indicadores extremadamente simples. Por otra parte, los porcentajes asignados a cada indicador son absolutamente arbitrarios, e ignoran el eje central de cada proyecto institucional universitario, que no puede definirse en términos internacionales porque depende de la especificidad de cada institución universitaria. Todo esto se complica más cuando entran en el terreno las universidades de gran tamaño, cuyo entramado de disciplinas y carreras no puede ser alegremente agregado para un promedio numérico general.

Hemos mostrado en este trabajo los poderosos intereses comerciales presentes en estos sistemas de evaluación y en el control de las revistas con referato y sus impactos, lo que enturbia desde otro ángulo los problemas generados en las fangosas aguas de la evaluación institucional comparada.

Las variaciones del peso de los indicadores que estas tablas han registrado en estos años, los cambios en la composición de los evaluadores sin un control razonable de su representatividad y los sesgos hacia el perfil deseado de las universidades en base a un "determinado tipo ideal universal", han provocado una reacción muy fuerte de las comunidades académicas afectadas por los impactos provocados por los medios de difusión masivos que utilizan estos indicadores en forma superficial y que ignoran la fragilidad de su construcción. Fueron primero los europeos quienes rechazaron el criterio mismo de clasificar en tablas a las universidades y crearon sistemas de información alternativos como el CHE en Alemania. La comunidad académica rusa, con tradiciones propias en materia de desarrollo académico y científico generó sus propios indicadores y, finalmente, la creación del MESALC en América Latina completó un frente institucional que se moviliza en una dirección opuesta a la generada por el sistema de rankings.

En este contexto, en Argentina, los procesos de evaluación introducidos sistémicamente por la ley de Educación Superior en 1995, abrieron un frente de análisis mucho más interesante y productivo para mejorar la calidad universitaria, que debería ser siempre el objetivo de estos procesos. Al mismo tiempo, se asiste actualmente a una revisión institucional impulsada por el Ministerio de Ciencia y Tecnología de los conceptos esenciales de la evaluación de la función de investigación y de los investigadores, a partir de la crisis desatada por el mantenimiento rígido de los criterios implantados desde el CONICET por las ciencias básicas y naturales. En este contexto, que incluye también la necesaria revisión de las políticas de apoyo a los diferentes tipos de postgrados de acuerdo a la importancia relativa en las distintas disciplinas, es relevante fortalecer los procesos de evaluación institucional con la riqueza con que se habían iniciado originalmente en la CONEAU, y ajustar las políticas de premios y castigos hacia el sistema universitario para ayudar al mejoramiento integral de las instituciones universitarias, en los múltiples frentes de actividades que se definen a partir de sus ejes disciplinarios, sus ubicaciones regionales y las demandas específicas que plantea la actual etapa del desarrollo nacional. Temas que no pueden ser subsumidos en la parcialización y ordenamiento arbitrario de indicadores internacionales de gran pobreza conceptual y que sólo distraen a las comunidades universitarias de sus objetivos más trascendentes.

Para satisfacer la lógica demanda de los usuarios de diverso tipo sobre la calidad de las universidades, el sistema universitario argentino y sus instituciones deben alinearse en los objetivos planteados por el MESALC. Una gran dificultad es la debilidad de la información construida desde la Secretaría de Políticas Universitarias, donde los últimos estudios realizados se hicieron en el año 2004. Las estadísticas universitarias deberían servir de base a estudios sobre el sistema universitario argentino que por cierto se han interrumpido desde la esfera estatal y no existen en la comunidad académica aportes relevantes al respecto. Las instituciones universitarias deberían, a través de sus académicos y de sus páginas web, sofisticar la información sobre la oferta universitaria, los recursos humanos y de otro tipo disponibles, la producción académica y toda otra información útil para los usuarios. Así como en 1995 se inició un proceso de construcción de una cultura de la evaluación que debe ser retomado y profundizado, en la actual etapa hay que construir una cultura de la información, para enfrentar adecuadamente la demanda por conocer la calidad universitaria, aspecto sobre el que se apoyan los rankings para impactar mediáticamente a la sociedad e incluso a las propias comunidades académicas.

Por otra parte, objetar por su pobreza conceptual la construcción mediática de los rankings institucionales no significa dejar de dar alta importancia a los procesos de evaluación ni ignorar los mecanismos que nacional e internacionalmente se han construido para difundir la producción científica. De lo que se trata es de respetar las fronteras de dichas evaluaciones de acuerdo a las tradiciones disciplinarias y a las formas en que se genera y profundiza el conocimiento en las ciencias aplicadas, así como a las particularidades con que se ha construido históricamente el proceso de formación de grado y postgrado en las distintas carreras, profesiones y disciplinas que agrupan estas complejas instituciones que son las universidades.

Los elementos desarrollados hasta aquí demuestran la importancia de profundizar en el conocimiento de los procesos que llevaron a instalar a las revistas académicas como el eje de la evaluación de la ciencia y a partir de ello de la calidad de las universidades. Este es un proceso que se consolidó definitivamente en las décadas que sucedieron a la Segunda Guerra Mundial. La historia de la evolución de los libros, de las editoriales, de la instalación a lo largo del tiempo de sucesivos idiomas dominantes en ciencias a nivel internacional, de la generación de crecientes procesos de expansión y monopolización de las editoriales comerciales, de la relación de esto último con los sistemas de evaluación consolidados por el análisis que hemos efectuado sobre los rankings, es el objetivo de la segunda parte de este libro.

SEGUNDA SECCIÓN
HISTORIA DE LAS PUBLICACIONES CIENTÍFICAS

9. Introducción

Bajo los patrones que las Ciencias Exactas y Naturales fueron imponiendo al mundo científico y académico desde el siglo XVII, y particularmente desde la creciente concentración en editoriales internacionales producida en la segunda mitad del siglo XX, las revistas científicas, basadas en el sistema de revisión por pares académicos de la pertinencia y calidad de la producción a publicar, se han convertido en el eje de legitimidad y en la principal forma de evaluación del trabajo de las comunidades académicas en relación a la función de investigación.

Sin embargo, en las últimas décadas estos procesos han sido cuestionados desde diversas perspectivas. La notable concentración editorial de quienes las editan ha devenido en un gigantesco negocio que además de afectar enormes intereses económicos, sacude las organizaciones académicas, genera patrones de subordinación a los procesos de evaluación y afecta los intereses de los académicos, sus márgenes de creatividad, así como esquematiza y deforma los procesos de evaluación apoyados en indicadores como el impacto de las publicaciones indexadas, cuya legitimidad ha sido crecientemente puesta en duda.

No pueden visualizarse adecuadamente los debates en curso y los que se vienen –particularmente a partir de la revolución informática que ha impulsado la publicación de revistas virtuales y de sistemas de acceso abierto tanto a artículos, revistas y libros con creciente impacto en los sistemas de difusión del conocimiento, entre los que se destacan sistemas como Wikipedia–, sin poner en perspectiva histórica la organización de la difusión del conocimiento científico.

Por ello repasaremos brevemente las formas interrelacionadas en que se desplegaron los procesos de acumulación de conocimientos y las diversas formas de difusión de estos, que por cierto no se agotan en los mecanismos formalizados de evaluación y, como muestra la experiencia, tienden a ajustarse a las condiciones históricas específicas.

10. Los libros. Historia y vigencia

10.1. La evolución de los soportes

Desde sus orígenes la escritura evolucionó a partir de los soportes empleados para albergarla y de los materiales usados para incorporar los caracteres que permiten pasar de la memoria oral a la retención de imágenes, palabras, o conceptos cada vez más complejos. El avance de los procesos materiales de retención y difusión del conocimiento se interrelaciona con las demandas de su utilización por públicos crecientes, y esto último está asociado al desarrollo de los sistemas de enseñanza, las instituciones y las posibilidades de acceso al material escrito.

Luego de las inscripciones en piedra o en hueso, la forma sistemática de retención de los conocimientos a través de la escritura, que permite su reproducción, parece haber surgido en la zona de las civilizaciones mesopotámicas, unos 3.200 años a.C., en la escritura *cuneiforme* basada en tablillas de arcilla trabajadas con una cuña y luego cocidas. Al aparecer la alfarería en el cuarto milenio a.C., se hizo posible archivar estas tablillas en nichos, surgiendo así los primeros archivos. En Nínive fueron descubiertas una gran cantidad de tablillas en la biblioteca de los reyes de Asiria, que poseían talleres de copistas y adecuados depósitos para su conservación, lo que supone una organización sobre el material así editado.[13]

Paralelamente a diversas formas de utilización de materiales que se trabajaban con incisiones o tallados tuvieron creciente importancia los sistemas basados en soportes que permitieran dibujar, pintar o imprimir sobre estos. Los chinos comenzaron utilizando tablas de madera, lo que explica el origen de las palabras *biblos* y *liber*, que significan corteza interior de un árbol. La madera se barnizaba y también se utilizaba en la

---

[13] "Los primeros libros de la humanidad aparecieron en la ignota y semiárida región de Súmer, en el mítico Cercano Oriente, en Mesopotamia (hoy sur de Irak) entre los cauces de los ríos Éufrates y Tigris, hace miles de años, tras un sinuoso y arriesgado proceso de perfeccionamiento y abstracción. La escritura se originó en Súmer por razones económicas. A partir de los análisis y hallazgos de la arqueóloga Denise Schmandt-Besserat (*Before Writting*, 2 vols, Austin, 1992) se han definido tres etapas anteriores a la invención de la escritura: 1. En pleno Neolítico, se pasó de la pintura al pictograma y se elaboraron bolas con fichas. En Uruk se han encontrado pelotas de arcilla, en cuyo interior hay fichas con figuras. Es obvio que la pelota se refería a una unidad administrativa y constituía una forma inicial de contabilidad. Las figuras de las fichas trataban de parecerse a animales y, en otros casos, representaban formas geométricas. 2. En un segundo momento, las pelotas de arcilla tenían signos impresos en su exterior, lo que indica que por razones de velocidad en la revisión de los registros se avanzó hacia el diseño de signos capaces de representar en segundo grado un contenido interno. 3. Finalmente, se impusieron las tablillas, dado que eran más prácticas. Los signos llegaron a ser entendidos no sólo como signos sino como sonidos. La escritura se tornó más abstracta y hacia el 2000 a.C. los escribas dotaron a cada signo de una complejidad tal que redujo su número." (Báez, Fernando, 2013: p. 41 y nota 1 en p. 390).

India, Egipto o en las civilizaciones de América Central. Igualmente la piedra y la roca podían servir de soporte, pero se necesitaban materiales livianos que permitieran su transporte y el almacenamiento de crecientes cantidades de información. Frente a estas demandas se desarrollan los papiros, los pergaminos y finalmente el papel.

Corresponde a los egipcios el desarrollo de los *papiros*, una planta de la familia de la ciperáceas (*cyperus papyrus*) que crecía fácilmente por el clima y carácter cenagoso de las márgenes del río Nilo en Egipto, así como en Siria, Palestina y Etiopía. Entre sus múltiples usos constituían también la materia prima de los rollos de papiro, generalmente compuestos de unas veinte hojas que se denominaban *tomus, volumina, chartae*. Sobre estos se escribía con un cálamo cortado a bisel. El papiro permitió la difusión de la escritura y, a partir de ello, de la literatura. Surge así el libro en el sentido asociado a la copia y distribución de ejemplares. Se sistematizaron los archivos, las bibliotecas y la comercialización de los ejemplares, lo que se fortaleció al expandirse estos procesos a Grecia y Roma. En todos estos materiales aparecen contenidos diversos: valores religiosos, simbólicos, políticos, económicos, didácticos, éticos y literarios.[14] Las bibliotecas tenían sus propios

---

[14] "De los diversos instrumentos del hombre, el más asombroso es, sin duda, el libro. Los demás son extensiones de su cuerpo. El microscopio, el telescopio, son extensiones de su vista; el teléfono, de la voz; luego tenemos el arado y la espada, extensiones de su brazo. Pero el libro es otra cosa: es una extensión de la memoria y de la imaginación". Conferencia pronunciada por Jorge Luis Borges en la Universidad de Belgrano el 24 de mayo de 1978, publicada al año siguiente en el libro *Borges oral*, Buenos Aires, Emecé Editores / Editorial de Belgrano.

talleres de conservación de un ejemplar de cada libro, la traducción, la crónica literaria para catalogar los textos de referencia para su copia, la constitución de catálogos de libros y la copia que permitía la difusión.

De todos modos los altos costos de los papiros y su difícil conservación, impulsaron la generación de un nuevo soporte. Surge así el *pergamino* en base a la piel de animales ovinos, caprinos y bovinos tratada de forma especial. El nombre viene de Pérgamo, ciudad del Asia Menor donde se perfeccionó esta tecnología –que en realidad ya había sido utilizada por los egipcios y los persas mucho antes– y que generó una biblioteca que dos siglos a.C. llegó a tener 200.000 volúmenes. El uso del pergamino se debió a la negativa de Ptolomeo V de exportar más papiro con el fin de aniquilar la fuente de trabajo de los bibliotecarios de Pérgamo.

Entre los siglos II y III el *volumen* fue sustituido por el *códice*. El libro ya no era un rollo continuo, sino un conjunto de hojas cosidas, de tamaño rectangular, útil para tomar notas o escribir mientras se leía. Desde entonces fue posible acceder directamente a un punto preciso del texto facilitando de esta forma que el lector pudiera tener la visión de las palabras, las mayúsculas y la puntuación, lo que permitía una lectura silenciosa. Posteriormente se añadieron las tablas de las materias y los índices, que facilitaron el acceso directo a la información requerida. El pergamino fue el soporte utilizado decisivamente a partir del siglo III en Europa hasta la introducción del papel por los árabes a finales del siglo VIII.

El papel fue inventado en China en la primera centuria d.C. Luego de confeccionar los libros con láminas de bambú unidas con cuerdas y escribiendo sobre seda a partir de un elemento de origen vegetal (*morus papyrifera sativa*) comienza el desarrollo del papel, que más adelante utilizará los trapos de lino y cáñamo para procesarlos, generar celulosa y a partir de ello producir un material con grandes aptitudes para la escritura y su agrupamiento en láminas finas, lo que posibilitaba el mejor uso de la información escrita. Los árabes lo adoptaron a partir del siglo VIII d.C. y en los siglos X y XI lo trasladan a Europa, donde comienza el proceso de desplazamiento del pergamino.

La fabricación de papel se propagó rápidamente en los siglos XI y XII en España y en el siglo XIII en Italia. La fabricación del papel en forma artesanal culmina en el siglo XVIII con las fábricas de Cataluña, de las más importantes y de mayor calidad de Europa, antes de la fabricación del papel industrial en los siglos XIX y XX.

10.2. El rol de los monasterios en la conservación de los libros

Hasta la difusión del papel y particularmente hasta la creación de la imprenta en 1456, la difusión de los manuscritos en papiros y luego en pergaminos era extremadamente limitada por sus altísimos costos individuales. Las bibliotecas ocupaban entonces un lugar decisivo acumulando el saber de la época. Pero las sucesivas guerras y la intolerancia de raíces religiosas o políticas provocaron el aniquilamiento de colecciones de libros y de bibliotecas enteras.[15] Se dice que en la de Alejandría –que fundara Ptolomeo I en el siglo IV a.C.–

---

[15] Véase Báez, Fernando (2013). *Nueva historia universal de la destrucción de libros. De las tablillas sumerias a la era digital*. México, Océano.

llegaron a custodiarse 700.000 textos. De ahí que de las bibliotecas de la Antigüedad han quedado solamente algunos manuscritos. A la caída del Imperio Romano los monasterios se constituyen en el occidente europeo en la salvaguardia de las viejas culturas paganas y del cristianismo. Se salvaron textos religiosos y algunas obras de la antigüedad. En muchos monasterios se copiaban y decoraban manuscritos que se guardaban en armarios.

Estos procesos están asociados al rol de los monasterios en los procesos educativos. Bajo el impulso de Carlomagno (742-814), en la Galia se impulsó la instrucción de monjes, clérigos y laicos estimulando y ascendiendo a los más doctos a los obispados y puestos de responsabilidad. Se crean escuelas monásticas y parroquiales de enseñanza elemental: enseñar a leer, escribir, cómputo y canto coral de salmos. Y desde el siglo VIII con Chordegango, obispo de Metz, se fundan las escuelas catedralicias, episcopales o capitulares. El sínodo de Attigni del 822 las hizo obligatorias. El bibliotecario integraba el cuerpo docente. En Inglaterra sobresalió la de York, en Germania la de Utrech y la de Liege. En Francia las de Tournoi, Lyón, Reims, Poitier y Laón, así como la de Chartres en el siglo XI. En el siglo XII fueron importantes las de Saint German y Santa Genoveva. Más adelante se destacarían las de París y Tolosa en Francia, Oxford en Inglaterra, Salamanca en León y la de Leipzig en el Sacro Imperio Romano-Germánico. La mayor parte de las escuelas se convertirían en el siglo XIII en estudios generales y posteriormente en universidades.

Los procedimientos de enseñanza eran primitivos. Se aprendía a escribir sobre tablillas de madera con punzón al estilo romano. El papel no había sido introducido todavía en Europa y los pergaminos demasiado costosos encarecían los libros. El dominio del arte de escribir era muy importante y sobre esa capacidad se aprobaban las materias de Gramática y Retórica. La enseñanza se basaba en el *quadrivium* (las cuatro vías): Aritmética, Geometría, Astronomía y Música. En cuanto a los textos y libros, los autores más conocidos y usados por los estudiantes de las escuelas catedralicias eran prácticamente los mismos que en los monasterios: la Biblia y los autores clásicos integraban el principal contenido de sus escritos y bibliotecas.

Una parte importante del conocimiento preexistente estaba en manos de los griegos y los árabes y entonces los traductores jugaron un papel importante para que las obras astronómicas, astrológicas, matemáticas, médicas y filosóficas se integraran al acervo de estos repositorios en que se convirtieron los monasterios. La imposición del latín como lengua dominante en el continente europeo fue un proceso lento pero continuo. Los textos y documentos para el siglo III d.C. se escribían en este idioma y el griego fue desapareciendo, porque muchos sacerdotes católicos asociaban este idioma a las herejías basadas en la filosofía griega. En el paso de los papiros a los códices la selección acentuó la desaparición de numerosas obras en griego entre los siglos II y VI d.C.

Las bibliotecas monásticas se crearon a partir de las copias de libros en los monasterios y durante la mayor parte del siglo XII estos fueron los principales centros de producción de libros. Los verdaderos copistas eran a menudo profesionales. Los libros tenían gran calidad, eran espaciosos, la escritura era clara, la abreviatura de palabras se mantenía dentro de límites estrechos. El clérigo y erudito Alcuino creó en la abadía de San Martín de Tours una escuela de copistas que utilizaba una escritura llamada posteriormente *carolingia minúscula*.

Pero se producirían alteraciones importantes en los libros producidos por las universidades nacientes. Para ello hay que explicar cómo se conformaron.

10.3. El surgimiento de las universidades y su impacto en las publicaciones

A principios del siglo XI la expansión de las ciudades en Europa tiene su correlato en las formas de transmisión del conocimiento. Inicialmente, numerosa cantidad de estudiantes empiezan a reunirse en torno a un maestro reputado de alguna escuela municipal o catedralicia. Si emigraba, muchos estudiantes lo seguían.[16] Esas agrupa-

---

[16] Un ejemplo clásico es el que ofrece la carrera de Pedro Abelardo. Nació en la villa fortificada de Le Pallet (Bretaña, cerca de Nantes) en 1079. Estudió Lógica y Dialéctica. Apasionado, se dedicó a viajar por diversas provincias para disputar dialécticamente con aquellos que practicaban ese arte. A los veinte años se trasladó a París, cuya escuela episcopal era la más famosa y la más concurrida; su jefe o cabeza era el archidiácono Guillermo de Champeaux. Teniendo a Guillermo como profesor estudió en París primeramente Retórica, Gramática y Dialéctica, las disciplinas del *trivium* preparatorio de la formación de la época durante los años 1098 y 1100; posteriormente estudió Aritmética, Geometría, Astronomía y Música, que componían el *quadrivium* de estudios más avanzados en el año 1108, también con Guillermo, con lo que obtuvo el título de Magister in artibus. Hacia 1112 se inició en la docencia en Melun, Corbeil, y más tarde en la colina de Sainte-Geneviève, cerca de París, ciudad donde Guillermo enseñaba y donde fundaría la escuela en la ermita de Saint-Victor. Abelardo consiguió que los alumnos de Guillermo lo dejaran por él ridiculizándolo en público por su realismo ingenuo. Mientras Guillermo de Champeaux abandonaba la enseñanza para refugiarse en Saint-Victor, entre 1112 y 1113 Abelardo se trasladó a Laon, ciudad situada al noreste de París. Al igual que hizo con Guillermo, ridiculizó y rebatió a su profesor de teología, Anselmo de Laon, ganándose su enemistad. En el

ciones que se acogen al derecho gremial que les es reconocido por los reyes o los papas echan los cimientos de las instituciones de nivel superior, las universidades. Fueran de origen seglar o eclesiástico "Universitas" significó simplemente el reconocimiento del derecho de agremiarse para estudiar y enseñar, es decir el derecho corporativo del conjunto "Scholarm et magistrorum", organizados por "naciones" y, aunque en tierra extraña a sus nacionalidades de origen, con derechos propios. Más adelante, dejaron de ser consideradas como expresión del derecho gremial y pasaron a denominar a la institución misma.[17]

Según el poder fundante las universidades recogen tres orígenes diversos: a) el privilegio real, con carta

---

año 1114 regresó a París y triunfó en la escuela catedralicia de Notre Dame como maestro *laico*. Su escuela fue tan famosa que se educaron en ella un papa (Celestino II), diecinueve cardenales, más de cincuenta obispos y arzobispos franceses, ingleses y alemanes, y un número mucho mayor de controversistas, entre ellos Arnaldo de Brescia. Más allá de sus reconocidos aportes en el campo filosófico, lo que destacamos es cómo se organizaban los grupos humanos en torno a un reconocido maestro. Lo mismo sucedió con el jurista italiano Irnerius en Bolonia en 1158 o en 1170 en las célebres polémicas entre la escuela catedralicia de Notre Dame, Santa Genoveva y Saint-Denis, que conducen a la creación de las respectivas universidades.

[17] "El término '*universitas*' que en la Roma Antigua significaba 'totalidad', servía, desde el Digesto, para indicar que se consideraba a los miembros de un grupo o de una 'guilda' como un cuerpo colectivo, en contraste de considerar a cada uno de ellos en su singularidad. Designó así, corrientemente, toda corporación, por ejemplo aquella de los vendedores (*universitas mercatorun*), con sus privilegios o sus derechos propios, antes de que el empleo viniera a reservarse a aquella de los maestros y de los alumnos, nombrada como tal, *universitas magistrorum y scholarium Parisiensium*, en el estatuto de Robert de Courcon que, en 1215, constituyó la partida de nacimiento de la Universidad de París." (Renaut, Alain, 2008: 18).

fundacional, otorgada por el Emperador, como Bolonia, Nápoles o Salamanca, fundada por Alfonso X de Aragón en el año 1230; b) con carta fundacional pontificia: Roma, Avignón, Cambridge, Heidelberg, Colonia, Erfurt, Leipzig y c) sin carta fundacional: Oxford, Cambridge, Padua. En los primeros tiempos, en que no existían importantes instalaciones, dotaciones ni edificios, si los estudiantes y maestros entraban en conflicto con las autoridades de la ciudad era fácil que se trasladaran a otro lugar. Hasta el siglo XV las universidades no tuvieron en general edificios propios y funcionaban en iglesias y conventos.

La inexistencia de librerías otorgó a las bibliotecas de los monasterios un papel central. En el siglo XII la creación de nuevas órdenes y la fundación de centenares de nuevos monasterios generaron la creación de nuevas bibliotecas monásticas. El núcleo de sus colecciones eran textos patrísticos, especialmente las obras de los cuatro Padres de la Iglesia: Agustín, Ambrosio, Jerónimo y Gregorio, a los que se sumaron autores del siglo XII como San Bernardo y Hugo de San Víctor y los textos glosados de los libros de la Biblia. En el siglo XIII aparecieron las órdenes de frailes que además de una biblioteca en el convento necesitaban atender a sus miembros dedicados al estudio. Cuando un convento enviaba un estudiante a estudiar a París, estaba obligado a proporcionarle los textos básicos, entre ellos una Biblia y el *Liber sententiarum* de Pedro Lombardo. Hasta fines de la Edad Media no hubo bibliotecas universitarias.

El carácter de la instrucción no exigía una gran provisión de libros. El maestro podía poseer los que necesitaba para la enseñanza. La enseñanza se apoyaba en las lecciones o "Lectio", dadas sobre libros considerados canónicos u oficiales. La *lectio* era simplemente la lectura a fin de hacer aprender de memoria el texto. Como los libros eran muy caros, los estudiantes tomaban notas y cuando no había en qué sentarse, lo hacían en el suelo. El maestro era un simple trasmisor del contenido, la universidad no tenía otra tarea que conservar la cultura.

Sobre los libros recordemos que seguían siendo de pergaminos y sus elevados costos los hacían inaccesibles para la gran mayoría. En las bibliotecas universitarias que comienzan a surgir en los colegios se aprecia que, por ejemplo, una importante como la del Colegio de la Sorbona en 1290 poseía solamente unos mil volúmenes. Pero frente a la creciente demanda de libros más baratos, las universidades nacientes comienzan a producir libros que, a diferencia de los de los monasterios, marcaron un cambio importante. La escritura era más pequeña y comprimida, con muchas abreviaturas. Los centros de producción estaban en las ciudades, donde se instalaban copistas, iluminadores y fabricantes de pergamino. Los nuevos tipos de libros dieron lugar al nacimiento de la letra *gótica* (angular), que permite introducir mucho más contenido en un espacio más pequeño, abaratando sensiblemente los costos.

A mediados del siglo XIII las universidades de París y Bolonia se convirtieron en importantes centros de producción de libros. Bajo su autoridad se encontraban los papeleros que realizaban las funciones de libreros y editores. El papelero tenía una copia de un libro sin encuadernar en cuadernillos o trozos (*pecia*) y los alquilaba a un escriba para que los copiara. Las universidades nombraban una comisión de maestros para vigilar la corrección del libro producido. El sistema de *pecia* usado en todas las universidades dejó de emplearse porque los libros escritos sobre pergamino tenían una duración mucho mayor que los posteriores libros de papel y existía un fondo de libros disponibles que pasaban entre las sucesivas generaciones de lectores. Ello no implica que no siguieran produciéndose nuevos libros que se han conservado en gran cantidad para las nuevas capas de lectores generadas por la transformación de las ciudades europeas. El desarrollo del comercio y de la burguesía suponían, de igual modo, una demanda de libros de historia, novelas, etcétera y en esta época empiezan a desarrollarse los escritos en lengua vulgar (poesía cortesana, novelas románticas) destacando y fortaleciendo el rol del editor.

Eltjo Buringh y Jan Luiten van Zanden (2009) calculan que la producción de manuscritos en el siglo VI llegaba en Europa a 13.552 ejemplares, concentrada en Italia con 10.194, seguida por Francia con 1.682 y España con 1.594, y las Islas Británicas completaban el registro con apenas 81 ejemplares. En el siglo XV la cifra de toda Europa llegaba a 4.999.161 manuscritos. La unidad de análisis es el manuscrito individual. Italia seguía encabezando el listado con 1.423.668 manuscritos, Francia mantenía el segundo puesto con 1.195.783 manuscritos, pero ahora el tercer lugar lo ocupaba Bélgica con 572.124 obras, seguida de Germania con 515.116 y España bajaba al quinto lugar con 390.478 ejemplares, apareciendo ya las Islas Británicas con 208.729 unidades. Una forma clara de medir diferenciales de desarrollo intelectual que serán reforzadas con el pasaje a la producción de libros en forma masiva a partir de la creación de la imprenta.

10.4. La imprenta

Como hemos señalado, desde el siglo XI en adelante comenzó a expandirse en los países europeos el papel. Entre los primeros en escribir sus inmortales obras sobre este material se encuentran: Tomás de Aquino (1225-1274),

Dante (1265-1321), Petrarca (1304-1374), Boccaccio (1313-1375). Pero además de los cambios en los soportes la producción de libros cambió radicalmente a partir de la difusión de la imprenta. Fueron los chinos quienes dieron los primeros pasos en busca de un procedimiento que, en lugar de copiar los escritos a mano, les permitiera obtener muchas reproducciones iguales de un mismo original. La solución fue labrar los caracteres de una página en una plancha de madera. Después entintaban la plancha y aplanaban sobre ella hojas de papel. Siglos más tarde, cada signo se labraba en un trozo separado de madera, que se combinaba con otros para formar expresiones. El sistema era más rápido, aunque la enorme cantidad de caracteres de la lengua china dificultaba implementarlo en los libros con rapidez. Los primeros libros, calendarios y noticias se imprimieron con estos procedimientos.

El gran cambio lo instrumentó Johannes Gutenberg (1394 o 1397-1468), nacido en Maguncia, quien en 1440, en Estrasburgo, inventó los tipos reusables y móviles de metal. Los orfebres ya sabían fabricar buriles y los viñateros de Renania ya utilizaban prensas con tornillo en sus vendimias. Pero todavía nadie había reunido estos distintos inventos. El ingenio del impresor alemán lo llevó a desarrollar un artefacto mecánico verdaderamente eficaz para la reproducción de los textos escritos. Así, se puede considerar como el verdadero padre del libro moderno. Gutenberg inició, en 1454, la impresión del primer libro impreso con tipos móviles: la "Biblia de Gutenberg" de 42 líneas, denominado el *Misal de Constanza*. Cada página constaba de 2 columnas de 42 líneas horizontales, el texto era en latín con letras góticas. Se imprimieron 170 ejemplares, en dos volúmenes, con un total de 1.282 páginas. La falta de dinero había obligado a Gutenberg a pedir prestado a un abogado de Maguncia, Johannes Fust, quien se convirtió en su socio primero y luego lo demandó, quedándose con la imprenta que pasó a manos de Peter Schöffer, un empleado de Fust. Pobre, y al final de sus días ciego, el hombre que revolucionó la difusión mundial del conocimiento no pudo beneficiarse de sus consecuencias económicas.

Después del de Gutenberg, los primeros libros impresos fueron:
- 1465: Aparece el primer libro impreso con letras romanas o serifadas.
- 1472: *Sinodal de Aguilafuente*, primer libro impreso en España y en castellano. Autor: Juan Párix de Heidelberg. Segovia.
- 1475: *Recuyell of the Historyes of Troye* fue el primer libro impreso en idioma inglés.
- 1476: *Grammatica Graeca, sive compendium octo orationis partium* fue el primer libro impreso en idioma griego, por Constantino Lascaris.
- 1485: *De Re Aedificatoria*, primer libro sobre arquitectura.
- 1488: *Missale Aboense*, primer libro impreso en Finlandia.
- 1494: *Oktoih* primer libro impreso en idioma eslavo y alfabeto cirílico.
- 1499: *Catholicon*, diccionario bretón-francés-latín, primer diccionario trilingüe, primer libro impreso en idioma bretón y primer diccionario francés.
- 1501: *Harmonice Musices Odhecaton*, impreso por Ottaviano Petrucci, es el primer libro de partituras impreso con tipos móviles.
- 1511: Hieromonk Makarije imprimió el primer libro en Valaquia (en idioma eslavo).

- 1513: *Hortulus Animae, polonice*, posible primer libro impreso en idioma polaco.
- 1517: *Psalter*, primer libro impreso en idioma bielorruso antiguo por Francysk Skaryna en el mes de agosto.
- 1540: El impresor italiano Juan Pablos (Giovanni Paoli) establece la primera imprenta de América en la Ciudad de México.
- 1541: *Bovo-Bukh* fue el primer libro no religioso impreso en idioma yídish.
- 1545: *Linguae Vasconum Primitiae* fue el primer libro impreso en idioma vasco.
- 1547: Martynas Mažvydas compiló y editó el primer libro en idioma lituano.
- 1550: *Abecedarium* fue el primer libro impreso en idioma esloveno por Primož Trubar.
- 1556: La Compañía de Jesús adquiere una imprenta en Roma e imprime su primer libro: *Assertiones Theologicæ*.
- 1564: El primer libro impreso en idioma irlandés fue impreso en Edimburgo. Era una traducción de la *Liturgia* de John Knox hecha por el obispo de las islas Hébridas, John Carswell.
- 1564: Primer libro fechado impreso en idioma ruso, *Apostol*, impreso por Ivan Fyodorov.
- 1568: El primer libro en idioma irlandés impreso en Irlanda fue un catecismo protestante. Además contenía una guía de pronunciación y dicción del idioma irlandés.
- 1573-74: El impresor italiano Antonio Ricardo (Riccardi) ayuda a la Compañía de Jesús de la capital del virreinato de Nueva España (actual México) a establecer una imprenta.

- 1577: *Lekah Tov, una disertación sobre el libro de Esther* fue el primer libro impreso en hebreo.
- 1581: *Biblia de Ostrog*, primera edición completa de la biblia en idioma eslavo.
- 1581: Antonio Ricardo introduce de manera clandestina una imprenta en el virreinato del Perú donde comienza a imprimir naipes, grabados y estampas religiosas bajo la protección de los jesuitas establecidos en la ciudad de Lima.
- 1583: Es autorizada la imprenta de Antonio Ricardo en el virreinato del Perú por orden del rey de España Felipe II.
- 1584: *Catecismo para instrucción de los indios, y de las demas personas que han de ser enseñadas en nuestra Sancta Fe* es el primer libro impreso en Perú y Sudamérica por Antonio Ricardo.
- 1593: *Doctrina Christiana* fue el primer libro impreso en las islas Filipinas.
- 1605: Primera impresión del *Quijote*. Autor: Juan de la Cuesta.
- 1640: *The Bay Psalm Book*, fue el primer libro impreso en Norteamérica.
- 1651: *Abagar*, de Filip Stanislavov, fue el primer libro impreso en idioma búlgaro moderno.
- 1678-1703: *Hortus Malabaricus* incluye la primera impresión de tipos en idioma malayalam.
- 1700: Primer libro impreso en la imprenta de las Misiones en la actual Argentina con una imprenta de diseño y construcción local.
- 1766: Primeros impresos de la imprenta del Colegio de Monserrat de Córdoba, actual Argentina.
- 1781: Primeros impresos de la Real Imprenta de los Niños Expósitos de Buenos Aires, actual Argentina.

- 1802: *New South Wales General Standing Orders* fue el primer libro impreso en Australia.
- 1908: *Aurora Australis* fue el primer libro impreso en la Antártida.[18]

La introducción de las prensas para imprimir utilizando el vapor, llevaron la revolución industrial a la producción de libros, poco después de 1820; así como los nuevos molinos de papel funcionando también a vapor, constituyeron las innovaciones más importantes después del siglo xv. Ambas innovaciones hicieron bajar notablemente los precios de los libros a la vez que aumentaban su tiraje. Muchos elementos bibliográficos, como la posición y formulación de los títulos y de los subtítulos se vieron afectados, también, por esta nueva producción en serie. En 1886 Ottmar Mergenthaler inventa la linotipia, que mecaniza el proceso de composición de un texto para ser impreso. Se entró así en la producción del libro en la era industrial. Dejó de ser un objeto único reproducido de acuerdo con una demanda específica. La edición de un libro en cantidades pasó a requerir la existencia de una empresa, capital para su realización, y un mercado para su difusión. Por consiguiente, el coste de cada ejemplar bajó considerablemente lo que, a su vez, aumentó notablemente su expansión. La complejidad de la instalación del libro impreso como la fuente principal de difusión de la ciencia, las ideas y la cultura, implica la presencia de una gran cantidad de procesos y agentes sociales que Robert Darton ha sintetizado en el siguiente gráfico:

---

[18]   Fuentes: Wikipedia y Babini (1954).

Gráfico N° 1 - El circuito de comunicaciones del libro[19]

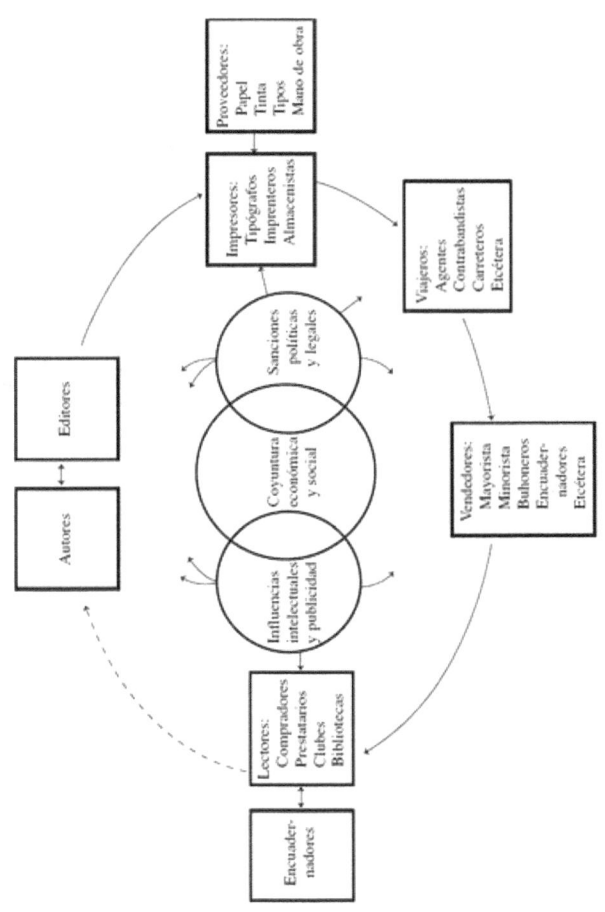

[19] Fuente: Darton (2010: 102).

El circuito nos lleva a percibir la variación histórica de los distintos actores. Inicialmente los autores publican bajo el mecenazgo de la nobleza y del Estado y luego la creación de los mercados de demanda les permite independizarse, lo que está ligado a la proliferación de distintos tipos de editores que arman sistemas de negocios destinados a captar productos de hipotética venta. Sobre la evolución técnica de la impresión nos hemos referido más arriba y sólo deberíamos agregar la conformación de recursos humanos cada vez más aptos para dar respuesta a los relevantes cambios introducidos sobre todo en el siglo XIX. En cuanto a los transportistas, los distintos medios utilizados, terrestres, fluviales o marítimos tenían gran importancia. Los libros se enviaban generalmente en pliegos para ser encuadernados por los distribuidores y el costo del transporte influía fuertemente en el precio final de los libros. Los libreros eran relevantes en la construcción de los mercados locales y las tempranas ferias de libros de Leipzig y Fráncfort jugaron un papel destacado en la organización de las redes que definieron la historia del libro en países como Francia, Alemania e Inglaterra.

Respecto a los lectores, hay que tener en cuenta que el proceso de lectura ha cambiado en las distintas épocas. Antiguamente se leía en voz alta y en grupos, o en secreto y con una intensidad muy elevada. Los lectores trabajaban sobre un número limitado de textos, con predominio de la Biblia. Aun cuando los libros habían adquirido su forma moderna, la lectura siguió siendo inicialmente una experiencia oral, realizada en público. Los hábitos de lectura se transformaron lentamente. Cuando en el año 384 el profesor de retórica latina Agustín, que luego sería canonizado con el nombre de San Agustín, llega a

Milán, descubre con asombro que el obispo Ambrosio leía en silencio, y así lo destaca en sus *Confesiones*. Los lectores empezaron a leer crecientemente en silencio y a solas, lo que supone un gran cambio mental ya que la lectura devino en una experiencia individual, interior. El paso de la lectura intensiva a la extensiva se refuerza fuertemente con la desacralización de la palabra impresa. En este período se expande fuertemente el público por la disponibilidad del papel hecho a máquina, las prensas de vapor, el linotipo y la alfabetización tendiente progresivamente a ser universal.

Eltjo Buringh y Jan Luiten van Zanden estimaron la evolución del libro impreso en Europa en base al número de títulos o ediciones que aparecieron en Europa occidental desde 1454 a 1800 multiplicados por las estimaciones del tamaño medio de las tiradas. La evolución fue de 12.589.000 ejemplares entre 1454-1500 a 628.801.000 entre 1751 y 1800. Italia, Alemania y Francia fueron los países que concentraron la mayor parte de la impresión en la segunda mitad del siglo XV, pero al llegar a la segunda mitad del XVIII era Francia, seguido por Gran Bretaña, Alemania e Italia los que superaban los 100 millones de ejemplares. En términos comparativos, la producción europea de libros aumentó enormemente. De algo más de 12.000 manuscritos por siglo (o 120 por año) en el período 500-700, a más de mil millones de libros publicados durante el siglo XVIII (el año pico en el período 500-1799 es 1790, cuando se imprimieron más de 20 millones de copias).

El gran salto cuantitativo que impulsó el uso de la imprenta no debe hacer perder de vista la lentitud inicial de los procesos. En el siglo XVI la población de Europa era casi enteramente rural y las veinte mayores ciudades tenían menos de 2 millones de habitantes en total. Las mayores estaban en Italia, donde Nápoles llegaba a superar los 200.000 habitantes, seguida de Milán y Venecia con 150.000 cada una, cifras similares que a las que llegaban Londres y París. De ahí que la producción de libros fuera inicialmente reducida. Sólo los hombres cultos podían escribir bien y se evitaba el uso de lenguas vernáculas, para no afectar la circulación, ya que los libros eran todavía muy caros y debían lograrse escalas de impresión importantes. Por eso predominaban los libros enciclopédicos de interés universal.

10.5. La relevancia de los libros. Batallas religiosas y consolidación escrita de los idiomas vernáculos y las editoriales

Pero aun con estas limitaciones, los libros pasaron a ser centrales en las grandes batallas religiosas y culturales que atravesaron a los países europeos, por un lado, y en la difusión y consolidación de los avances científicos, por otro. La Iglesia católica fue el primer mecenas de los maestros y de los talleres impresores, pero notablemente la imprenta se convirtió en el mejor instrumento de los protestantes porque permitió una gran difusión de la Biblia en muchos idiomas. Así, por ejemplo, el gran reto de la educación al monopolio tradicional del catolicismo medieval impulsado por Lutero en Alemania utilizó como instrumento los *Artículos de la visitación* de Melanchthon en 1528 que, adoptados por el elector Juan de Sajonia, se convirtieron en modelo de otras reglamentaciones de escuelas adoptados en los territorios luteranos. En Inglaterra, la acción de Enrique VIII de anglicanizar la Iglesia en la década de 1530 se realizó a través de la disolución de los monasterios y fundaciones eclesiásticas y mediante la obligatoriedad del uso de determinados textos en las iglesias y en las escuelas. Los clérigos fueron obligados a enseñar en inglés (en lugar de hacerlo en latín) y para ello se produjo en 1548 el *Book of Common Prayer* (manual de la liturgia anglicana), con lo cual por primera vez el conjunto de la sociedad inglesa pudo entender el lenguaje de los servicios religiosos. Más relevante aun fue la introducción como texto obligatorio en las escuelas de la *Grammatica* escrita por William Lily y publicada en 1542, que fue una gramática latina de base cuyo objetivo inicial era facilitar enseñanza del latín a alumnos de Londres, lo que llevó a una traducción en la que nace la primera gramática del inglés.

La persecución en Inglaterra durante el reinado de Isabel I a los católicos se tradujo en la prohibición de sus escuelas en 1571, que se desarrollaron en la clandestinidad, jugando un gran papel las imprentas también clandestinas que imprimían textos religiosos católicos y de educación violando la orden del Consejo privado de 1566 que regulaba la autorización de las imprentas y las restringía todas a Londres, con la excepción de una para Cambridge y otra para Oxford. Esto muestra la relevancia que ese instrumento tenía en el control ideológico de la población.

La respuesta católica impulsada por los jesuitas se tradujo en varias publicaciones relevantes. Después del concilio de Trento, el papa Pío IV difundió la Bula *Iniunctum nobis,* conocida como la *Profesión de fe tridentina*, que debía ser acatada por todos los obispos y sacerdotes. Un ejemplo relevante del papel de los libros en las batallas religiosas (ligadas al poder terrenal) fue la publicación en 1557 por la Inquisición de su compilación de libros prohibidos *Index librorum prohibitorum*, que enumeraba la lista de autores y libros considerados contrarios a la fe y la moral católicas. Este *Index* se convirtió en la práctica en un catálogo de la literatura reformista relevante de la edad moderna. Los jesuitas publicaron los *Ejercicios espirituales* escritos por Ignacio de Loyola y las *Constituciones*. Hacia el final de siglo desarrollaron un programa exhaustivo de enseñanza en la *Ratio studiorum* que se convirtió en un manual práctico de los objetivos educativos de los jesuitas.

Gargantúa y Pantagruel, de Francois Rabelais (una obra de cuatro libros publicados entre 1532 y 1552, dedicados a criticar duramente a la educación francesa, la religión y la cultura en general), tuvo una enorme repercusión en la vida intelectual francesa. A estos esfuerzos se sumaron las ideas provenientes de la revolución científica producida en el siglo XVI.[20] Esta se inició con

---

[20] "Nuestra definición del Renacimiento (es decir 1450-1600) puede parecer artificial, pero es fácil de recordar y no es arbitraria. Dígase lo que se quiera de su techo (1600) estoy convencido de que hubiera sido imposible encontrar una planta baja más adecuada (1450), por lo menos en lo que se refiera a Europa occidental. El descubrimiento de la imprenta fue uno de los jalones más grandes en la historia de la humanidad, y para la historia de la ciencia adquiere una importancia especial. Cambió toda la trama y urdimbre de la historia, pues reemplazó las formas precarias de la tradición (oral o manuscrita) por una forma estable, segura y duradera; es como si de pronto la humanidad hubiera adquirido una memoria digna de fe en sustitución de otra veleidosa e ilusoria. No es suficiente hacer un descubrimiento: si deja de transmitirse es como si no se hubiera realizado; no es suficiente escribir un tratado científico: se le debe conservar. Si llega a perderse, como ha ocurrido con una gran cantidad de textos antiguos y medievales, de nada nos sirve. Necesitamos el texto, un texto fiel y permanente, y esto solo fue posible cuando se inventó la imprenta a mediados del siglo XV" (Sarton, 1965: 15).

los avances de la investigación en la cosmología que intentaba ofrecer una explicación del universo y del lugar del hombre. Las exploraciones europeas a escala mundial derrumbaron la astronomía de Ptolomeo basada en una concepción geocéntrica del universo. El Renacimiento fue la edad de oro de los descubrimientos geográficos. En 150 años el conocimiento de la tierra conocida se había duplicado, incorporando una gigantesca cantidad de nuevos climas y nuevos aspectos naturales, así como plantas, animales y hombres y mujeres desconocidos. En 1543, el clérigo polaco Nicolás Copérnico publica *De revolutionibus orbium caelestium* que da inicio a nuevos conocimientos basados en métodos cada vez más exactos de observación al crearse los telescopios. Retomados por Johannes Kepler y por Galileo Galilei, sus libros fueron un gran avance en el desarrollo de las Ciencias Naturales. Francis Bacon, con sus obras *The Advancement of Learning, Novum Organum y New Atlantis*, sentó las bases del empirismo, para el cual el conocimiento se deriva únicamente de la experiencia sensible de primera mano. Su propuesta de generar un espacio institucional (la casa de Salomón) para el desarrollo de las ciencias, sale al encuentro de iniciativas similares que se comenzaban a plasmar, las sociedades científicas y las academias.

La influencia de René Descartes (1596-1650) en estos procesos fue relevante. Jugó un papel decisivo en la ruptura con la tradición escolástica medioeval, formulando un nuevo método para el desarrollo del conocimiento basado en la observación y en la experiencia directa. Sus libros están estrechamente asociados al nacimiento de las publicaciones científicas en abierta oposición a los libros canónicos donde reinaba Aristóteles. Los nuevos libros, paradojalmente, fueron dirigidos contra el culto del Libro en el sentido de verdad revelada eterna.

En pocas décadas, a partir de 1620, aparecieron las grandes obras de Francis Bacon, Galileo, Grotius, Hobbes. La relevancia de la publicación de los libros para la difusión de las ideas era notable. Los Países Bajos (Netherland) ofrecían un espacio de más amplia libertad intelectual y su temprano desarrollo capitalista había favorecido la creación de buenas editoriales. Estas fueron parte de las causas que hicieron que Descartes viviera allí durante unos veinte años. En Leiden y en Amsterdan era posible encontrar editores de alto nivel, aunque los autores debían estar dispuestos a asumir la inversión financiera de las publicaciones. El filósofo era muy exigente en relación a la calidad de los libros. En la primavera de 1636 fue a Leiden para supervisar, durante un año, la impresión de su libro, que contenía los ensayos *Dióptrica, Meteoros* y la *Geometría* con grabados en madera realizados por Frans Schooten el Joven y que debían ser revisados por el autor. Descartes exigía que el texto se imprimiera con caracteres muy finos y en papel de alta calidad, y que por lo menos doscientos ejemplares fueran para su uso personal. El libro iba a ser publicado por la editorial de los hermanos Elzevier pero luego quedó a cargo de otra imprenta de la ciudad. En 1637 publicó *El discurso del Método* con el editor Jean Maire de Leiden.

Los filósofos de la naturaleza que iniciaron la llamada revolución científica[21] se diferenciaban de los

---

[21] Escritores como Thomas Kuhn (1957, 1962) han afianzado la percepción de que la historia de la ciencia consiste en una serie de revoluciones científicas. Por otra parte, sostuvo que una revolución científica implicó un cambio de paradigma que

eruditos herméticos del Renacimiento haciendo públicos sus pensamientos y descubrimientos. Relevantes estudios sobre magnetismo fueron presentados por Robert Norman en 1581, William Gilbert en 1600, Guiollaume de Nautonier en 1602-1604, Athanasius Kircher en 1631 y Descartes en 1644. Todos estos libros fueron escritos antes de que existieran publicaciones en revistas o las academias científicas de Inglaterra y Francia.

---

dio lugar a una nueva percepción del mundo que era inconmensurable con la visión del mundo anterior. Desde el punto de vista de Europa occidental, hay una percepción común de que se produjo la "Revolución Científica" durante el Renacimiento y que el origen de la "ciencia" se asocia con nombres como Copérnico, Kepler, Galileo y Newton. Sin embargo, Steven Shapin (1996) sostiene que "No hubo ningún evento singular y discreto, localizado en el tiempo y en el espacio que puede ser señalado como 'la' revolución científica". Señala que no había ninguna entidad cultural coherente singular llamada "ciencia" en el siglo XVII para someterse a un cambio revolucionario. No habría continuidad entre la filosofía natural del siglo XVII con su pasado medieval, mientras que hubo revoluciones en el siglo XVIII y XIX en la Química y la Biología. En cuanto a la evolución de la historia de la ciencia, Gerald Holton (1998) argumenta que el principal avance científico puede ser entendido en términos de un proceso científico evolucionista. Einstein no se vio a sí mismo como un revolucionario sino como un miembro de una cadena evolutiva. Él miró a su Teoría de la Relatividad como "una modificación" de la Teoría del Espacio y del Tiempo. Sostuvo que: "No tenemos aquí ningún acto revolucionario, sino el desarrollo natural de una línea que se puede rastrear a través de los siglos" (Liebenberg, 2013: 135).

11. Las academias y las sociedades científicas

El origen de las academias se remonta a Italia. La corte florentina bajo el impulso de los Médici creó en 1454 la *Academia platónica*, destinada a recuperar el conocimiento griego para promover la formación humanística con especial referencia a las artes. Paralelamente, en Venecia, otro grupo de humanistas patrocinados por el gran impresor de libros Aldo Manuzio creó la *Accademia dei filleleni* con un grupo de humanistas filohelénicos y en otras ciudades se crearon academias centradas en temas humanísticos. Eran intentos de grupos de personas para crear una institución intelectual más acorde con sus ideas que las que predominaban en las universidades dominadas por la Iglesia católica. Hasta mediados del siglo XVI las academias no se interesaron por las ciencias y fue recién durante la segunda mitad del siglo que las academias se bifurcaron entre las vinculadas a los temas literario-humanísticos y las que se interesaban en las ciencias experimentales. Tomando todas las creadas hasta fines del siglo XVIII las vinculadas con las actividades científicas fueron alrededor de un 10% del total.

Las ciencias comenzaron a desarrollarse fuera de las universidades (con algunas excepciones como la de Padua, que no estaba estructurada según el molde escolástico que dominaba a casi todas las universidades). Galileo fue el eje de la *Accademia dei lincei* ("academia de los linces"), creada en Roma en 1601 por el duque Federico Cesi y centrada en estudios y experimentos de Astronomía, Física y Ciencias Naturales. En esta tradición alcanzó gran importancia la *Accademia del cimento* en Florencia, que puede traducirse como "academia de experimentación", aunque la palabra "cemento" o "estructura" hacía alusión al estudio de los nexos de los fenómenos. Creada por seguidores de Galileo, fue recién legalizada en 1657, después de veinte años de funcionamiento casi clandestino. Tuvo una gran repercusión con experimentos en Física y Biología, que fueron difundidos con corresponsales en los estados protestantes de Europa. Lorenzo Magalotti publicó en 1667 el libro *Resultados de los experimentos de ciencias naturales llevados a cabo por la Academia del cimento*, que fue el primer cuerpo de experimentos diseñados deliberadamente. Se mandaron a la recién creada Royal Society de Londres y fueron traducidos al inglés en 1684, y en 1731 del italiano al latín; se convirtió en el manual de laboratorio de la época. Pero las academias italianas no tuvieron un contexto social que permitiera su expansión, y el centro de las actividades científicas se trasladó a Francia e Inglaterra.

En Londres, un grupo de intelectuales conforma, en 1645, *The Invisible College*, para discutir sobre cuestiones científicas. Algunos de ellos son trasladados a Oxford y constituyen en 1651 el Club de Oxford, con programas de investigación propios y fuertes intercambios con París y con Italia. El grupo de Londres incorporó nuevos miembros y se reunían en el Greshan College. En 1660 resuelven transformarse en una sociedad consagrada al estudio de la filosofía experimental. Generan sus estatutos y obtienen credenciales reales en 1662. Se genera así la Royal Society of London for improving natural knowledege ("sociedad real de Londres para mejorar el conocimiento de la naturaleza"). Con fuerte influencia de las ideas de Francis Bacon[22] emprenden diversos tipos de

---

[22] "Bacon se había propuesto una gran renovación, una *Instaurato magna*, en la ciencia según un plan que expuso en el prefacio de su *Novum Organum*. Ese plan comprendía: una exposición de las

investigaciones e informaciones relativas a fenómenos naturales de cualquier índole.

Motivados por los avances producidos en Italia, se inició en Francia un movimiento apoyado por la corte y resistido por las universidades de impulsar el desarrollo cultural e intelectual del país. Bajo la influencia de Jean-Antoine de Baïf se creó la *Academia de poesía y de música* en 1570. Posteriormente, un grupo de eruditos se reúne sistemáticamente abordando sobre todo el tema de la utilización del idioma francés para el estudio de todas las ciencias. Apoyándose en este movimiento, en 1635, el cardenal Richelieu la transforma en la *Academia francesa*. A ello le siguió la creación de cinco academias, una de las cuales, la *Academia de Ciencias* (Académie royale des sciences), creada en 1666, recogió la larga actividad de diversos grupos de científicos aficionados. La *Academia de Ciencias* de Francia retomó la tradición de la *Academia Montmort* creada por Henri-Louis Habert Montmort (fuertemente influenciado por Descartes) a principios de 1650, que abordaba temas físicos y matemáticos, así como las de las reuniones privadas que se realizaban en la celda del Padre Mersenne y en lo de Melchisedec Thévenot, viajero que más tarde sería bibliotecario real. Se inició con dieciséis miembros. Reorganizada en 1699 con cincuenta miembros, el artículo XXX de sus estatutos exigía que todos los libros

---

ciencias de su tiempo con una nueva ordenación y clasificación de las mismas; una interpretación de la naturaleza en la que un 'nuevo órgano' reemplazaría al antiguo 'órgano' aristotélico; y una investigación de los hechos naturales y de sus leyes, que remataría con el leit motiv de toda la filosofía baconiana: el estudio de la posibilidad que ofrecen esas investigaciones para la conquista y el dominio del hombre sobre la naturaleza" (Papp y Babini, 1954: 4/5).

publicados por los miembros, en cuanto tales, debían recibir primero el *imprimatur* de la Academia.

En Alemania existió, a comienzos del siglo XVII, una institución científica en Rostock, la *Societas Ereneutica*, fundada en 1622 por el biólogo Joachim Jungius, que duró un par de años. En 1652 se funda en Schweinfurt la *Academia Naturae Curiosorum*, que fue esencialmente una sociedad de médicos. Recién en 1700 se crea la *Berliner Akademic*, impulsada por Leibniz, su primer presidente.

12. El surgimiento de las revistas científicas

El gran desarrollo de las Ciencias Naturales en el siglo XVII generó la necesidad de los científicos situados en lugares lejanos, dado los medios de transporte de la época, de comunicarse.

Inicialmente este contacto fue epistolar y la correspondencia científica el instrumento más valioso para el intercambio de los conocimientos. Adquirieron así gran relevancia los "corresponsales científicos", personas que se ofrecieron para realizar la tarea de hacer llegar a los destinatarios esa correspondencia o de difundir las noticias que a tal efecto recibían. Jugaron un papel relevante el padre Marin Mersenne, quien intervino en todos los debates de la primera mitad del siglo XVII. Fue el principal corresponsal de Descartes y de otros científicos de la época. Viajó varias veces a Italia y participó activamente en la creación de la *Académie des Sciencies*. Una tarea similar realizó en Inglaterra Henry Oldenburg, de origen alemán y secretario de la Royal Society. John Collins jugó también un papel destacado como corresponsal y como científico, impulsando la publicación de obras inéditas. En Alemania este rol lo desempeñó el jesuita alemán Kaspar Schott, difundiendo los nuevos conocimientos a través de la correspondencia que mantuvo con numerosos investigadores.

Además de la correspondencia científica y personal, circulaban a través de los folletos, diarios, los catálogos de libros, calendarios, almanaques y efemérides diversos tipos de información sobre el creciente número de interesados en las actividades científicas donde obviamente el libro seguía siendo el principal organizador del pensamiento erudito. Pero el libro no era suficientemente ágil para difundir los resultados de un nuevo experimento, por ello los mismos se publicaban en forma de folletos o panfletos. Es decir, la publicación en forma de libro seguía siendo un vehículo adecuado para la difusión de los escritos asociados a la Filosofía, la Historia, las Ciencias Sociales, la Literatura y obras integrales de las Ciencias Exactas y Naturales, pero eran insuficientes con las necesidades de la práctica acotada y fragmentaria en plena expansión en estas últimas disciplinas.[23]

---

[23] "At the beginning of the 17th century, written scientific communication was primarily throug books and gazettes. Soon there arose in science, however, the important formula: one experiment or observation equals one communication or publication. This formula was of significance because it meant that current methods of publication were inadequate. The characteristic book was inapropiate for presenting the results of one new experiment or observation, because an author had to wait until he accumulated several results before he could justify publication. Even so, many single observations or discoveries continued to be published in the form of separate booklets or pamphlets. William Harvey's great work on the circulation of blood, for example, appeared as a 72-page booklet in 1628. The early gazettes or newspapers consisted mainly of reports from so-called intelligence offices,

Pero así como los libros eran inadecuados, las comunicaciones personales eran insuficientes, las cartas eran personales y difícilmente accedieran a ellas otros científicos que pudieran rebatir o complementar sus contenidos. Al mismo tiempo, comienza un agudo proceso de competencia por la originalidad de los descubrimientos basados en la experimentación, los que necesitan ser convalidados por formas consensuadas de las nacientes comunidades científicas. Esta competencia generó sistemas de cifrado e incluso de taquigrafía destinados a evitar la apropiación de dichos descubrimientos. Paralelamente, la acelerada expansión de las actividades en distintos países de Europa, exigía un proceso de comunicación, catalogación y difusión masiva que no reconocía antecedentes en las formas organizativas existentes.

Todos estos procesos se irán resolviendo en concreto con el desarrollo de las publicaciones asociadas a las academias, particularmente de Inglaterra, Francia y Alemania, coincidiendo con la expansión de la ciencia en esos países. Una de las primeras iniciativas fue la realizada por el historiador de la casa real francesa Francois Mézeray, quien obtuvo un privilegio para editar un periódico literario-científico para publicar noticias de actualidad en los ámbitos de la Arqueología, la Literatura, las ciencias, las artes y los oficios, propuesta que no alcanzó a plasmarse, pero dejó latente la iniciativa. Esta sería abordada de distinta forma en Francia y en Inglaterra.

La academia francesa no tuvo un órgano propio de publicidad hasta fines del siglo XVII (*Mémoires de*

---

and they were not suitable for transmitting scientific information" (Porter, 1964: 211).

l'Academie des Sciences aparecido en 1692), pero previamente se comenzó a editar un boletín, el *Journal des sçavants* (el diario de los sabios, que en 1816 cambió la grafía a *Journal des savants*), que contenía las actas de sesiones en forma de diario. Dirigido por Denis de Sallo, consejero del Parlamento francés, se trataba de crear un boletín que contuviera la lista de los libros publicados recientemente, informes de las actividades científicas en Europa, noticias de proyectos en curso, publicar necrológicas de personas famosas y resumir el trabajo que habían realizado, describir experimentos de Física, Química y Anatomía, así como inventos curiosos o útiles de máquinas y crear un registro de datos meteorológicos, citar las decisiones más importantes tomadas por cortes civiles o religiosas y las censuras de las universidades y los resultados de los experimentos desarrollados en los laboratorios de la academia. Según Sallo, su idea al fundar la revista era "satisfacer la curiosidad y aportar conocimientos a sus lectores, especialmente a aquellos que no leían libros enteros por falta de tiempo o por pereza" (Piqueras, 2001: 3). Apareció el 5 de enero de 1665 y estimuló la creación de otras revistas en Europa. Estos movimientos se daban en relación directa al anquilosamiento de las universidades controladas por el poder eclesiástico, con fuerte resistencia al desarrollo de las ciencias. Francia se transformó en el curso del siglo XVIII en el centro de la ciencia mundial y la Academia de Ciencias en la organización científica más prestigiosa del mundo.

La revista constaba de veinte páginas e incluía diez artículos, cartas y notas. Después de sólo trece números, la revista fue interrumpida y retirado el privilegio concedido a Sallo. Reapareció en 1666 bajo la dirección del abad Jean Gallois, al que sucedió en 1674 el abad Jean Paul de la Roque. La revista fue semanal hasta 1723 y mensual desde 1724. Actualmente es una revista literaria. Si bien ha sido considerada el antecedente original de las actuales revistas científicas, es evidente que en forma más directa los procesos actuales se ligan a la creación, también en 1665, del primer órgano de difusión de la Royal Society de Londres: los *Philosophical Transactions of the Royal Society*, dirigidos por Henry Oldenburg, quien era el secretario de la sociedad.

Cuando Henry Oldemburg fue elegido secretario en 1663, mantuvo su extensa correspondencia con al menos treinta científicos relevantes. La tarea se hizo tan pesada que se formó un comité para atender esta actividad y comenzó la distribución del trabajo en el mismo repartiéndose por los países de origen de la correspondencia. En esta labor, los dirigentes de la Royal Society, Robert Moray, Robert Boyle y Oldemburg se plantearon sistematizar estos procesos y crearon la revista *Philosophical Transactions*, que se resolvió fuera exclusivamente científica y que no debía tratar temas legales o teológicos. Se aprobó su publicación mensual y el primer número, de dieciséis páginas, apareció el 6 de marzo de 1665. Contenía esencialmente el material preparado por Oldemburg en base a la información científica recibida y no tenía esencialmente la descripción de experimentos originales. Este modelo se expandió rápidamente. En 1682 aparece en Alemania una importante revista científica: *Acta Eroditorum* fundada por el profesor de Leipzig Otto Mencke, que duró más de un siglo. Se publicaba en latín y tuvo la colaboración de destacados científicos.

Otras revistas, en cambio, siguieron el modelo del *Journal des Sçavans*, que al tratar una variedad amplia de temas, además de los de ciencia experimental (sobre todo de Historia, Teología, Derecho y Filosofía), permitían la venta del material en niveles que facilitaban el mantenimiento de la publicación.

Revistas más concentradas en la descripción de experimentos originales aparecerían recién entre 1780 y 1790 en publicaciones especializadas en Física, Química, Biología, Agricultura y Medicina. Hacia 1830 se registraban unas 300 revistas de este tipo. Una gran expansión fue la de las revistas médicas especializadas demandadas no solamente por los profesionales de esta disciplina sino también por el público interesado en la problemática de la salud.

Las revistas científicas europeas de la época todavía incluían contenidos y formatos muy distintos a los actuales. Sin embargo comenzaron a atisbarse publicaciones periódicas consagradas a la medicina que ya no eran portavoces de academias ni estaban redactadas por un solo autor y sus allegados; eran verdaderos órganos de comunicación utilizados por grupos muy amplios de autores y lectores de información científica y profesional. Algunas de ellas alcanzarían a nuestros días, como *The Lancet* (desde 1823) en Gran Bretaña, los *Archives Générales de Médecine* (desde 1823) en Francia y varios *Archiven* y *Zeitschriften* en los países germánicos. En España solo se fundaron cinco revistas. Dos de ellas en 1820: el *Periódico de la Sociedad Médico-Quirúrgica de Cádiz* y las *Décadas de Medicina y Cirugía*. Al año siguiente apareció el *Periódico,* de la Sociedad de Salud Pública de Cataluña. Hasta 1808 el país atravesó un periodo fuertemente absolutista, que explica los escasos esfuerzos por disminuir la distancia existente entre la producción científica nacional y extranjera y aunque se fundaron algunas revistas que difundieron las nuevas ideas científicas e ilustradas producidas en el resto de Europa, en España durante estos años la edición de una revista fue una aventura arriesgada no sólo en el ámbito económico, sino también en el plano político o religioso, localizada sólo en las ciudades más dinámicas y comerciales en contacto con Europa y en la capital del Estado. En este periodo, la fundación de una nueva revista fue, en cierta manera, un hecho aislado, las aventuras editoriales fueron puntuales y la continuidad editorial una excepción. (Algaba, 2000).

Esto explica el notable retraso con que la publicación de revistas especializadas comenzó en España. Las *Dissertaciones* de la Regia Sociedad de Medicina de Sevilla (1736) apareció medio siglo después de sus homólogas europeas: la *Miscellanea curiosa* de la Academia Naturae Curiosorum vio la luz en 1670, con un contenido principalmente médico, complementado con temas de Historia Natural, mientras que el *Acta medica et philosophica hafniensia* de Thomas Bartholin y el *Journal des nouvelles découvertes sur toutes les parties de la médicine* de Nicolás de Blégny lo hicieron, respectivamente, en 1671 y 1679.

Cinco de las trece revistas mencionadas fueron publicadas por reales academias de medicina: las citadas *Dissertaciones* y sus *Memorias académicas* (1766-1819), por la Real Sociedad de Medicina de Sevilla; *Ephemérides barométrico-médicas matritenses* (1737-1738) y un volumen de *Memorias* (1797), por la de Madrid, y otro volumen de *Memorias* (1778), por la Real Academia Médico-Práctica de Barcelona. Dos revistas fueron órganos de expresión de asociaciones profesionales: las *Dissertaciones physico-médicas* (1751-1752), de la Sociedad Médica de Nuestra Señora de la Esperanza de Madrid, y la *Obra periódica anual*, de la Sociedad Médica Gaditana establecida con el título de San Rafael (1785). Las restantes revistas fueron editadas a título personal. Otro de los campos científicos que tuvo una presencia temprana en las publicaciones periódicas (revistas) fue la Historia Natural, una disciplina de larga historia y que floreció en España, por razones obvias, tras el descubrimiento de América. La primera revista dedicada a la Historia Natural fue *Anales de Historia Natural*, cuyo primer número apareció en octubre de 1799.

Los grandes cambios técnicos e industriales sufridos por Gran Bretaña en la segunda mitad del siglo XIX se expresaron en un gran progreso de la Ciencia y las Matemáticas. La Royal Society, que publicó las obras de Isaac Newton y Charles Darwin, editaba sus revistas especializadas. Pero entre 1850 y 1860 se duplicó el número de las revistas de divulgación científica, diseñadas para conectar al público con el mundo científico.

En 1859 se creó la revista *Recreative Science: A Record and Remembrancer of Intellectual Observation* de Historia Natural y Física, y posteriormente surgió el *Intellectual Observer: A Review of Natural History, Microscopic Research, and Recreative Science*. La revista *Popular Science Rewiew* surge en 1862 y desaparece en 1881. En 1864 aparece *Quarterly Journal of Science*, que deja de publicarse en 1885 y en 1868 *Scientific Opinion*, que sólo llega hasta 1870. *The Reader* se crea en 1864 mezclando Ciencia con Literatura, tratando de llegar a un público más amplio que el de la comunidad científica pero solo resiste hasta 1867.

El 4 de noviembre de 1869 se crea en Inglaterra la revista *Nature. A weekly ilustrated journal of science*, que publicaba artículos en una amplia variedad de temas, aunque con el tiempo se fue especializando en Biología. Además de los artículos estrictamente científicos, la revista incluyó crecientemente noticias científicas de carácter general y artículos sobre políticas científicas de diferentes países, críticas de libros y artículos sobre la historia y el futuro de algunas disciplinas científicas. Su continuidad y rigor en la selección de artículos científicos le valieron una gran popularidad en el mundo científico y en la opinión pública internacional.

Edición original del 4 de noviembre de 1869.

Norman Lockyer.

La revista fue creada por un ex editor de *The Reader*, Norman Lockyer, pero pertenecía y fue financiada por Alexander Macmillan.[24] Nació con fines polémicos, impulsada por un grupo autodenominado *X Club*, con científicos de creencias liberales, iniciado por Thomas Henry Huxley y al que pertenecían Joseph Dalton Hooker, Herbert Spencer y John Tyndall, entre otros. Partidarios fervientes de la Teoría de la Evolución de Darwin, enfren-

---

[24] Que en 1843 fundó con su hermano Daniel Macmillan Publishers. Alexander desarrolló la reputación literaria de la empresa, mientras que Daniel se hizo cargo de los aspectos comerciales. Originalmente llamada Macmillan & Co., la firma comenzó como una librería de éxito en Cambridge y se expandió a la publicación de libros. Tras la muerte de Daniel en 1857, Alexander continuó dirigiendo la empresa a la que le dio un perfil internacional y comenzó la publicación de revistas, entre ellas *Nature*. Macmillan abrió oficinas en Nueva York en 1869.

taban a los grupos más conservadores de los científicos británicos. Posiblemente esta perspectiva fortaleció a la revista, además del apoyo financiero sostenido que recibió. Norman Lockyer, su fundador, era profesor en el Colegio Imperial y fue sucedido en 1919 por Richard Gregory, quien impulsó la instalación de *Nature* en la comunidad científica internacional.

Otra revista de divulgación científica relevante fue creada el 28 de agosto de 1845 por Rufus Porter, *Scientific American*, y actualmente es la revista científica más antigua de los Estados Unidos.

Edición original del 28 de agosto de 1845.

Rufus Porter.

Porter fue parte del proceso de notable de expansión de la industria norteamericana durante el siglo XIX, integrando los técnicos e inventores que revolucionaron estos procesos. Carente de estudios formales, durante muchos años sobrevivió pintando murales en diversas ciudades. Pero fue un inventor prolífico. Su obituario describió su "larga carrera de utilidad como un inventor de ruedas de agua de turbina, molinos de viento, barcos voladores, motores rotativos, y artilugios diversos para abolir en la medida de lo posible, el trabajo agrícola".

Durante 1825-1826 publicó cuatro ediciones de *A Select Collection of Valuable and Curious Arts, and Interesting Experiments.* Construyó una cámara oscura portátil que le permitió hacer retratos de silueta en menos de 15 minutos. Experimentó con un molino de viento harinero, una lavadora, una desgranadora de maíz, una alarma de incendio, una máquina de fabricación de cuerdas y una cámara. Inventó relojes, señales ferroviarias, bidones, un aparato de medición de distancia, un mecanismo de caballos de fuerza, una batidora, un salvavidas, una prensa de queso, y un rifle giratorio. Inventó el revólver automático rotatorio, pero le vendió los derechos a Samuel Colt por $100.

En 1841 publicó y editó en Nueva York, la revista *New York mechanic*. El primer número se publicó el 2/1/1841, y se subtitula "el defensor de la industria y la empresa, y el diario de la mecánica y otras mejoras científicas", y sobrevivió dos años. El 28 de agosto de 1845 creó la revista *Scientific American*, que diez meses más tarde vendió a Orson Desaix Munn I y Alfred Ely Beach. En la presentación de la revista se señalaba:

"*Scientific American* se publica todos los jueves por la mañana... cada número ofrecerá de dos a cinco grabados originales, muchos de ellos elegantes, e ilustrativos de nuevas invenciones principios científicos, de obras públicas y contendrá, además de las noticias más interesantes de los acontecimientos que pasan, avisos generales del progreso de la Ingeniería Mecánica y otras mejoras científicas; estadounidenses y extranjeros. Las mejoras e invenciones; Catálogos de Patentes estadounidenses; ensayos científicos, ilustrativos de los principios de las ciencias de la Mecánica, Química y Arquitectura: información útil e instrucción en diversas artes y oficios; experimentos filosóficos curiosos; Misceláneas de inteligencia, música y poesía. Este trabajo está especialmente destinado al patrocinio de la Mecánica y Manufacturas, siendo el único periódico en Estados Unidos, dedicada a los intereses de esas clases, pero también es especialmente útil para los agricultores, ya que no sólo va a evaluar las mejoras en los implementos agrícolas, e instruir en diversos oficios mecánicos, y se transmitirá la inteligencia más útil para los niños y jóvenes."

En los países del continente americano pertenecientes al imperio portugués y al español el desarrollo de la ciencia fue tardío, y aunque circularan materiales de ese tipo, el primer intento de generar publicaciones científicas o de difusión de la ciencia data de 1772, con la creación en México de la revista de Física y Medicina *Mercurio Volante*, creada por el médico José Ignacio Bartolache y que se editó durante unos pocos meses. En Cuba apareció en 1790 la publicación *Papel Periódico de la Havana*, que si bien era una revista de información general, contenía artículos científicos sobre diversas disciplinas. En el Río de la Plata aparece en Buenos Aires en 1802 el *Semanario de Agricultura, Industria y Comercio*, editado por Juan Hipólito Vieytes, que fue publicado hasta 1807. Un total de doscientos dieciocho números regulares y cuatro extraordinarios. Estaba dedicado esencialmente a difundir conocimientos para mejorar el desarrollo de la agricultura, y ello incluía información sobre las Ciencias Naturales y las técnicas, socializando los conocimientos científicos más novedosos de su época.

Hubo tres principales novedades en las publicaciones académicas del siglo XIX, que en gran medida establecieron el patrón a seguir a comienzos del siglo XX. Se fundaron academias integrales regionales, especialmente en futuros países como Alemania e Italia que no tenían un gobierno central unificado. Y todas las academias de Milán, Turín, Venecia, Bolonia, Nápoles y Palermo en Italia, de Berlín, Munich, Viena, Hamburgo y Gotinga en la futura Alemania y la real Sociedad de Edimburgo y la Real Academia Irlandesa tenían sus respectivas revistas científicas. En segundo lugar se fundaron gran cantidad de nuevas sociedades especializadas por disciplina. La tercera novedad fue la aparición de academias exteriores a Europa en los dominios británicos de Canadá, Australia, Nueva Zelanda, la India y en los Estados Unidos.

El surgimiento de instituciones científicas sostenidas con fondos públicos como los jardines y los observatorios reales de Greenwich y de París y en el siglo XIX de numerosas e importantes instituciones estatales sumaron publicaciones de carácter científico, algunas de las cuales, como el Almanaque Náutico del Observatorio Real de Inglaterra y la Connaissance des Temps del Bureau de Longitud de París, se vendieron ampliamente por su utilización por los marinos.

El carácter amateur de muchas sociedades científicas de los siglos XVIII y XIX tuvo una importante influencia en la economía de sus publicaciones. Los miembros de las sociedades obtenían gratuitamente las publicaciones a cambio de su suscripción a la sociedad científica. Las ventas adicionales eran escasas y parte importante se utilizaba para intercambio y para formar así las colecciones de otras revistas científicas afines. Cuando los integrantes eran un número razonable y además tenían a su cargo las labores de edición, se cubrían los costos. Las publicaciones de revistas científicas no eran un negocio comercial de las sociedades científicas.

Las patrones así establecidos continuaron en la primera mitad del siglo XX. Comenzaron a editarse algunas revistas con opiniones de los avances producidos en su respectivo campo disciplinario dada la dificultad de los académicos para leer personalmente toda la creciente producción. Los métodos de publicación seguían siendo los establecidos históricamente. Un comité honorario decidía sobre la pertinencia de las publicaciones en base a informes de los árbitros, con un personal relativamente pequeño que se ocupaba de la correspondencia, la edición de los textos, el envío a la imprenta y el manejo de la distribución por correo. La impresión de las revistas se hacía en las imprentas de acuerdo al tamaño de los tirajes. Gran parte del mismo se distribuía gratuitamente a los suscriptores de la sociedad científica o se utilizaba para intercambio. Las ventas eran escasas. Mientras este método de producción de revista pudo mantenerse no había necesidad de comercializar agresivamente las revistas en las bibliotecas ni darle un formato particularmente atractivo a las revistas que eran buscadas a través de las bibliotecas universitarias que en este período comenzaron a crecer en forma muy importante.

Este esquema coexistió con la edición a cargo de editoriales comerciales que hemos visto, pero que tomarían un rol trascendente, como analizamos más abajo.

13. La edición comercial de los libros científicos

Hemos desarrollado más arriba la gran expansión de la producción de libros a partir de la creación de la imprenta en 1454 y destacamos la preeminencia en cantidad de títulos de países como Italia, Francia, Alemania y Gran Bretaña. Pero fue en los Países Bajos (país recién independizado, en plena expansión capitalista y gran avance cultural) donde se crearon condiciones diferenciales. Como hemos mostrado al comentar sobre Descartes, fue aquí donde surgieron tempranamente editoriales de alta calidad en las ciudades de Leiden y Amsterdam, que dieron un destacado papel a los libros de carácter científico, lo que estaba asociado a los mayores niveles de tolerancia religiosa y libertad política dominantes en estas regiones.

Si bien varias editoriales surgieron en este período en esas ciudades, sin dudas una de las más reconocidas fue Elsevier. Su historia comienza en 1580, cuando Lodewijk Elzevier, natural de Lovaina, emigró por motivos religiosos y se instaló con su familia en Leiden, al norte de los Países Bajos. Elzevier, que trabajaba como bedel en la Universidad, aprovechó el mercado generado por la reciente creación de esta institución educativa y fundó primero una imprenta y un taller de encuadernación, y más tarde una editorial y una librería situada en la plaza contigua a la universidad. A principios del siglo XVII, los Elzevier se convirtieron en los impresores y editores oficiales de la Universidad de Leiden.

La editorial Elzevier publicó durante varios siglos una gran cantidad de obras de los clásicos latinos, así como libros científicos del momento en varias lenguas (inglés, francés, flamenco y hebreo). Fueron pioneros en la edición de libros de bolsillo o de viaje, ya que adoptaron un tamaño menor que el habitual en aquel momento. En 1659 cerró la librería de Leiden, pero continuaron abiertas las de otras ciudades como La Haya, Utrecht y Amsterdam, donde se habían ido instalando miembros de la familia. La actividad editorial de los Elzevier cesó definitivamente en el año 1712.

A finales del siglo siguiente, exactamente en el año 1880, es fundada como *Uitgeversmaatschappij Elsevier* en Rotterdam por un grupo de cinco libreros y editores holandeses, liderados por Jacobus George Robbers, una nueva editorial a la que se llamó así en honor a la célebre familia de editores que mantuvo su negocio en los Países Bajos durante varios siglos. De ellos tomó también el símbolo del olmo y el lema *non solus*. Esta última editorial *Elsevier* es la que se ha mantenido hasta hoy y la que continúa en plena expansión en cuanto a su difusión internacional y a la aplicación de las nuevas tecnologías. Después que la compañía trasladó su sede a Amsterdam en 1887, su temprano éxito dependía de la publicación de una revista literaria, las versiones holandesas de las novelas entonces populares de Julio Verne y la enciclopedia Winkler Prins, que se convirtió en el equivalente holandés de la Britannica.

14. Auge y retroceso de las editoriales científicas alemanas

La expansión de las editoriales dedicadas a la producción de libros y revistas científicas está estrechamente asociada al desarrollo de las comunidades científicas. El caso más notable inicialmente es el de Alemania. Ya en 1826, en Berlín, August Hirschwald se especializó en textos de Medicina. Desde mediados del siglo XIX, en que se consolidó el avance de la ciencia alemana estrechamente ligada a las universidades, se profundizó en las editoriales un vuelco hacia la producción de libros en Ciencias Naturales y libros técnicos, que se sumaron a los más tradicionales de Teología, Derecho e Historia. *Vieweg*, en Braunschweig, fue la primera editorial dedicada a las Ciencias Naturales (Química, Matemáticas, Física y Tecnología).

Un caso relevante fue el de Julius Springer, que creó su editorial en 1842 y en 1859 se volcó a la producción en Ciencias Naturales, publicando una revista farmacéutica y luego un manual de Farmacología. A partir de la creación del Imperio Alemán en 1871, una gran expansión de la economía, la tecnología y la ciencia crearon condiciones notables. Los hijos y nietos de Springer expanden rápidamente sus publicaciones en Tecnología, Matemáticas y Medicina. Un punto central en su estrategia era la creación de revistas científicas. En 1889 ya editaban 20, en 1914 llegaban a 41, añadieron publicaciones en Biología, Física y Química y en 1928 llevaron este número de revistas a 106 y en 1933 a 128, entre los que se incluían varias revistas de resúmenes de artículos científicos. También avanzó comprando varias editoriales alemanas de similares orientaciones. Su posición dominante no era solamente en el mercado local. En 1931 (año en que produjo 381 libros y editaba 125 revistas), el 60% de su producción se colocaba en el exterior.

Sin embargo, no era el único grupo editorial. El anticuario Leo Jolowicz fundó en 1906 *Akademische Verlagsgesellschaft*, dedicado a las Ciencias Naturales, y se convirtió en la segunda editorial científica. Hubo numerosas editoriales dedicadas a la Medicina y otras a las Ciencias Naturales y la Medicina. Se publicaba una gran cantidad de manuales utilizados en todo el mundo.

Todo ello está asociado al gran peso de Alemania en materia científica, lo que se aprecia en la gran cantidad de premios Nobel que recibían sus científicos. Estos premios comenzaron a entregarse en el año 1901 en las áreas de Física, Química, Fisiología o Medicina y Literatura. Desde ese año hasta la Primera Guerra Mundial, un tercio de los premios en Física, Química y Medicina fueron obtenidos por científicos alemanes. El idioma alemán se había convertido en la "lingua franca" de la comunidad científica internacional y los físicos y los químicos de Estados Unidos y Gran Bretaña no podían prescindir de la lectura del alemán si querían mantenerse al tanto de los nuevos desarrollos en estas disciplinas. En 1909, por ejemplo, el 45% de todas las citas publicadas en *Chemical Abstracts* provenían de las revistas alemanas.

Este proceso se vio seriamente amenazado por las consecuencias de la Primera Guerra Mundial. Algunas disposiciones del Tratado de Versalles estaban destinadas a impedir a la ciencia alemana recuperar la dinámica existente antes del conflicto bélico. Muchos científicos alemanes fueron excluidos de congresos internacionales y hasta 1926 se obstaculizó la exportación de literatura científica alemana. En Holanda y los países escandinavos se prohibió la utilización de la lengua alemana, que era el lenguaje científico dominante. Por doce años Alemania fue excluida de la comunicación científica internacional.

Sin embargo, la potencia de la comunidad científica de este país se expresó nuevamente en los premios Nobel. Entre 1918 y 1933, más de un tercio de los de Física, Química y Medicina les fue adjudicado por las academias suecas que seleccionaban dichos premios. En cuanto a la industria editorial, después de la Primera Guerra las exportaciones de literatura científica retomaron en forma pujante su expansión. La publicación por *Springer* de resúmenes de las revistas científicas tuvo gran impacto. A mediados de la década de 1920 publicaba unos 175.000 resúmenes sobre la base de la revisión de 3.300 revistas nacionales y extranjeras. Las exportaciones fueron fuertemente afectadas en 1931 por la devaluación de la libra inglesa y en 1933 del dólar en el contexto de la crisis económica internacional de esos años.

Pero el gran golpe a estos procesos lo provoca el ascenso del nacionalsocialismo al poder en Alemania en 1933, que expulsa de las universidades e institutos científicos a los científicos de origen judío y marxista y a quienes se oponían al régimen nazi. Un relevamiento de científicos que debieron abandonar Alemania publicado en Londres en 1936 incluyó en la lista a 1.652 científicos, muchos de ellos los más importantes del mundo en sus disciplinas.[25] Los nazis se privaron de los mejores talentos dedicados a la Física en la Europa continental, destruyendo así, de paso, la supremacía científica germana de principios de siglo. Entre 1900 y 1933, 25 de los 66 premios Nobel de Física y de Química habían correspondido a Alemania, mientras que después de 1933 sólo recibió uno de cada diez. También

---

[25] Un estudio sobre refugiados europeos en Estados Unidos mostró que en 1947, de los intelectuales que debieron exiliarse había 1900 de primer nivel, entre los cuales había dos docenas de premios Nobel. "El rector de la Universidad de Chicago Robert Hutchins, y el pedagogo Abrahan Flexner montaron una estructura de absorción... Llegaron, año a año, húngaros, polacos, rusos, alemanes, austríacos, italianos. Los alemanes alcanzaron a casi la mitad del total. El enigma del talento húngaro se corporizó en nombres como Bela Bártok, creador musical, y Hohn von Neumann, genio de la Matemática sobre cuyas ideas se dio un salto desde la máquina de calcular a la computadora moderna; los físicos Szilard, Teller y Wigner que estuvieron en el equipo del italiano Fermi que desarrolló la pila atómica y dio cima al Proyecto Manhattan. Austríacos como el filósofo Carnap, el matemático Gödel, el economista Schumpeter. Polacos como Ulam, que hizo los cálculos de la bomba de Hidrógeno. Entre los infinitos alemanes, Hans Bethe, quien perfeccionó el radar en el MIT, el arma fundamental de la victoria aliada por tierra, mar y aire a partir de 1942. Y naturalmente Albert Einstein, en Princeton desde 1932. Además de teólogos como Paul Tilich y escritores como Thomas Mann" (Ciapuscio, 1999: 190).

emigraron editores de ciencia a los Estados Unidos como Walter Jolowics, que en 1941 funda, con su cuñado Kurt Jacoby, *Academic Press* o Erik Proskauer involucrado en la fundación de *Interscience Press*.

Las editoriales alemanas y holandesas habían comenzado en la década de los 30 a expandir sus publicaciones en inglés con traducciones y coproducciones. Alcanzados por las leyes raciales del régimen nazi, editoriales de origen judío fueron fuertemente afectadas, a lo que se sumó en mayo de 1933 una masiva quema de libros en toda Alemania de todo tipo de autores y géneros, y el estallido de la Segunda Guerra Mundial y la posterior ocupación de Holanda por Alemania, cuestiones que provocaron un gran colapso de la industria editorial. Después de la Segunda Guerra Mundial, las universidades alemanas y la investigación científica se recuperaron muy lentamente. No fue ajeno a ello la destrucción de muchas de las grandes bibliotecas y particularmente de miles de tesis doctorales que desaparecieron bajo los terribles bombardeos de los años finales de la guerra.

Leipzig, que había sido la ciudad preferida por los editores científicos, quedó dentro de la República Democrática Alemana y las empresas fueron estatizadas. Los propietarios tuvieron que trasladarse a la República Federal Alemana. Priorizada la publicación de libros de texto para los estudiantes y de textos de tecnología, la exportación de libros científicos fue afectada también porque en este proceso el inglés se convirtió en la nueva "lingua franca", dado el fuerte impulso a la ciencia producido en Estados Unidos, al que mucho contribuyeron en sus universidades los científicos alemanas emigrados. Además, las empresas estadounidenses, inglesas y holandesas se consolidaron y en la década de 1960 las editoriales científicas alemanas tuvieron que sumarse a las publicaciones en inglés para recuperarse económicamente.

Los editores alemanes, después de la Segunda Guerra, tenían trabas para conectarse con los clientes extranjeros, pero en el verano de 1947 la editorial *Springer*, que seguía siendo la más importante a través de la JEIA (Joint Export and Import Agency) por una vía indirecta pudo exportar la gran existencia de libros y revistas que habían sobrevivido a la guerra y rearmar su capital operativo. Fue de gran ayuda Robert Maxwell, que se desempeñaba en el área de prensa de la embajada Británica en Berlín. Maxwell percibió rápidamente la potencialidad del negocio y creó la *European Publicity and Avertising Company (EPAC)* en Londres, y el 1 de septiembre de 1947 también en esta ciudad surgió la firma Lang Maxwell y Springer. A través de la misma Springer pudo exportar una gran cantidad de publicaciones en los próximos años. Asociándose con el editor británico Butterworth, Springer creó una empresa a la que contribuyó con derechos de publicación, derechos que al disolverse la misma fueron adquiridos por Robert Maxwell para su empresa Pergamon Press. Desde 1950, los editores alemanes comenzaron a publicar libros y revistas en idioma inglés, y cuando Springer abrió sus oficinas en Nueva York en 1964, la compañía tuvo acceso a autores americanos.

Aunque los libros de texto continuaron siendo publicados en alemán, la literatura a nivel de investigación (revistas, actas de congresos, monografías) se editaba esencialmente en inglés, idioma en que los investigadores alemanes pasaron crecientemente a publicar. Ello estuvo asociado estrechamente al país donde se concentraron los desarrollos científicos durante y después de la Segunda Guerra Mundial.

15. El impacto de la Segunda Guerra Mundial, la emergencia dominante del sistema científico norteamericano y del idioma inglés como la nueva "lingua franca" de comunicación científica

Los grandes conflictos bélicos en que participan las potencias mundiales han sido momentos relevantes para los desarrollos científicos. Bajo la necesidad de dar rápidas respuestas a temas relevantes planteados por necesidades estratégicas de orden militar o de elementos asociados al destino de las naciones (alimentación, desarrollos industriales específicos, sistemas de transporte en nuevas escalas, etc.) se concentran grandes masas de recursos de capital y humanos en temas que se definen como centrales. En este contexto, la apelación a los sistemas científicos nacionales para que se integren a sectores bélicos y/o productivos genera condiciones materiales de trabajo de escala muy superior a las hasta allí existentes.[26]

---

[26] "El más reciente cambio en la organización de la ciencia se debe a la intervención a gran escala de los gobiernos. Es cierto que desde el siglo XVII parte de la subvención a la ciencia procedía de fuentes gubernamentales, pero se dedicaba casi exclusivamente a servicios como los de la astronomía o la cartografía, o a la adecuada homogenización de los pesos y medidas. En los países capitalistas existía de hecho, hasta estos últimos años, una objeción fuerte a la intervención del gobierno en la esfera de la ciencia, debido a que esto podía interferir en la competencia de los individuos y las empresas, en la utilización de la ciencia para su propio beneficio. Esta objeción se ha eliminado por completo a causa del interés común que tienen ahora los gobiernos y las empresas monopolistas en que existan fondos para la investigación bélica. El proceso ha requerido tiempo: en la Primera Guerra Mundial, la ciencia, al principio relegada, se convirtió al final en un auxiliar menor pero indispensable para la producción y el

Todos estos factores tuvieron fuertes consecuencias sobre los sistemas científicos de estos países. Por su magnitud, la preparación y el desarrollo de la Segunda Guerra Mundial y las actividades asociadas a la posguerra fueron de alta relevancia. Es conocida la importante participación de la ciencia alemana en el desarrollo de la industria bélica de ese país, que incluyó avanzados procesos vinculados con la cohetería espacial inicialmente utilizada con fines bélicos (las famosas bombas V2 impulsadas por cohetes de larga distancia).

Algunos hitos relevantes de organización de la ciencia se produjeron en pleno conflicto bélico. En 1942 la Asociación Británica para el Progreso de la Ciencia organizó una conferencia internacional denominada "La ciencia en el orden mundial". Los representantes del gobierno británico plantearon explícitamente el rol de

---

manejo de elementos tales como el aeroplano o la telegrafía sin hilos; en la Segunda Guerra Mundial fue muy importante desde el principio y al final se convirtió en un factor dominante, no solamente en el perfeccionamiento de las nuevas armas, como los proyectiles teledirigidos y la bomba atómica, sino también en la coordinación y dirección de las mismas operaciones militares. Durante la guerra prácticamente toda la ciencia británica y norteamericana se entregó al servicio bélico. Pero incluso después de la guerra la subvención de la ciencia por parte de los gobiernos, para la preparación de nuevas guerras cada vez más científicas continuó multiplicándose debido a la presencia de importantes factores. Así, en Inglaterra, las sumas destinadas a la ciencia por el Parlamento van de los 5 millones de libras esterlinas en 1937 a los 78 millones en 1947, y a los 385 millones en 1962; en los Estados Unidos, estas sumas van desde los 50 millones de dólares en 1940 a más de 600 millones en 1945, y alcanzan los 1,600 millones en 1963. El número de científicos empleados por la ciencia gubernamental en Inglaterra va de los 743 en 1930 a 7.059 en 1962, o sea, que casi se ha multiplicado por diez". John D. Bernal. *Historia social de la ciencia*. Península. 1964.

los científicos en la guerra y señalaron que serían convocados después para los períodos de reconstrucción de los países. Se dio allí un extenso debate sobre las relaciones entre la ciencia y la sociedad que anticipaban las futuras disputas sobre la cuestión del poder político y el rol de los científicos y sus organizaciones.

Pero donde los desafíos de este período impactarían notablemente sobre el rol de los científicos y de las organizaciones académicas universitarias, es en los Estados Unidos.[27] Relevante fue el manejo del tema en el gobierno del presidente Franklin Delano Roosevelt, antes de la incorporación de este país al conflicto bélico.

El 11 de octubre de 1939, el economista y analista de inversiones Alexander Sachs, aficionado a las cuestiones científicas, visitó a Roosevelt para ponerlo al corriente de los recientes descubrimientos en el campo de la fisión nuclear. Lo hizo movilizado por haberse enterado de que los alemanes habían hecho recientemente progresos

---

[27] "Al mismo tiempo, la guerra acabó de convencer a los gobiernos de que dedicar recursos inimaginables hasta entonces a la investigación científica era factible y esencial para el futuro. Ninguna economía, excepto la de los Estados Unidos, podía haber reunido dos mil millones de dólares (al valor de los tiempos de guerra) para construir la bomba atómica en plena conflagración. Pero también es verdad que ningún gobierno, antes de 1940, hubiera soñado en gastar ni siquiera una pequeña fracción de todo ese dinero en un proyecto hipotético, basado en los cálculos incomprensibles de unos académicos melenudos. Después de la guerra sólo el cielo o, mejor dicho, la capacidad económica fue el límite del gasto y de los empleos científicos de los gobiernos. En los años setenta el gobierno estadounidense sufragaba los dos tercios de los costes de la investigación básica que se desarrollaba en su país, que en aquel tiempo sumaban casi cinco mil millones de dólares *anuales* y daba trabajo a casi un millón de científicos e ingenieros (Hobsbawm, 1998: 539).

notables en la física nuclear y luego de haber recibido una carta del Dr. Albert Einstein y un memorándum del Dr. Leo Szilard, que había realizado experiencias exitosas en este campo. Szilard y uno de sus principales colaboradores, el Dr. Enrique Fermi, habían huido del fascismo.

Sachs le entregó el artículo publicado por Szilard en abril de ese año en la revista *Physical Review* denominado "Emisiones instantáneas de neutrones rápidos por la acción recíproca de neutrones lentos y del uranio" y se lo leyó hasta lograr que el presidente adquiriera un conocimiento razonable sobre la posibilidad de fisionar el átomo de uranio para producir una reacción en cadena. Roosevelt organizó un "Comité Consultivo del Uranio", formado por hombres de ciencia, militares y marinos. El 15 de junio de 1940, al día siguiente de la caída de París, el presidente ordenó al Dr. Vannevar Bush, presidente del Consejo de Investigaciones para la Defensa Nacional que asumiera sus funciones,[28] designándolo en 1941 como director de la Oficina de Investigación y Desarrollo Científico. Se formó así una vasta organización con los

---

[28] Vannevar Bush, nacido en 1890, fue un ingeniero y científico norteamericano que en la década de 1930 construyó la primera computadora analógica a la que llamó analizador diferencial. Este invento tuvo mucha repercusión en las áreas de Ingeniería y Química. Una versión mucho más potente fue utilizada en 1942 para el cálculo de tablas de tiro para la Marina de EE.UU. resolviendo ecuaciones balísticas para las trayectorias de los proyectiles. También creo el Memex, un aparato de bases planas con una superficie traslúcida capaz de encontrar a alta velocidad información almacenada en una base de datos y que fue ampliamente utilizado en el campo de la información y la documentación. En 1939 fue nombrado presidente del Carnegie Institute de Washington y del National Advisory Committee for Aeronautics.

mejores talentos militares, de la ingeniería y de la ciencia con que contaba el país. Con el apoyo de un presupuesto de dos billones de dólares, se desarrolló esta iniciativa que culminaría con la creación de la bomba atómica, y otras como las del desarrollo del radar y centenares de proyectos de generación de armas de guerra (nuevas y más precisas bombas, detonadores fiables, misiles guiados, radares y sistemas de alerta temprana, armas de mano más ligeras y precisas) y tratamientos médicos más eficaces que incluían el desarrollo de antibióticos, así como el polietileno utilizado como aislante eléctrico en tiempos de guerra. Todo ello daría gran impulso al desarrollo científico y académico norteamericano.

El 17 de noviembre de 1944, Roosevelt envía una carta a Bush que muestra la visión estratégica del gobierno norteamericano sobre el desarrollo científico. Allí le plantea:

> La Oficina de Investigación y Desarrollo Científico, de la cual es usted director, representa un experimento único de trabajo en equipo y cooperación para la coordinación de la investigación científica y la aplicación del conocimiento científico existente a la solución de los problemas técnicos de primera importancia en la guerra. Su trabajo se ha realizado en el mayor de los secretos y sin ningún tipo de reconocimiento público; pero sus resultados tangibles pueden encontrarse en los comunicados procedentes de los frentes de batalla de todo el mundo. Algún día podrá contarse toda la historia de sus logros.
> No hay motivos, sin embargo, por los que las lecciones aprendidas en este experimento no puedan aplicarse provechosamente en tiempos de paz... para la mejora de la salud pública, la creación de nuevas empresas que signifiquen más puestos de trabajo y la elevación del nivel de vida de la nación. Con este objetivo en mente, me gustaría que

me transmitiera sus recomendaciones sobre los siguientes cuatro puntos:
Primero: ¿Qué puede hacerse, de manera coherente con la seguridad militar y con la aprobación previa de las autoridades militares, para hacer conocer al mundo lo más pronto posible las contribuciones que durante nuestro esfuerzo bélico hicimos al conocimiento científico?
La difusión de ese conocimiento debería ayudarnos a estimular nuevas empresas, proporcionar empleos a nuestros soldados licenciados y otros trabajadores y hacer posible un progreso a grandes pasos del bienestar nacional.
Segundo: Con especial referencia a la guerra de la ciencia contra la enfermedad, ¿qué puede hacerse hoy para organizar un programa a fin de proseguir en el futuro los trabajos realizados en medicina y ciencias relacionadas?
Tercero: ¿Qué puede hacer el gobierno hoy y en el futuro para apoyar las actividades de investigación encaradas por organizaciones públicas y privadas? El papel adecuado de la investigación pública y privada, y su interrelación, deberían considerarse con mucho cuidado.
Cuarto: ¿Puede proponerse un programa eficaz para descubrir y desarrollar el talento científico en la juventud norteamericana, de modo que sea posible asegurar la continuidad futura de la investigación científica en este país, en un nivel comparable al alcanzado durante la guerra?

Bush le contesta con un documento denominado "Ciencia, la frontera sin fin. Un informe al Presidente, julio de 1945" (Revista *Redes*, nº 14, noviembre de 1999). Este documento se centró, según explica el autor, en las Ciencias Naturales, incluidas la Biología y la Medicina, dejando de lado los avances en Ciencias Sociales y Humanidades a pesar de reconocer su importancia. El informe se organizó en base a informes de distintos comités especializados en que participó parte importante de la comunidad científica nacional.

El amplio informe destaca la relevancia de la ciencia para el desarrollo nacional, plantea la necesidad de apoyar la investigación médica en las facultades de Medicina y las universidades, financiar a los científicos civiles con aportes posibles en la seguridad nacional y se detiene luego en el bienestar público. Con el pleno empleo como objetivo, el desarrollo de nuevos productos y procesos se fundan en nuevos principios y concepciones que dependen de la investigación científica básica, a esto lo denomina capital científico.

Para incrementar este capital se requiere contar con muchos investigadores formados en ciencia, fortalecer los centros de investigación básica que son principalmente las facultades, universidades e institutos de investigación. Destaca que los gastos de investigación científica de la industria y el gobierno aumentaron de 140 millones de dólares en 1930 a 309 en 1940, mientras que los correspondientes a facultades y universidades pasaron de 20 a 31 millones, en tanto que los de los institutos de investigación se redujeron de 5 millones doscientos mil dólares a 4 millones quinientos mil dólares. Plantea entonces la urgente necesidad de fortalecer sus trabajos de investigación básica mediante el uso de fondos públicos y la necesidad de otorgar un número significativo de becas para los estudiantes y graduados vinculados con la actividad científica.

Respecto a las publicaciones el informe señala: "La liberación de información actualmente sometida a las normas de seguridad no es más que una fase del problema. La otra es disponer la preparación del material y su publicación en una forma y un precio que faciliten su difusión y su uso [...] Debemos poner este material al alcance de los científicos de todas partes con gran prontitud, y al precio más bajo que sea compatible con un formato adecuado. [...] Se recomienda que todas las agencias, gubernamentales y privadas, que posean información científica liberada del control de seguridad, adopten sin tardanza medidas que alienten y faciliten la preparación y publicación de informes".

El lanzamiento del satélite Sputnik por la Unión Soviética en 1957, desarrollado en base al aporte de los científicos alemanes que habían sido los pioneros de la cohetería en época de la guerra, produjo una verdadera conmoción mundial. Esta se acentuaría cuando fueron también los soviéticos que lanzaron el primer hombre al espacio, Yuri Gagarin. La propaganda soviética asoció estos éxitos a la superioridad de su sistema social y de su sistema educativo y científico. En esta situación, los líderes políticos americanos reforzaron las medidas de apoyo a la investigación científica y la educación. Entre 1957 y 1968, la investigación académica y los gastos de desarrollo más que se triplicaron, y la matrícula en la educación superior creció de 3 a 7 millones de estudiantes. Una serie de nuevos programas de apoyo a los estudiantes de grado y postgrado, fuertes aumentos en la financiación de la investigación y la construcción de infraestructura vinculada con esta expansión se iniciaron durante este período.

Estos procesos se desarrollaron también en el Reino Unido, donde a partir del informe Robbins se creó un grupo de nuevas universidades con sus correspondientes bibliotecas, que eran grandes clientes para los libros y las revistas científicas y con departamentos de ciencias que generaban los nuevos autores y trabajos de investigación.[29]

---

[29] "[...] dentro del mundo desarrollado la ciencia fue concentrándose gradualmente, en parte debido a la reunión de científicos y recursos, por razones de eficacia, y en parte porque el enorme

Todos estos procesos desarrollados dominantemente en los dos países de mayor número de científicos de habla inglesa, sumados a la caída ya descrita de la ciencia y las editoriales alemanas, terminaron de configurar un mercado internacional dominado por la lengua inglesa, que pasó a ser considerada como la lengua de comunicación científica. Pese a los esfuerzos del presidente de Francia, Charles De Gaulle, que obligaba a los investigadores de este país a presentar sus documentos en las reuniones internacionales en francés, la relación de fuerzas era extremadamente favorable a la coalición que de hecho se dio en los países de habla inglesa. Pese a que el 90% de las publicaciones científicas (cuyo número se doblaba cada diez años) aparecía en cuatro idiomas (inglés, ruso, francés y alemán), el eurocentrismo científico terminó en el siglo xx. Entre 1900 y 1933 sólo se habían otorgado siete premios Nobel a los Estados Unidos, pero entre 1933 y 1970 se les concedieron setenta y siete.

---

crecimiento de los estudios superiores creó inevitablemente una jerarquía, o más bien una oligarquía, entre sus instituciones. En los años cincuenta y sesenta la mitad de los doctorados de los Estados Unidos salió de las quince universidades de mayor prestigio, a las que procuraban acudir la mayoría de los jóvenes científicos más brillantes. En un mundo democrático y populista, los científicos formaban una elite que se concentró en unos pocos centros financiados. Como especie se daban en grupo, porque la comunicación, el tener «alguien con quien hablar», era fundamental para sus actividades. A medida que pasó el tiempo estas actividades fueron cada vez más incomprensibles para los no científicos, aunque hiciesen un esfuerzo desesperado por entenderlas con la ayuda de una amplia literatura de divulgación, escrita algunas veces por los mejores científicos. En realidad, a medida que aumentaba la especialización, incluso los propios científicos necesitaron revistas para explicarse mutuamente lo que sucedía fuera de sus campos". (Hobsbawm, 1998: 518).

Este mercado impulsó a las editoriales norteamericanas a asentarse en Europa. A principios de 1950 Academic Books estableció oficinas en Londres y su éxito motivó a la editorial Academic Press a iniciar sus actividades en Europa. Academic Press se había creado en Nueva York por iniciativa de Walter J. Jhonson, refugiado de la Alemania nazi, que junto a su cuñado Kurt Jacoby generaron una gran cantidad de publicaciones científicas (monografías, tratados, series) y desarrolló una relevante actividad en su filial inglesa. Otra poderosa editorial norteamericana, John Wiley & Sons Inc., que con la expansión de las universidades norteamericanas en 1870 había generado una gran producción en ingeniería que se distribuía en todo el mundo, en 1961 adquiere Interscience Publishers, una empresa creada por Eric Proskauer y Maurits Dekker, quienes huían de la persecución desatada por la invasión de Alemania a los Países Bajos, donde tenían editoriales establecidas.

El desarrollo en las últimas décadas de las grandes corporaciones se reflejó también en la gran concentración en las editoriales, incluidas las dedicadas al campo de la ciencia. El estudio de John Thompson (2005) sobre las editoriales universitarias y académicas señala que dado que se trata de un mercado particular con productos de gran valor agregado y dirigidos a una clientela acotada, la especialización se impone dentro de la gestión de negocios. Así, Wolters Kluwer se dedica a las ediciones jurídicas; Reed Elsevier a las áreas científicas y médicas; Sage a las Ciencias Sociales; Penguin Group al área educativa. También las editoriales universitarias estadounidense y británicas como Oxford University Press y Cambridge University Press, se expanden a nivel mundial para mejorar su rentabilidad.

16. La expansión de las revistas científicas

16.1. La nueva expansión asociada a las sociedades científicas

Por los factores analizados de crecimiento acelerado de los estudiantes de ciencia, de las comunidades científicas, de las demandas de las bibliotecas universitarias, y de la oferta creciente de trabajos de alta calidad científica, el mercado editorial especializado en ciencias se encontró con una fuerte demanda. Por este motivo, se impulsó inicialmente la colocación de libros y revistas, pero se fue consolidando una tendencia que fue colocando a las revistas en el centro de esta expansión. Ello tiene que ver con las modalidades de la producción científica en Ciencias Exactas y Naturales. Pero a su vez, con los desarrollos que se daban dentro de estas disciplinas. Históricamente, siempre convivieron las publicaciones directas de las sociedades científicas y las producidas por editoriales comerciales. Pero se darían simultáneamente dos procesos.

Por un lado, las sociedades científicas, que históricamente estaban asociadas en una sola disciplina científica tradicional, a medida que la misma se expandía acompañaron las divisiones (por ejemplo la división de la Química en orgánica, inorgánica, teórica, analítica, física) con la publicación de revistas especializadas Por otra parte surgieron temas interdisciplinarios de gran trascendencia, como las neurociencias, que dieron origen a sociedades y publicaciones que expresan a estos nuevos campos.[30]

---

[30] Berry (1981), en su artículo sobre la evolución de las revistas científicas y médicas, parafrasea el relato de la Creación cuando dice:

La posición predominante en Estados Unidos de las sociedades científicas, de las cuales algunas de ellas, como la Sociedad Americana de Química y el Instituto Americano de Física, son instituciones que manejan presupuestos millonarios que han participado activamente en la publicación de revistas de alta calidad con el apoyo de sus asociados, acompañaron estos procesos expansivos.

Un tema que siempre preocupó a las sociedades científicas de este país fue el costo de publicación de sus revistas. Inicialmente, la solución propuesta fue cobrar a los autores o a la organización que financia su investigación un importe fijo por página para cubrir el costo de producción de la primera copia de cada artículo. Este pago cubría el costo de la gestión editorial (incluida la revisión por pares), la edición y la composición del texto, las tablas y las ilustraciones. El costo restante de papel,

---

"en el principio, era la Revista Científica General. Ésta engendró a la Revista de Especialidad, ésta a la de Subespecialidad, ésta a la Revista Sobre un Solo Tema, sea por clase de compuesto, enfermedad específica o metodología. Ésta engendró a la Revista Interdisciplinaria, para unir a las especialidades que se habían separado antes: Y la comunidad científica vio que las revistas científicas estaban bien, y fueron fructíferas y se multiplicaron. Por lo que las Revistas Nacionales (británicas, norteamericanas y canadienses) engendraron las Revistas Supranacionales (por ejemplo, europea y escandinava). Las Revistas Supranacionales engendraron las Revistas Internacionales de muchos de los temas catalogados hasta el momento. Y la literatura subió de peso, se volvió ilegible, imposible de sintetizar y por lo tanto, los científicos vieron que la situación estaba mal. Por lo que crearon otras revistas para ayudarlos, y las llamaron: Revistas sobre Progreso, Revisiones, Avances y Resúmenes. Y las revistas sobre Resúmenes Generales, engendraron las Revistas de Resúmenes de Especialidad [...]".

impresión y distribución provendría de los individuos y las bibliotecas que se suscribieran a las revistas.

Este esquema fue presentado por primera vez en Estados Unidos por la Sociedad Americana de Física y el costo era inicialmente de dos dólares por página. En años posteriores, las revistas llegaron a niveles muy por encima de los cien dólares por página. A medida que se avanzó en los sistemas de diseño y composición gráfica de las revistas, llegando a la fotocomposición computarizada, y el sistema se fue digitalizando, los costos se redujeron sensiblemente.

16.2. La expansión asociada a las editoriales comerciales

Habíamos señalado que hasta la Segunda Guerra Mundial la gran mayoría de la investigación en ciencia básica, Tecnología y Medicina había sido publicada a través de las sociedades científicas, concentrándose las editoriales comerciales esencialmente en los libros de texto y difusión y en las revistas científicas destinadas a públicos de cierta masividad. Pero el notable crecimiento del sistema académico y científico impulsado en los países desarrollados generó una notable presión por publicar en ámbitos de reconocida solvencia. La gran cantidad de recursos gubernamentales asignados provocó un gran aumento en la producción de documentos de investigación junto a la continua subdivisión de las áreas tradicionales del conocimiento. Durante la segunda mitad del siglo XX los fondos asignados para la investigación superaron enormemente a los fondos disponibles para la difusión de los resultados.

Un punto central fue el papel que asumieron las revistas científicas en relación a la evaluación y la validación de la calidad de las investigaciones, aspecto decisivo en las posibilidades de avance de los investigadores en su profesión. Es que en este nivel la investigación no tiene valor si no se edita y se comunica a los restantes miembros de la comunidad científica su existencia. En este punto la edición está asociada a sistemas de arbitrajes por pares académicos que convalidan la calidad, y al peso académico reconocido a las revistas, en gran medida por los llamados "factores de impacto", temas que desarrollamos más adelante.

Las sociedades científicas no podían absorber tal nivel de demanda que requería una gran profesionalización y experiencia en el desarrollo acelerado de revistas capaces de ofrecer espacios relativamente ágiles de evaluación, publicación y distribución. Se requería tradición y crecientes capitales con visión estrictamente comercial. Este enorme espacio fue rápidamente ocupado por algunas editoriales comerciales especializadas en el negocio académico-científico.

Ya hemos analizado el gran peso de las editoriales comerciales de Alemania y los Países Bajos en la edición de revistas científicas y dos emprendimientos de antigua data, las revistas *Nature* en Inglaterra y *Scientific American* en Estados Unidos, que estaban destinadas al público académico pero también a sectores más amplios de la sociedad para, entre otras cosas, garantizar una difusión editorial que permitiera su supervivencia económica.

En Estados Unidos Academic Press percibió la oportunidad que existía en el contexto de la expansión analizada, de impulsar nuevas revistas científicas en este país. Creó así el *Jornal of Colloid and Interface Science, Virology, Experimental Cell Research* y el *Journal of Molecular Spectroscopy* que se afianzaron rápidamente.

Desde la oficina de Londres se crearon el *Journal of Molecular Biology*, *Journal of TheoTheoretical Biology* y el *Journal of Sound and Vibration Research*. Interscience de Wiley comienza a editar el *Journal of Polymer Science* y luego el *Journal of Applied Polymer Science* de gran peso en este campo. Crearon otras revistas, pero la principal fuente de expansión fue la adquisición de otras revistas consolidadas en diversos campos científicos.

Las dos grandes editoriales norteamericanas deben su fortaleza a su articulación con el sistema científico local, el más poderoso del mundo y el mejor financiado, lo que garantiza la solvencia de su demanda.

Habíamos señalado el rol de Robert Maxwell, que a la salida de la Segunda Guerra percibió la existencia de una gran cantidad de producción acumulada por el sistema científico alemán que no había sido difundido asociándose con la editorial alemana *Springer* y creando finalmente la empresa *Pergamon Press* en 1951.

Hasta la década de 1950 las comunicaciones en ciencias se hacían a través de las sociedades científicas y sus boletines internos. La rápida expansión científica generó espacio para publicaciones especializadas en campos no cubiertos por estos materiales, Pergamon Press y otras editoriales controladas por Maxwell impulsaron a estas nuevas revistas siendo muy respetuosos de la autonomía científica de sus editores para la selección del material. El crecimiento se fortaleció por la traducción y publicación de revistas soviéticas y chinas de ciencia y sostenidos avances en la edición electrónica de las revistas acompañando la utilización de las computadoras y generando software específico para la edición. Maxwell creó una gran corporación en diversas áreas de la comunicación con editoriales del prestigio de Macmillan, Mc Graw-Hill, de idiomas como Berlitz International, de periódicos como el *Daily News* de Nueva york, de publicidad y de impresión.

En 1991, Maxwell vendió Pergamon Press a la empresa holandesa Elsevier. Durante su gestión se habían publicado 7.000 artículos y creado 700 revistas científicas, de las cuales 418 fueron continuadas por el grupo Elsevier. Es importante volver a la trayectoria de este grupo, hoy de enorme peso en el manejo de las revistas científicas y los procesos de evaluación asociados.

Habíamos señalado que en el año 1880, el librero holandés Jacobus George Robbers fundó una editorial a la que llamó Elsevier en honor a la célebre familia de editores de los Países Bajos. Elsevier publicaba títulos generales y enciclopedias en holandés pero todo cambiaría cuando los nazis tomaron el poder en Alemania y los científicos de origen judío empezaron a tener dificultades para publicar sus trabajos. J.P. Klautz, director general de Elsevier Publishing Company en Amsterdam les ofreció la posibilidad de hacerlo en esta editorial, convirtiéndola en la más importante en lengua extranjera de las publicaciones científicas de Holanda en los años previos a la Segunda Guerra Mundial. Se editaban en alemán y también la editorial percibió la importancia de publicar en inglés los avances de los científicos alemanes.

M.D. Frank jugó en paralelo un papel importante en la editorial North-Holland Publishing Company, perteneciente a la Real Academia Holandesa de Artes y Ciencias creada en 1937. Antes de la guerra Frank estableció contactos con la dirección de investigaciones de los laboratorios de Philips y Frank planteó a la editorial un plan de largo plazo para la editorial, planteando su especialización en la publicación de ciencia en inglés y en alemán. Mientras el enfoque de Elsevier en 1945 y 1955 se centró en la Química y las tecnologías relacionadas, North-Holland lo hizo en la Física y las Matemáticas.

Con el inicio de la revista de investigación *Biochimica et Biophysica Acta (BBA)* en 1947 Elsevier dio un paso importante para las publicaciones científicas holandesas. Otro paso importante fue el lanzamiento de la revista *Analytica Chimica Acta*. Después de desarrollar ambas editoriales, una intensa actividad vinculada con la publicación de libros y revistas científicas, en 1970 se fusionaron. Al año siguiente adquieren el servicio de resúmenes médicos y banco de datos *Excerpta Medica*. Y el grupo resultante pasará a denominarse en adelante simplemente Elsevier. Un cambio fundamental se produce con la fusión con el poderoso grupo británico productor de papel y de revistas *Reed International* a principios del año 1993 y a denominarse el nuevo grupo Reed Elsevier Plc.

En 1970 el volumen de negocios del grupo fue de 15 millones de dólares, en el año 2000 tal cifra había crecido a mil millones de dólares. En 1973 el precio promedio de suscripción a las revistas de Elsevier era de 13.500 dólares, y en 1977 había aumentado a 32.500. A la tradicional edición de revistas de ciencias básicas en que encabeza las publicaciones a nivel mundial se sumaron revistas de Biomedicina, Agrociencias, Ingeniería, Matemáticas, Informática, Psicología, Lingüística y Economía. En el año 2000 tenía ya 1.600 publicaciones. La compra de la editorial Pergamon Press de Robert Maxwell en 1991 fue otro paso decisivo en este peso dominante, lo mismo que la compra del grupo Harcourt que dominaba la información científica en Medicina. El grupo Elsevier hegemoniza ahora a nivel mundial la literatura científica y las revistas de Medicina (2.000 solamente en este rubro). Actualmente Elsevier tiene 66 oficinas en 24 países. Para Elsevier "científico" tenía el significado más amplio y común en el continente de Europa, de "académico", en lugar de la definición angloamericana más estrecha. Así, mientras que la compañía fue editor líder en el mundo en las ciencias de la vida y en las revistas que cubren toda la gama de las Ciencias Naturales, también publica revistas de historia, derecho, economía y estadística, así como de Ingeniería y Tecnología.

La estrategia de Elsevier ha sido concentrar crecientemente la oferta de revistas científicas y bases de datos. Durante el año 1997 se adquirieron importantes bases de datos de empresas relacionadas con la Química, por ejemplo una división de *Pmsi* llamada *Bugamor BV*, y también *MDL* (*Molecular Design Ltd.*) y *ChemWeb*. A principios de 1998 se anunció la compra de la licencia sobre la base de datos *Beilstein* –de *Beilstein Informationssysteme GmbH*–, una de las mayores fuentes de información para la Química, y su interface de usuario *CrossFire*, que provee acceso a unos ocho millones de estructuras y la descripción de las propiedades químicas, las reacciones, la preparación y las citas bibliográficas.

A partir de 1980 se concentró en el mercado de idioma inglés, tanto mediante el desarrollo de su producción existente como con la adquisición de nuevas filiales americanas, que habían sido organizadas en dos grupos. Elsevier Information Systems Inc. comprendía tres filiales. El Congressional Information Service (CIS), con sede en Bethesda, Maryland, fue la primera adquisición estadounidense de Elsevier, en 1979. CIS publicaba información de fuentes gubernamentales estadounidenses e internacionales y material de archivo sobre temas académicos, en microfichas y microfilms. El Greenwood Publishing Group, con sede en Westport, Connecticut, especializada en trabajos de referencia y libros sobre las Humanidades, negocios y Derecho, e incluyó la *Praeger, Bergin y Garvey*, y huellas *Auburn House*. Elsevier Realty Information, Inc. (ERI), de Bethesda, Maryland, era una amalgama de Redi y Damar, dos empresas adquiridas en 1988. Se distribuyó información sobre la propiedad para los clientes profesionales y publicó mapas de bienes raíces de la mayoría de las principales ciudades de los Estados Unidos.

Grupo Elsevier Business Press organizó cuatro filiales. El Springhouse Corporation de Springhouse, Pennsylvania, adquirida en 1988, publicó una serie de revistas, libros y cintas de vídeo para profesionales de la salud y de la educación y las pequeñas y medianas empresas. Delta Comunicaciones, de Chicago, especializada en revistas para diversas industrias, tales como los metales modernos y Packaging Digest Gordon Publicaciones de Morris Plains, Nueva Jersey, adquirida en 1985, editaron casi 20 publicaciones de noticias de productos. Por último, el grupo de Excerpta Medica Internacional, con sede en Princeton, Nueva Jersey, como sucesora de la empresa Excerpta Medica, adquirida en 1971, publicó el exitoso Excerpta Medica Database (EMBASE), que era una compilación anual de los resúmenes de más de 300.000 artículos de literatura médica, así como otras publicaciones sobre la Medicina. En 1985, Elsevier se expandió en el floreciente negocio de los cursos y materiales educativos, en los Países Bajos y en Bélgica, a través de su filial de Elsevier Opleidingen (Elsevier Institutos de Formación). Sus otras operaciones europeas constituyeron la empresa

Pan European Publishing (Pepeo) de Bruselas Misset Editores, con sede en Doetinchem, para el mercado neerlandés de revistas especializadas; Bonaventura de Amsterdam, que publicó la revista semanal de noticias *Elsevier* y muchos otros periódicos, y Argus de Amsterdam, editor de la enciclopedia Winkler Prins Grote y otros libros de referencia en idioma holandés. En 1988 Elsevier formó una alianza con la publicación de Pearson plc, un conglomerado editorial con sede en Londres, que era propietaria del Financial Times, Viking Penguin, Longman, y varias otras compañías de medios. También en 1988 Elsevier resistió con éxito una oferta pública de adquisición por Maxwell Communication Corporation, el holding de propiedad y operado por Robert Maxwell.

Entre 1984 y 1990 los ingresos netos de Elsevier se cuadruplicaron, dado que sus directores llevaron a cabo una política de transferencia de recursos lejos de las áreas menos internacionales, menos especializadas y menos rentables (como las revistas de consumo) y los orientaron hacia la publicación científica internacional especializada y muy rentable, con un mercado que tiende a no ser muy afectado por los altibajos de la economía en general. Tan sólo en 1989, por ejemplo, Elsevier Science Publishers añadió otros 30 títulos a su lista de publicaciones periódicas.

Como resultado de la fusión de dos editoriales holandesas, Kluwer, especializada en edición escolar y profesional, y Wolters, dedicada al área fiscal, jurídica y universitaria se creó el grupo Wolters Kluwer, que adquirió en el área médica Arnette Blacwell, Chapman and Hall, Plenum, Asis International y Waverly, en la esfera jurídica, Publishing Group y Summer Press, y en el dominio de los software informáticos Financial Data Systems, Atres Software, Knowledge Point y otros en diversos países de Europa y los Estados Unidos. Reed Elsevier y Wolters Kluwer combinan las tecnologías que le otorga el dominio de plataformas virtuales de información con el dominio de la edición.

17. Los antecedentes sobre sistemas de organización de la información científica

17.1. Los estudios desde la Psicología, la Sociología y la Historia de la Ciencia

Asociada al crecimiento constante del desarrollo científico surgieron desde distintas disciplinas esfuerzos para introducir criterios para organizar la información científica. Desde la Psicología, la Sociología y la Historia de la Ciencia, y desde ramas auxiliares como la Bibliotecología y el manejo de documentación, se realizaron estos procesos en paralelo.

Los primeros esfuerzos sistemáticos para medir el desarrollo científico fueron realizados por el biólogo suizo Alphonse de Candolle, quien en 1873 publica "Histoire des sciences et des savants depuis deux siècles, d'après l'opinion des principales académies ou sociétés scientifiques". Se trata de una historia de los miembros de tres sociedades científicas, de Londres, París y Berlín, donde trata de identificar a los hombres que han hecho aportes sustanciales a los avances de la ciencia, identificando 18 factores sociales responsables de esta perfomance.

Reaccionando a este estudio, el británico Francis Galton publica en 1874 "English Men of Science". Aplica allí una encuesta a 180 miembros de la Royal Society en la que les demanda información sobre antecedentes familiares, escolaridad y las motivaciones para ser investigador. Galton trata de demostrar el peso decisivo de la herencia que hace a estas familias reproductoras de grandes hombres a través de la trasmisión directa del genio. Si bien sus estudios han sido analizados por sus consecuencias en el desarrollo de la teoría de la eugenesia, que plantea la selección artificial para mejorar la raza y que tuvo gran repercusión social y política, los temas planteados en la encuesta han mantenido actualidad en los estudios sobre los científicos.

James Mc Keen Cattell, psicólogo norteamericano que se forma como tal en la Universidad de Leipzig, Alemania, donde realiza sus estudios de postgrado, conoce a Wilhelm Wundt, del cual fue su asistente. Junto a Wundt ayuda a establecer el estudio de la inteligencia. En esa época Cattell se convierte en el primer estadounidense en publicar una disertación en el campo de la Psicología, tratando de la investigación en el ámbito de la Psicometría, trabajando con Galton los temas de diferencias individuales y de herencia.

En Estados Unidos, Cattell impulsa la difusión de la Psicometría y realiza sus primeros estudios estadísticos en 1906, año en que aparece su publicación "American Men of Science". Utiliza como indicadores del desarrollo científico la existencia de hombres de ciencia relevantes. Retiene el concepto de *productividad* de Galton asociado a los nombres de los científicos que produce una nación, una región o una universidad. También acuña el concepto de *desempeño*, definido como las contribuciones científicas significativas a la ciencia. Estos dos conceptos, productividad y desempeño, son asociados directamente a la medición de la cantidad y la calidad. Observa así una concentración geográfica en la producción de científicos, que provienen de algunos estados, algunas ciudades y algunas universidades. Al igual que Galton analiza los antecedentes familiares y señala que son favorables a la generación de científicos y recomienda apoyar la mejora en la reproducción de la especie. En sus estudios muestra por primera vez el costo de un hombre de ciencia a partir de sus salarios. Invita a los estudiantes a apreciar la calidad de los profesores universitarios al elegir las universidades. Sus estudios tuvieron importante repercusión sobre la medición de la ciencia, se comenzó a pensar en los nombres de los científicos y en sus publicaciones. De alguna forma están en el origen de la Cientometría.

Desde otra perspectiva, después de la Primera Guerra Mundial, que generó impulsos a la investigación y planteó dramáticas alternativas para el desarrollo de la humanidad, se intensificaron las especulaciones de los científicos y las fantasías de los escritores sobre distintos senderos que se vislumbraban en los bordes de la acumulación de conocimiento existente.

En Inglaterra se generaron distintas polémicas, algunas se desarrollaron en el seno de la "National Union of Scientific Workers" (Unión Nacional de Trabajadores Científicos), asociación profesional constituida en 1918, que en 1927 tomaría el nombre de Asociación de Trabajadores Científicos (Association of Scientific Workers), impulsada por los biólogos John Burdon Sanderson Haldane y Julian Huxley y el escritor Herbert George Wells (difundido como H. G. Wells). Se debatieron en su interior temas de la ciencia, con la participación de otros científicos ingleses como John Desmond Bernal y Bertrand Russell. Dada la relevancia que la ciencia había asumido durante la Primera Guerra Mundial, los investigadores planteaban crear un Ministerio de Ciencia y Tecnología, generar una política científica nacional y el planeamiento de la investigación. Con el tiempo, el liderazgo pasó a manos del físico J. D. Bernal y la polémica arrastró a epistemólogos como Michael Polanyi y Karl Popper.

En este contexto, los protagonistas se lanzaron a imaginar el futuro que prometía la ciencia. Haldane escribió *Dédalo* (1923), Bertrand Russell le respondió con *Icaro* (1924) y J. D. Bernal se propuso superar "los sueños de Dédalo e Icaro" con dos libros: *El Juicio final* (1927) y *El mundo, la carne y el demonio* (1929). Lancelot Law Whyte hizo su aporte con *Arquímedes, o el futuro de la F*ísica (1927).

La organización de los científicos europeos interesados en la problemática se materializó al concretarse el Primer Congreso Internacional de Historia de la Ciencia. El lugar en donde se llevó a cabo este evento fue el Centro Internacional de Synthèse (Hôtel de Nevers, 12, Rue Colbert, París 2). En la sesión del comité de Historia de la Ciencia se decidió establecer una comisión para organizar el II Congreso de Historia de la Ciencia, que debía tener lugar en Londres en 1931. La comisión estuvo compuesta por Charles Singer como presidente, Aldo Mieli, como secretario perpetuo del Comité, y H. W. Dickinson, como secretario del Museo de Ciencia. South Kensington fue el lugar elegido para el II Congreso. En el Consejo del Comité Internacional de Historia de las Ciencias fueron elegidos Charles Singer, Gino Loria, Florian Cayori, Abel Rey, Karl Sudhoff, Henry Sigerist y Aldo Mieli, El temario del Congreso era: 1. la enseñanza de la Historia de la Ciencia, 2. la ciencia como parte integral de la historia general, 3. las interrelaciones actuales e históricas entre Física y Biología y 4. la interdependencia entre la ciencia pura y la ciencia aplicada.

Este II Congreso adquiriría gran importancia por el impacto producido por la presencia de una gran delegación de científicos de la Unión Soviética bajo la dirección del economista Nikolai Bujarin,[31] una de las figuras centrales de la Revolución Rusa y destacado intelectual. Las exposiciones impactarían fuertemente a los científicos ingleses, especialmente en relación a sus planteos sobre la organización de la ciencia. Para comprenderlo, es necesario reseñar el desarrollo que esta temática había alcanzado en Rusia primero y en la URSS después.

A principios del siglo XX, Rusia se encontraba a la vanguardia de los estudios sobre la historia y la sociología de la ciencia. El geoquímico Vladimir Vernadskii inició esta tradición en 1893. En 1902 dio en la Universidad de Moscú el primer curso sobre la historia de la visión científica moderna del mundo. En 1921 crea el primer

---

[31] Nikolái Ivánovich Bujarin, político, economista y filósofo marxista revolucionario ruso. Principal ideólogo de la Nueva Política Económica durante la década de 1920, se opuso a la colectivización agrícola forzada. Tras haber colaborado con Stalin en la derrota de la Oposición Unificada, fue apartado del poder por éste en 1929. Reapareció en cargos menores a mediados de la década siguiente antes de ser víctima de la Gran Purga; murió ejecutado en 1938. En 1930 había perdido sus cargos en la dirección del partido y del Estado, aunque su sometimiento a la disciplina del partido le permitió continuar en el comité central, si bien no en el politburó. Bujarin pasó a un puesto secundario, el de presidente de la comisión del departamento científico y técnico del Consejo Supremo de la Economía Nacional y de ahí su participación en el Congreso de Londres.

instituto a nivel mundial sobre Historia de la Ciencia y la Tecnología dentro de la Academia de Ciencias de Rusia denominado Comisión sobre la Historia del Conocimiento. En los años 20 se desarrollan los estudios sociales denominados науковедение (*naukovedeniye*, ciencia de la ciencia) que comprenden la sociología, la gestión y la organización de la ciencia. El análisis realizado por Vernadskii sobre la evolución del pensamiento científico y la visión científica del mundo, así como sus estudios sobre la estructura de la ciencia, representan una contribución muy importante. Muchas páginas de sus obras están dedicadas a los problemas filosóficos fundamentales de la ciencia natural. Hizo hincapié en que el siglo XX es un período caracterizado por la ruptura de los conceptos básicos de la misma.

Con el fuerte apoyo del secretario de la Academia de Ciencias Sergey Feodorovitch Oldenburg, especializado en Geografía y Etnografía, que ejercía ese cargo desde 1901, se realizaron entre 1921 y 1934 encuestas estadísticas y de organización de la ciencia de gran valor. Entre las propuestas debatidas por los investigadores se discutieron reformas a las publicaciones y el mejoramiento de las operaciones de indización para mejorar los sistemas de recuperación de información, incluyendo el uso de primitivas computadoras, y el desarrollo de criterios cuantitativos para evaluar la eficacia de la investigación científica.

En 1929 la Academia de Ciencias fue directamente subordinada al control del Partido Comunista y Vernadskii fue reemplazado como director de la Comisión de Historia del Conocimiento por Nikolái Bujarin. En 1931 esta comisión se convirtió en el Instituto de Historia de la Ciencia y la Tecnología.

Volviendo al II Congreso Internacional de Historia de la Ciencia y la Tecnología, la delegación de científicos soviéticos viajó a Londres para las reuniones que se desarrollaron entre el 29 de junio y el 4 de julio de 1931, encabezada por Bujarin. Componían la delegación el físico A. F. Yoffe, director del Instituto Físico-Técnico de Leningrado, el economista Modest Yosofovich Rubinstein, el neurofisiólogo Boris Mijailovich Zavadovsky (director del Museo de Biología y del Instituto de Fisiología K. A. Timiriazev), el filósofo Arnost Kolman, el genetista Nikolai Ivanovich Vavílov (presidente de la Academia Lenin de Agricultura), el físico Wladimir Feodorovich Mitkévich y el filósofo e historiador de la ciencia Boris Mijailovich Hessen. La delegación organizó en Londres el "plan de cinco días", como lo llamó el periodista del *Manchester Guardian,* James Gerald Crowther, en el que se tradujeron todas sus ponencias al inglés y se realizó la célebre edición especial para el Congreso titulada "Science at the Cross Roads" (La ciencia en la encrucijada). La delegación estaba interesada en presentar todas las ponencias, por lo que se amplió en un día el congreso y el sábado 4 de julio se hizo una sesión especial. Los delegados soviéticos desarrollaron desde el materialismo histórico sus análisis.

Pero fue Boris Hessen el que ofreció en Londres lo que puede considerarse el primer estudio exhaustivo de historia social de la ciencia desde el punto de vista marxista. Llevaba por título *Las raíces sociales y económicas de los Principia de Newton*. Con estudios de ciencias en la Universidad de Edimburgo y numerosos trabajos sobre física, era partidario de las ideas de Deborin de que las nuevas teorías de la física tuvieran cabida dentro del materialismo histórico. Esta corriente enfrentaba a los llamados mecanicistas, que se oponían a las nuevas teorías de la Física como expresión del idealismo burgués. En 1928 Hessen publica su obra, *Ideas fundamentales de la teoría de la relatividad,* en donde realiza una síntesis divulgativa, dentro de las coordenadas del materialismo dialéctico, de las teorías de Einstein. En 1930 fue nombrado Director del Instituto de Historia de la Física de la nueva Facultad de Física de la Universidad Estatal de Moscú (MGU), y se convirtió en el primer decano de la Facultad de Física de dicha Universidad (de 1930 a 1936).

La presentación de Hessen en el Congreso tenía dos partes, una de las cuales tiene que ver con el análisis concreto, histórico, de la ciencia newtoniana, donde los problemas fundamentales girarán en torno a la cuestión del internalismo y del externalismo en la historia de la ciencia. Mientras que hay una segunda parte, en la que cuestiones sobre la concepción del materialismo dialéctico, y del materialismo histórico, conectan a Hessen con los debates políticos y filosóficos de la época que tenían lugar en la URSS. Esta es la obra fundacional de la historia de la ciencia marxista. Con este trabajo Hessen abrió el camino hacia los estudios sociales de la ciencia. Con ello, inspiró gran parte de la disciplina hoy llamada Ciencia, Tecnología y Sociedad.

Este trabajo de Boris Hessen sirvió de inspiración teórica a toda una serie de historiadores y sociólogos de la ciencia cercanos al marxismo, entre los que se destacan John Desmond Bernal, Joseph Needham, Lancelot Hogben, Benjamín Farrington, Gordon Childe, J. G. Crowther, Charles Percy Snow, Julian Huxley, P. M. Blakckett, Christopher Hill, John Haldane, S. F. Mason. Aunque autores como Merton lo consideraron un pionero, tanto los críticos como la corriente abierta por Merton convirtieron a Hessen en el Padre del Externalismo. Hessen habrá de ser desde entonces, para la historia social de la ciencia del siglo XVII y para el enfoque sociológico de la ciencia en general, un pionero indiscutible.[32]

---

[32] Tanto Bujarin como Hessen fueron asesinados durante los juicios del estalinismo conocidos como la Gran Purga de 1938 y otros de los participantes, como el genetista Vavilov, en procesos operados en los años siguientes donde las pujas científicas se dirimían en el terreno político del terrorismo de Estado. Dice Hobsbawm al respecto: "En la época de Stalin, el régimen soviético se enfrentó con la genética tanto por razones ideológicas como porque la política estatal estaba comprometida con el principio de que, con un esfuerzo suficiente, *cualquier* cambio era posible, siendo así que la ciencia señalaba que este no era el caso en el campo de la evolución en general y en el de la agricultura en particular. En otras circunstancias, la polémica entre los biólogos evolucionistas seguidores de Darwin (que consideraban que la herencia era genética) y los seguidores de Lamarck (que creían en la transmisión hereditaria de los caracteres adquiridos y practicados durante la vida de una criatura) se hubiera ventilado en seminarios y laboratorios. De hecho, la mayoría de los científicos la consideraban decidida en favor de Darwin, aunque sólo fuese porque nunca se encontraron pruebas satisfactorias de la transmisión hereditaria de los caracteres adquiridos. Bajo Stalin, un biólogo marginal, Trofim Denisovich Lysenko (1898-1976), obtuvo el apoyo de las autoridades políticas argumentando que la producción agropecuaria podía multiplicarse aplicando métodos lamarckianos, que acortaban el relativamente lento proceso ortodoxo de crecimiento y cría de plantas y animales. En aquellos días no resultaba prudente disentir de las autoridades. El académico Nikolai Ivanovich Vavilov, el genetista soviético de mayor prestigio, murió en un campo de trabajo por estar en desacuerdo con Lysenko –como lo estaba el resto de los genetistas soviéticos responsables–, aunque no fue hasta después de la Segunda Guerra Mundial cuando la Biología soviética decidió rechazar oficialmente la genética tal como se entendía en el resto del mundo, por lo menos hasta la desaparición del dictador. El efecto que ello tuvo en la ciencia soviética fue, como era de prever, devastador". (Hobsbawm, 1998: 518).

Para John Desmond Bernal, el congreso de Londres fue la primera gran confrontación de ideas ocurrida desde la Revolución de Octubre (Bernal, 1931). De hecho, la delegación rusa encontró un terreno abonado en Londres. Económicamente, estaban sufriendo las graves consecuencias de la crisis económica, no sólo desde el punto de vista del trabajo, paro masivo, etcétera, sino también por sus consecuencias en el trabajo científico, que vio mermadas las subvenciones estatales. El grupo de científicos británicos más conocido, comprometido con las ideas de izquierdas, vio en aquellas nuevas ideas una posible solución a estos problemas. Como dice Bernal, la delegación soviética dejó en el aire una importante e irreversible pregunta para todos los científicos: "¿Qué es mejor, ser intelectualmente libres pero socialmente totalmente ineficaces, o formar parte de un sistema donde conocimiento y acción vayan unidos hacia un propósito social común?"

Paralelamente se desarrollaron importantes esfuerzos en Polonia y desde 1928 se realizaron numerosas reuniones para debatir sobre *naukosnawstwo* (ciencia de la ciencia). Con este nombre María Ossoswska y Satanislaw Ossowski publicaron en 1936 el programa del grupo de científicos que trabajaba en esta temática en la revista Organon, por ellos creada. Destacaban la unicidad de la cultura científica, que era lo que posibilitaba el surgimiento de la ciencia de la ciencia. La invasión de Polonia por los nazis postergó hasta después de la Segunda Guerra la continuidad del trabajo de esta corriente científica.

Pero quien tendría un rol protagónico en el estudio social de la ciencia y una gran influencia en quienes impulsaron el desarrollo de la Cienciometría fue John D.

Bernal. En primer lugar Bernal fue un destacado científico. Tras realizar estudios en la Universidad de Cambridge y licenciarse en Matemáticas y Ciencias en 1922, se especializó más tarde en Ciencias Naturales. Continuó estudios de postgrado bajo la tutela de Sir William Bragg en los laboratorios Davy-Faraday en Londres. En 1924 determinó la estructura molecular del grafito. En su grupo de investigación en Cambridge, Dorothy Crowfoot Hodgkin dio sus primeros pasos en cristalografía, labor por la cual se le concedería el premio Nobel de Química en 1964. En 1934, Bernal y Hodgkin tomaron las primeras fotografías de rayos X de cristales proteicos.

Más tarde fue profesor de Física en Birkbeck College, parte de la Universidad de Londres, donde obtuvo un Máster y se le otorgó membresía de la Royal Society, la más antigua sociedad científica del Reino Unido. A partir de 1923 fue miembro del Partido Comunista de Gran Bretaña. Según sus biógrafos, su ideología le supuso que nunca se le otorgara el premio Nobel, aún a pesar de que varios de sus discípulos y compañeros de investigación fueron laureados.

Su libro *The Social Function of Science*, publicado en 1939, fue decisivo en la formación de los investigadores que avanzarían en la medición de los avances científicos. Bernal fue uno de los primeros estudiosos en hablar de la necesidad de una "cuantitativa ciencia de la ciencia", defendiendo la planificación de la actividad científica en la solución de los problemas sociales y planteando un cambio radical en el modelo de publicación de los artículos científicos.

Con el estallido de la Segunda Guerra Mundial en 1939, Bernal se incorporó al Ministerio de Seguridad para el Hogar, donde se reunió con Solly Zuckerman para llevar a cabo los primeros análisis adecuados de los efectos del bombardeo enemigo y de las explosiones para los animales y las personas. Su posterior análisis de los efectos de las bombas en Birmingham y Hull mostró que el bombardeo de la ciudad produjo bajos impactos y la producción sólo se vio afectada por golpes directos en las fábricas. A partir de 1942 él y Zuckerman fueron asesores científicos de Lord Louis Mountbatten, el Jefe de Operaciones Combinadas.

Fue el inventor (conjunto) de los llamados puertos prefabricados Mulberry, que se usaron en el desembarco de Normandía. Después del famoso "día D" Bernal desembarcó en Normandía al día siguiente. Su amplio conocimiento de la zona se debía a una mezcla de investigación por su cuenta en bibliotecas inglesas y al hecho de haber veraneado en el lugar. La Armada Británica le asignó transitoriamente el rango de comandante para minimizar problemas relacionados con tener a un civil a cargo de las fuerzas de desembarco.

Bernal fue un factor importante en la organización en 1946 de la Royal Society Empire Science Conference, que preparó la realización en 1948 de la siguiente conferencia que entre otros temas planteó la necesidad de un centro de reimpresión centralizado de la información científica.

John Desmond Bernal.

En 1954 Bernal afirmaba:

> Las dificultades intrínsecas para los científicos de disciplinas diferentes, son las creadas por la multiplicidad de los lenguajes utilizados y por las barreras nacionales que dividen actualmente al mundo de la ciencia. Esas dificultades han aumentado enormemente y han resultado ser cada vez peores para el desarrollo de la ciencia. Actualmente, los trabajos científicos de importancia se publican por lo menos en 10 idiomas diferentes –para no hablar sino de los idiomas más conocidos entre los hombres de ciencia–, y en unas 100.000 revistas científicas que se editan sin que haya casi coordinación entre ellas. Esta situación ha traído como consecuencia que, en muchos campos, sea más fácil encontrar un nuevo hecho o formular una nueva teoría, que saber si ya fue descubierto o establecida con anterioridad. Tal parece como si la unidad de la ciencia se estuviera rompiendo por su propio peso. [...] Pero no se trata de algo inevitable; ya que por grande que sea la cantidad de hechos

y la rapidez de su acumulación, siempre es posible encontrar la manera de ordenarlos y de publicar periódicamente una recopilación de aquellas informaciones que tengan mayor importancia en general, a la vez que se indique el modo de encontrar las que tienen un interés particular [...] Los científicos deben convencerse [...] de que es indispensable, para su propio provecho, que empleen una parte de su tiempo en la tarea de ordenar y diseminar la información; y para poder hacerlo, necesitan contar con un apoyo financiero que pueda llegar hasta el 20% del costo de la investigación. Carece de validez la idea de que es posible establecer un servicio de información que se sostenga económicamente, aunque sin producir ganancias. Únicamente los gobiernos pueden establecer y sostener servicios eficientes de información científica, debido a que se ha demostrado que son los más económicos, puesto que evitan muchas duplicaciones en la edición de publicaciones, en el manejo mecánico y en la traducción. Esta ha sido la experiencia obtenida en el mayor de los sistemas de información que existen actualmente, que es el de la Academia de Ciencias de la URSS. Ahora, cuando las relaciones científicas internacionales se encaminan hacia una atmósfera de comprensión, es bueno recordar que fue la Royal Society la que presentó la primera iniciativa seria para dotar a la ciencia de un servicio de información amplio y siempre actual, en la Conferencia de Información Científica que se efectuó en 1948. (Bernal, 1979: 467/8).

Basado en su experiencia en el sistema científico y gubernamental británico, en sus simpatías por los procesos desarrollados en la URSS, dada su explícita adhesión al marxismo, Bernal imaginaba la organización de la producción científica solo factible en el campo de la iniciativa estatal.[33] Sus simpatías con el régimen soviético

---

[33] El origen marxista de Bernal era decisivo para su visión integral sobre la relación entre sociedad y ciencia. Entre 1873 y 1886 Fredrich Engels, uno de los fundadores de esta teoría, había escrito su notable ensayo "Dialéctica de la naturaleza", que pasaba

hicieron que este país le otorgara el premio Lenin de la Paz en 1953 por sus labores internacionalistas.

Sin embargo, las ideas de Bernal permanecieron vigentes más allá de la guerra y a pesar de las tensiones entre Estados Unidos y la Unión Soviética (la llamada Guerra Fría). "La paradoja es que el bernalismo, el producto del pensamiento revolucionario en los años treinta, fue de hecho adoptado en el período de la posguerra, por capos de la industria y por ministros de gobierno [...] Hacia 1964, lo que había ocurrido fue que la tesis bernalista dura había sido abandonada, quedándose el bernalismo débil de planificación, programación, personal, dinero y equipamiento para el crecimiento eficiente. La versión dura del bernalismo parecía olvidada incluso por el propio autor. No hay que asombrarse, por tanto, de que el 'bernalismo' pudiese servir como el fundamento o la legitimación teórica para las doctrinas

---

revista al desarrollo y estado de las Ciencias Naturales. Allí ya señalaba en relación a la acumulación del conocimiento científico: "La investigación empírica de la naturaleza ha acumulado una masa tan gigantesca de conocimientos de orden positivo, que la necesidad de ordenarlos sistemáticamente y ateniéndose a sus nexos internos, dentro de cada campo de investigación, constituye una exigencia sencillamente imperativa e irrefutable. Y no menos lo es la necesidad de establecer la debida conexión ente los diversos campos del conocimiento". Merton, en sus estudios fundacionales de la sociología de la ciencia rescata los planteos de Marx y Engels sobre las interconexiones entre la ciencia y la sociedad, señalando: "Desde los tiempos de Marx y Engels hubo, desgraciadamente, pocos estudios empíricos sobre las relaciones entre la ciencia y la estructura social". En la sociología de la ciencia, como en otros campos, podemos volver provechosamente a la sabiduría del apotegma de Whitehead: "Una ciencia que titubea en olvidar a sus fundadores está perdida". (Merton, 1964: 527).

sobre políticas científicas tanto en el Este como en el Oeste". (Elzinga, 1988: 94).

Pero en relación a procesos de articulación del conocimiento acumulado, quien impactó a públicos masivos fue el biólogo, escritor y divulgador científico H. G. Wells. En 1936 propuso a la Royal Institution la creación de un banco de conocimiento mundial, un cerebro mundial (World Brain). Solicitó a los científicos que confeccionaran una Enciclopedia Mundial Permanente. Esta Enciclopedia estaría situada en una cámara central que gestionaría toda la información y luego la distribuiría a todas las bibliotecas del mundo, donde se almacenaría en microfilms. Wells estaba muy impactado por el desarrollo que se dio en la década de 1930 de la microfotografía y de ahí su propuesta: "Se acerca el tiempo en que cualquier estudiante, en cualquier parte del mundo, podrá sentarse con su proyector en su propio estudio, con toda comodidad y examinar una réplica exacta de cualquier libro o documento". Variando el soporte tecnológico Wells estaba anticipando la creación de Internet.

La idea de Wells, asociada a sus ideales del socialismo fabiano, era impulsar la difusión del conocimiento como herramienta para la paz y el progreso, y para ello había que canalizar la información que crecía en proporción geométrica. Sus propuestas fueron recogidas en el libro *World Brain*: "Esta organización enciclopédica no tendría por qué estar concentrada en un solo lugar; podría tener la forma de una red, estaría centralizada mentalmente, pero tal vez no físicamente [...] Por una parte esta organización estaría en contacto directo con todo el pensamiento original y la investigación del mundo; por otra extendería sus tentáculos informativos hasta los individuos inteligentes de la comunidad: la nueva comunidad mundial".[34]

Otro impulso relevante al desarrollo de la sociología de la ciencia fueron los estudios realizados por el destacado sociólogo norteamericano Robert King Merton (Meyer Robert Schkolnick, 1910-2003). Recogió el planteamiento de la estructura social de la ciencia, la utilidad de la ciencia, así como el desarrollo de la Cientometría y la política de ciencia y tecnología.

En 1938 Merton culmina su tesis de doctorado "Science Technology and Society in Seventeenth Century

---

[34] En el campo de la literatura estas ideas encontrarían desarrollos similares. En el cuento del escritor Jorge Luis Borges "La Biblioteca de Babel", publicado en 1941, en el que se pretendía acumular la totalidad del conocimiento mundial se señalaba: "También se descifró el contenido: nociones de análisis combinatorio, ilustradas por ejemplos de variaciones con repetición ilimitada. Esos ejemplos permitieron que un bibliotecario de genio descubriera la ley fundamental de la Biblioteca. Este pensador observó que todos los libros, por diversos que sean, constan de elementos iguales: el espacio, el punto, la coma, las veintidós letras del alfabeto. También alegó un hecho que todos los viajeros han confirmado: No hay en la vasta Biblioteca dos libros idénticos. De esas premisas incontrovertibles dedujo que la Biblioteca es total y que sus anaqueles registran todas las posibles combinaciones de los veintitantos símbolos ortográficos (número, aunque vastísimo, no infinito) o sea todo lo que es dable expresar: en todos los idiomas. Todo: la historia minuciosa del porvenir, la autobiografía de los arcángeles, el catálogo fiel de la Biblioteca, miles y miles de catálogos falsos, la demostración de la falacia de esos catálogos falsos, la demostración de la falacia de esos catálogos verdaderos... Cuando se proclamó que la Biblioteca abarcaba todos los libros, la primera impresión fue de extraordinaria felicidad. Todos los hombres se sintieron señores de un tesoro intacto y secreto. No había problema personal o mundial cuya solución no existiera: en algún hexágono."

England". Allí plantea una visión alternativa al desarrollo de la investigación científica a partir de las motivaciones de los científicos y destaca la gran influencia en el mundo de la ciencia de las diversas esferas de la vida social, particularmente de la economía y la religión. También asoció el desarrollo tecnológico que se desarrollaba fuertemente en la Inglaterra del siglo XVII a las investigaciones científicas que debían dar respuestas a los nuevos desafíos planteados. La asociación estrecha en ciencia y contexto histórico era una parte central de su planteo.

Fuertemente influenciado por las ideas de Max Weber, vinculó el espíritu capitalista y el puritanismo al desarrollo de un pensamiento racional y objetivo. Su concepción de un *ethos* científico sería la médula central de la normatividad de su teoría. "En el caso de la ciencia, Merton encontró en la publicación y la citación que certifican la prioridad del descubrimiento científico y su reconocimiento por la comunidad, la base del epónimo, la celebridad y el reconocimiento, que son las recompensas centrales de la institución de la ciencia" (Orozco y Chavarro, 2010:145). Aquí Merton introduce una asociación entre el reconocimiento externo que es una medida objetiva expresada por otros y la excelencia que es una calidad intrínseca del quehacer científico. Esta idea de que el reconocimiento traduce la calidad de la actividad científica será de gran importancia para servir de sustento a los índices que se construirán, como veremos, en los estudios de citación de revistas que se desarrollarán más adelante.

Lejos de una mirada ingenua sobre las motivaciones de los científicos, Merton señaló que los científicos

> no son ajenos a la utilidad de la ciencia, especialmente cuando son cooptados por quienes financian la investigación,

en una interacción institucional que permite o restringe la autonomía de la investigación, y que genera o no conflictos con el *ethos* científico. Así se configuran jerarquías en las estructuras sociales, y se definen roles como el de los pares evaluadores, editores o los administradores de la ciencia, que dadas unas condiciones sociopolíticas, entran en conflicto o permiten el desarrollo de disciplinas científicas y la aplicación de sus conocimientos en la solución de problemas de la sociedad (Orozco y Chavarro, 2010:145).

Prestó particular atención al uso de indicadores para el desarrollo de políticas públicas sobre la ciencia del tipo de inversión en investigación como porcentaje del PBI, número de científicos de distintas disciplinas y número de publicaciones y patentes que produce un país. "Los indicadores suministran una medida válida y confiable de las fluctuaciones en el ritmo de los descubrimientos científicos y las invenciones tecnológicas, así como de otras expresiones intelectuales y artísticas de la cultura" (Merton, 1977: 227). Entre sus numerosos aportes se destaca lo que denominó "el efecto Mateo" (aludiendo al Evangelio según San Mateo que señala que al que tiene le será dado y le sobrará, y al que no tiene le quitarán aún lo poco que posee) en la ciencia, mostrando los mecanismos por los cuales los científicos de mayor renombre tienden a concentrar las publicaciones científicas incrementando su prestigio en detrimento de los otros investigadores menos reconocidos, lo que trae consecuencias en la concentración de los recursos de investigación.

17.2. Los aportes desde la Bibliometría y el manejo de documentación

La organización del material de las bibliotecas es de vieja data. Calímaco de Cirene (310-240 a.C.), bibliotecario de la Biblioteca de Alejandría, organizó un catálogo bibliográfico de los clásicos más relevantes. El título de este trabajo que versó sobre ciento veinte libros fue "Tablas de todos los que fueron eminentes en literatura de todos los géneros", dividiendo las obras en nueve géneros: Retóricos, Legisladores, Misceláneos, Filósofos, Historiadores, Médicos, Poetas épicos, Poetas trágicos y Poetas cómicos. Aristóteles fue el primer coleccionista de libros conocido y quien enseñó a los reyes de Egipto cómo ordenar una biblioteca.

Cuando se masificó la producción de los libros, los problemas de espacio y de recursos en las bibliotecas se agudizaron. Una sugerente historia al respecto es rescatada por Báez (2013), quien cuenta que después de la disolución de la Compañía de Jesús en 1773, los libros almacenados en la casa que los jesuitas poseían en Bruselas se enviaron a la Biblioteca Real Belga, donde no había espacio suficiente para guardarlos. En consecuencia, se conservaron en una iglesia jesuita vacía. Como el templo estaba infestado de ratones, los bibliotecarios tuvieron que formular un plan para proteger los libros. Se encargó al Secretario de la Sociedad Literaria Belga que escogiera los mejores y más útiles, éstos se colocaron en estanterías en el centro de la nave, mientras que los demás se depositaron en el suelo con la suposición de que los ratones irían royendo la periferia y dejarían el núcleo central intacto.

Algunos autores señalan que el primer estudio bibliométrico fue realizado en 1917 por Francis Joseph Cole y Nellie B. Eales, zoólogos ingleses profesores de la Reading University. En él se realizó un análisis estadístico de las publicaciones sobre anatomía comparativa entre los años 1550 y 1860, según su distribución por países y las divisiones del reino animal. En 1923 E. Hulme, bibliotecario de la Británica de la Oficina de Patentes, hizo un análisis estadístico de la historia de las ciencias, lo cual constituyó un primer acercamiento a lo que se llamaría posteriormente Cienciometría. En 1927, Gross y Gross analizaron las referencias hechas en artículos de las revistas sobre Química, indizadas por *The Journal of American Chemistry Society* en 1926. Este es el primer trabajo registrado de cuenta y análisis de citaciones.

Durante la década de 1930, a partir de la profunda crisis económica, surgió la necesidad de ajustar fuertemente los presupuestos de las bibliotecas y de los centros de documentación, y ello implicó jerarquizar la importancia de estos materiales.[35] Se realizaron diversos estu-

---

[35] En 1935 el filósofo Ortega y Gasset iba bastante más allá, y reclamaba un tratamiento por los bibliotecarios de los libros que permitiera una selección imprescindible de calidad llegando incluso a plantear el control de las ediciones, lo que revela la potencia que había alcanzado la problemática. "La historia que se hará mañana no hablará tan galanamente de épocas y de centurias, sino que articulará el pasado en muy breves etapas de carácter orgánico, en generaciones, e intentará definir con todo rigor la estructura de la vida humana en cada una de ellas. Y para hacer esto no se contentará con destacar estas o las otras obras que arbitrariamente se califican de 'representativas', sino que necesitará real y efectivamente leerse todos los libros de un tiempo y filiarlos cuidadosamente, llegando a establecer lo que yo llamaría una 'estadística de las ideas', a fin de precisar con todo rigor el instante cronológico en que una idea brota, el proceso de su expansión, el periodo exacto que dura como vigencia colectiva y luego la hora de su declinación, de su anquilosamiento en mero tópico, en fin, su ocaso tras el horizonte del tiempo histórico. No podrá darse cima a toda esta enorme tarea si el bibliotecario no procura reducir su dificultad en la medida que a él le corresponde, exonerando de esfuerzos inútiles a los hombres cuya triste misión es y tiene que ser leer muchos libros, los más posibles; al natu-

dios en el campo de la Bibliometría, que es el recuento de todo lo que puede ir en una biblioteca científica y es un enfoque cuantitativo de las técnicas de gestión de la biblioteca. Se destacaron los de Samuel Clement Bradford,

> ralista, al médico, al filólogo, al historiador. Es preciso que deje, por completo, de ser cuestión para un autor reunir la bibliografía sobre su asunto previamente razonada y cribada. Que esto no acontezca ya parece incompatible con la altura de los tiempos. La economía del esfuerzo mental lo exige con urgencia. Hay, pues, que crear una nueva técnica bibliográfica de un automatismo riguroso. En ella conquistará su última potencia lo que vuestro oficio inició siglos hace bajo la figura de catalogación. Hay ya demasiados libros. Aun reduciendo sobremanera el número de temas a que cada hombre dedica su atención, la cantidad de libros que necesita ingerir es tan enorme que rebosa los límites de su tiempo y de su capacidad de asimilación. La mera orientación en la bibliografía de un asunto representa hoy para cada autor un esfuerzo considerable que gasta en pura pérdida. Pero una vez hecho este esfuerzo se encuentra con que no puede leer todo lo que debería leer. Esto le lleva a leer de prisa, a leer mal y, además, le deja con una impresión de impotencia y fracaso, a la postre de escepticismo hacia su propia obra. Mas no sólo hay ya demasiados libros, sino que constantemente se producen en abundancia torrencial. Muchos de ellos son inútiles o estúpidos, constituyendo su presencia y conservación un lastre más para la humanidad, que va de sobra encorvada bajo sus otras cargas. Pero, a la vez, acaece que en toda disciplina se echan de menos con frecuencia ciertos libros cuyo defecto traba la marcha de la investigación. ¿Es demasiado utópico imaginar que en un futuro nada lejano será vuestra profesión encargada por la sociedad de regular la producción del libro, a fin de evitar que se publiquen los innecesarios, y que, en cambio, no falten los que el sistema de problemas vivos en cada época reclaman? Me parece que ha llegado la hora de organizar colectivamente la producción del libro. Es para el libro mismo, como modo humano, cuestión de vida o muerte. No se venga con la tontería de que tal organización sería atentatoria a la libertad. La libertad no ha aparecido en el planeta para desnucar al sentido común" (Ortega y Gasset, 2005).

químico y documentalista británico, que fundó en 1927 la British Society for Internacional Bibliography (BSIB) y fue presidente electo en 1945 de la Federación Internacional de Información y Documentación. Bradford en 1934, realizó un trabajo sobre la distribución de artículos en revistas sobre Geofísica Aplicada y en investigaciones sobre lubricantes, donde presentó por primera vez lo que hoy se conoce como "ley de la dispersión de Bradford", que postula como hipótesis que la mayoría de los artículos sobre un asunto especializado podrían estar siendo publicados por pocas revistas especialmente dedicadas a ese asunto conjuntamente con ciertas revistas de frontera y algunas revistas más generales o de dispersión.

Ese núcleo de revistas especializadas que se identifican utilizando la Ley de Bradford como apoyo técnico científico al desarrollo de colecciones, debería formar parte de la colección básica de una biblioteca. Es evidente que un pequeño núcleo de revistas acumula una porción sustancial del número de artículos producidos, y que las revistas fuera del núcleo contribuyen con pequeñas cantidades de artículos. Por lo tanto, una aplicación práctica de la Ley de Bradford proporciona los mecanismos para seleccionar las publicaciones periódicas no solo más productivas sino también más relevantes para una determinada área del conocimiento.

Son importantes en Estados Unidos las iniciativas de Watson Davis (1896-1967), que fue el fundador del Instituto Americano de Documentación (IDA), el precursor de la Asociación para la Información de Ciencia y Tecnología, y un pionero en el campo de la Biblioteconomía y Documentación.

Fue editor de *Science News Letter*, la publicación de Science Service, una organización establecida por la

Asociación Americana para el Avance de la Ciencia, la Academia Nacional de Ciencias, y el Consejo Nacional de Investigación en 1920. En agosto de 1937, Watson presidió la delegación estadounidense ante el Congreso Mundial de Documentación Universal, que se celebró en París, Francia. Al igual que Wells y Bernal, Watson impulsaba el microfilm como un poderoso medio de intercambio de información: "el microfilm complementará otras formas de publicación y hará accesible material de todo tipo que no puede ahora ser impreso debido a factores económicos. Pondrá a disposición fuera de impresión a libros raros y está adaptado a la publicación de fotografías y otras ilustraciones… de esta manera el documento está perpetuamente en la impresión pero no hay un amplio stock, que consume el espacio necesario de almacenamiento, sólo el documento en sí y el negativo del microfilm del que están hechos positivos para la distribución". También propuso en esta conferencia que los periódicos se archivaran en microfilm, en lugar de ser almacenados como copias físicas.

Desde la División de Documentación del Servicio de Ciencias (DDSS), en 1936 concibe la creación del American Documentation Institute (ADI), institución sin fines de lucro capaz de servir a los estudiosos del mundo a través de las sociedades científicas, las instituciones, las bibliotecas y otras entidades a través del acceso y la aplicación de diversas técnicas de documentación.

Para ello se realizarían cinco funciones generales:

a) Un servicio de microfilm, b) un servicio de publicaciones auxiliares, c) aplicación de técnicas micro fotográficas a listados bibliográficos, d) desarrollo de métodos y equipos fotográficos en colaboración con diversos organismos y e) investigación sobre los procesos de documentación en investigación. El objetivo principal e inmediato fue el desarrollo de la duplicación micro fotográfica para actividades académicas. La tecnología del microfilm y todo lo que lo rodeaba era el eje del esfuerzo conceptual inicial.

En marzo de 1937 se convocó a destacados científicos y documentalistas en la Academia Nacional de Ciencias para crear el instituto. Los científicos apoyaron fuertemente la iniciativa pero enfrentó la oposición de destacados bibliotecarios que se oponían a la centralización de estos procesos dado que contaban en sus bibliotecas con avances sostenidos en el campo documental. A pesar de ello el Instituto (IDA) comenzó sus actividades, con Watson como Presidente, editando el *Journal of Documentary Reproduction* con información técnica para el uso de los sistemas de microfilm. Y se editó entre 1938 y 1943. En 1950 su publicación se reanudó con el nombre de *American Documentation* y en 1968 cuando la ADI cambió de nombre se transformó en el *Journal of the American Society for Information Science (JASIS)*.

En un apéndice del libro *La función social de la ciencia* de Bernal, Watson abogó por la creación de una organización que llamaba el Instituto de Información Científica, señalando: "Esta organización se ocupará de la utilización y del desarrollo de métodos de publicación, duplicación, indexación, selección y distribución de información científica y bibliográfica novedosa en la aplicación a este problema".

Mientras estos procesos se desarrollaban en Estados Unidos, retomando sus tradiciones de organización de la documentación científica, en la URSS se crea en 1952 el Instituto de Información Científica y Técnica

VINITI (*Vserossiisky Institut Nauchnoi I Tekhnicheskoi Informatsii*), como una rama de la Academia Rusa de las Ciencias. En sus inicios tuvo la tarea de recopilación de la información científica y técnica a partir de fuentes de todo el mundo, y también la función de difundir esta información a la comunidad científica soviética y de los otros países que formaban el bloque socialista.

Inicialmente, la tarea del Instituto fue la de organizar el apoyo informativo de la ciencia básica. El Gobierno reorganizó el Instituto en 1955 en que comenzó a cubrir también la ciencia aplicada. Su apertura coincidió con la "época dorada" para la investigación básica soviética fuertemente financiada para fortalecer el poder militar. El objetivo principal del VINITI era facilitar el acceso a los logros mundiales en la ciencia y la tecnología para la investigación de la URSS y de la comunidad de ingeniería. VINITI comenzó a procesar la literatura científica y la publicación de revistas con *abstracts* a partir de 1953. Sus publicaciones fueron utilizadas por una variedad de instituciones de investigación, agencias de diseño y las empresas industriales.

Durante tres décadas (1957-1986), el Instituto estuvo encabezado por el Profesor Al Mikhailov, destacado erudito, considerado como uno de los fundadores de la escuela soviética de ciencias de la información. Se las arregló para atraer a muchos estudiosos para que participen en las actividades del Instituto. Muchas generaciones de profesionales de la información y los bibliotecarios crecieron leyendo sus libros publicados en coautoría con el Profesor Al Cherny y el Profesor R. S. Gilyarevskii.

A pesar de estas visiones e iniciativas gubernamentales, los procesos de centralización de la información científica demandados por la comunidad académica, vendrían de iniciativas privadas. Semejante situación sólo podía desarrollarse en el país donde éstas tenían una alta legitimidad en las prácticas gubernamentales, y una estrecha relación con el desarrollo de la ciencia y la tecnología: en los Estados Unidos.

18. El debate en Estados Unidos sobre la organización de la información científica

Como hemos señalado más arriba, el lanzamiento del satélite Sputnik por la Unión Soviética causó una gran conmoción en el mundo occidental. En Estados Unidos, la mirada se posó nuevamente sobre la capacidad de la comunidad científica para afrontar los desafíos planteados, en una carrera científico-militar que se veía como central para el dominio del espacio aéreo. Parte de este debate se dirigió a cómo lograr la sistematización de la información científica. Hasta ese momento la accesibilidad a la misma se había confinado al mundo de la bibliotecología. La nueva situación transformó lo que era una crisis de los bibliotecarios por no poder organizar adecuadamente la creciente información científica, en un problema de crisis nacional de información.

Se conforma entonces un comité de asesoramiento al Presidente (President's Science Advisory Committee, PSAC), que en 1958 elabora un informe llamado "Mejorando la disponibilidad de información científica y técnica en los Estados Unidos". El informe denominado Baker, por su presidente, William Baker, fue limitado. Después de un importante debate se resolvió no adoptar un sistema centralizado de información científica como el existente en la Unión Soviética (el VINITI, Instituto de Información Científica y Técnica) que John D. Bernal había ensalzado en su momento y se recomendó investigar la aplicación de métodos mecánicos y técnicos para procesar la información.

En 1963, un nuevo "Panel on Science Information" se creó para avanzar en estos temas. Es importante apreciar su composición. El presidente fue el experto nuclear Alvin Weinberg, director del Oak Ridge National Laboratory.[36] Otros miembros fueron: William Baker, presidente del comité de 1958 por Bell Telephone Laboratories; Karl Cohen, General Electric Company; James Crawford Jr., editor del Journal of Applied Physics; Louis Hammett, Columbia University; A. Kalitinsky, General Dynamics Astronautics; Gilbert King, IBM Research Center; William Knox, Esso Research & Engineering Company; Milton

---

[36] Creado como una parte del Proyecto Manhattan en 1943, el Oak Ridge National Laboratory se fundó durante la Segunda Guerra Mundial cuando los científicos estadounidenses temían que la Alemania nazi desarrollaría rápidamente una bomba atómica. Construido por el Cuerpo de Ingenieros Militares de los Estados Unidos en menos de un año en un terreno agrícola aislado en las montañas de East Tennessee, Oak Ridge se convirtió en una "ciudad secreta" que en el plazo de dos años albergó a más de 75.000 residentes. El objetivo del Proyecto Manhattan era separar y producir uranio y plutonio para su uso en el desarrollo de un arma nuclear. Trabajando con nombres ficticios en el reactor de grafito de X-10, Enrico Fermi y sus colaboradores desarrollaron la primera reacción nuclear sostenida mundial, que condujo a la bomba atómica que finalizó la guerra. La implicancia del ORNL con las armas nucleares se acabó con el fin de la guerra fría. Los conocimientos científicos del Laboratorio se cambiaron en los años 1950 y 1960 en investigación pacífica en Medicina, Biología y Física. Desde 1943 Weinberg trabajó en este instituto, transformándose luego en su presidente.

Lee, Federation of American Societies for Experimental Biology; John Tukey, Princeton University and Bell Telephone Laboratories; Eugene Wigner, Princeton University; Jay Kelly, Office of Science and Technology, Executive Office of the President.

La presencia en el mismo nivel de las empresas privadas, el gobierno y el mundo académico refleja acertadamente la articulación que es permanente en todos los sistemas burocráticos del país con resultados importantes en materia de confluencia de los intereses públicos y privados. Veremos que ello tendrá importancia en la forma de organización de la información científica que se plasmará.

En el curso de veinte años, la naturaleza de la crisis en la información científica cambió del control bibliográfico de los bibliotecarios, a un problema del científico individual tratando de hacer frente al creciente volumen de literatura, y luego a una crisis de identidad de la ciencia en general. En el prólogo del nuevo informe de la PSAC de 1963, el Presidente John F. Kennedy escribió que la ciencia se había convertido en una necesidad nacional.

Allí se señalaba que: "La ciencia y la tecnología pueden prosperar sólo si cada científico interactúa con sus colegas y sus predecesores, y sólo si todas las ramas de la ciencia interactúan con otras ramas de la ciencia; en este sentido, para ser eficaz, la ciencia debe permanecer unificada. Las ideas y datos que son la esencia de la ciencia y la tecnología se manifiestan en la literatura; para ello la literatura debe unificarse para hacer viable su utilización. Sin embargo, debido al enorme crecimiento de la literatura, existe el peligro de fragmentar la ciencia en una masa de descubrimientos repetitivos, o peor aún, en especialidades que ya no se reconocen entre sí. Esta es la esencia de la 'crisis' de la información científica y técnica". (PSAC, 1963).

La relevancia del comité estaba asociada a la presencia de su director, Alvin Weinberg. Después de su larga experiencia en el desarrollo nuclear un artículo suyo publicado en 1961 en *Science* popularizó el término "Big Science". Esto fue una respuesta al discurso de despedida de Dwight D. Eisenhower, en la que el presidente saliente EE.UU. advirtió contra los peligros de lo que él llamó el "complejo militar-industrial" y el potencial de la "dominación de los estudiosos de la nación por el empleo federal, la asignación de proyectos, y el poder del dinero". Weinberg comparó la empresa a gran escala de la ciencia en el siglo XX con las maravillas de la civilización anterior (las pirámides, el palacio de Versalles):

When history looks at the 20th century, she will see science and technology as its theme; she will find in the monuments of Big Science —the huge rockets, the high-energy accelerators, the high-flux research reactors— symbols of our time just as surely as she finds in Notre Dame a symbol of the Middle Ages [...] We build our monuments in the name of scientific truth, they built theirs in the name of religious truth; we use our Big Science to add to our country's prestige, they used their churches for their cities' prestige; we build to placate what ex-President Eisenhower suggested could become a dominant scientific caste, they built to please the priests of Isis and Osiris.

El artículo de Weinberg era crítico con la forma en que la era de la Gran Ciencia podría afectar negativamente a la ciencia y planteó limitar la Gran Ciencia al sistema nacional de laboratorios, previniendo de su incursión en el sistema universitario. El gran poder de los científicos en alianza con la burocracia militar y las empresas proveedoras alcanzada durante la guerra preocupaba a estos círculos dirigentes de Estados Unidos.

Una de las recomendaciones del comité fue el desarrollo de una nueva herramienta, el índice de citas, dado que las formas tradicionales de hacer disponible la literatura para el científico estaban en situación de colapso, y por la tradición norteamericana de evitar la centralización y control estatal de estos procesos, se evitó también seguir el camino desarrollado por la Unión Soviética.

Formaba parte del mismo el genetista Joshua Lederberg (premio Nobel), que tendría un papel muy destacado en el tema, como veremos más abajo.

Esta década muestra importantes esfuerzos de los países desarrollados en que la ciencia y la tecnología se convierten en objetivos permanentes de las políticas públicas. Es la etapa de la creación, institucionalización y crecimiento de los organismos dedicados a la producción de estadísticas de la ciencia y de estudios técnicos para informar a los gobiernos sobre estas actividades. Se generan así manuales que establecen la metodología para estos estudios como el Manual de Frascati producido por la Organización para la Cooperación y el Desarrollo (OCDE) en 1962.

19. La cultura de la citación

19.1. Los índices de citas de Frank Shepard

La utilización de índices de citas se origina en los Estados Unidos en el campo de la abogacía. En la segunda mitad del siglo XIX el vendedor de una editorial jurídica, Frank Shepard, de Illinois, desarrolla un sistema de papeles engomados con las listas de los casos asociados al proceso judicial en curso. Dichos papeles contenían las citas de los casos resueltos en el sistema judicial y se pegaban a los expedientes para facilitar su búsqueda y citación. El mismo tiene gran éxito y en 1873 Shepard crea una empresa comercial, Shepard Citaciones Inc., con gran repercusión en distintas ciudades del país. La editorial Springs, con un equipo de abogados altamente calificados produjo el Citator de Shepard, que cubre todas las decisiones judiciales en los Estados Unidos y son vitales para fundamentar los argumentos de las partes. Esto es debido a la doctrina de "stare decisis", que significa que todos los tribunales deben seguir los precedentes establecidos por los tribunales superiores y cada tribunal generalmente también se rige por sus propios precedentes, que deben mantenerse vigentes. Y para eso el uso de las citas de Shepard se torna imprescindible. Su uso se hizo tan popular que su apellido fue usado para indicar el procedimiento de búsqueda, el *Shepardize.*

El procedimiento de búsqueda es simple. En primer lugar, el abogado encuentra un caso similar por su lado, luego revisa el Citator de Shepard para ver si los casos posteriores habían citado a dicha sentencia. Se ve de inmediato si el precedente seguía siendo válido y que otros casos habían hecho uso de ella. Shepard pasó a manos de Reed Elsevier y The Times Mirror Company el 3 de julio de 1996.

Se trata del ordenamiento jurídico de un Estado donde la más reciente decisión del más alto tribunal hace válidas sucesivas sentencias y esta modalidad de indexación de citas está perfectamente vinculada con este sistema de valores. No se puede imaginar un contraste mayor con la crítica científica supuestamente despiadada y libre. Sin embargo, este estilo de indexación jerárquica sirvió como el modelo de ordenamiento de la citación en la ciencia, como veremos.

Después de retirarse de la empresa Shepard, su vicepresidente William Adair lee en un periódico en 1953 un artículo que afirma que el mundo científico "estaba siendo inundado en un mar de la literatura". Era un informe sobre el Primer Simposio sobre Métodos de Máquinas en Documentación Científica organizado por el Proyecto de Indexación Welch Médica en la Universidad John Hopkins en Baltimore. El mismo había sido patrocinado por la Biblioteca Médica del Ejército desde 1948 y la tarea principal del proyecto era encontrar si las máquinas se podrían utilizar para mejorar la eficiencia de indexación y la recuperación de la literatura médica, y si es así cómo. Adair decidió escribir una carta al director del proyecto donde le señalaba "si todo el cuerpo de la ley americana se puede clasificar de modo que el conocimiento de un caso puede ser utilizado como una clave para localizar todos los otros casos en el punto, lo mismo puede ser hecho con artículos médicos". Adair ofreció su experiencia: "Me he retirado de Shepard y ahora estoy libre de emprender y organizar un proyecto de este tipo". La respuesta le llegó de un joven miembro de veinticinco años de edad de la plantilla, llamado Eugene Garfield: "no tenemos una posición laboral disponible para usted".

19.2. El rol de Eugene Garfield y del Institute for Scientific Information (ISI) en la entronización de la citación las revistas científicas como el principal instrumento de medición de la calidad de la investigación[37]

19.2.1. Los comienzos

Eugene Garfield.

Garfield no sabía nada acerca de la indexación de citas. Nacido el 16 de septiembre de 1925, en 1949 obtuvo un Bachelor Science en Química en la Columbia University. Escribió a Adair que su sugerencia sería investigada, pero desechó su iniciativa. La trayectoria de

---

[37] Para este tema y las referencias sobre Adair hemos extraído generosamente información de la notable tesis doctoral de Paul Wouters "The Citation Culture" por su acceso a través de entrevistas con todos los actores del proceso y a la correspondencia entre los mismos relacionada directamente con la creación del ISI. La interpretación de cómo Garfield fue adaptando su argumentación para justificar las estrategias metodológicas plasmadas en el accionar del ISI en relación a su impacto en la comunidad científica y en el mundo de los negocios de la información corre exclusivamente por nuestra cuenta.

Garfield es típica de los emprendedores norteamericanos que articulan distintas iniciativas empresariales con su capacitación y desarrollo personal. Comenzó con actividades vinculadas con su profesión de químico, pero percibió rápidamente la importancia de la bibliotecología y del procesamiento de la información científica, fue redactor, editor, productor de bases de datos y un importante comunicador de la utilización de los indicadores en la ciencia. Sus intereses coincidieron con un momento donde la gran expansión científica producida después de la Segunda Guerra Mundial demandaba análisis sobre el desarrollo de la ciencia, la priorización en la asignación de recursos y la necesidad de instrumentos de sistematización en el exponencial crecimiento de los artículos científicos.

Sus experiencias laborales lo llevaron casi de casualidad hacia estos temas. En 1951 comenzó a trabajar con el Proyecto de indexación en la Biblioteca Welch de Medicina de la Universidad Johns Hopkins para mejorar la lista de la literatura médica (más tarde llamado Index Medicus), utilizando los métodos de la máquina de compilación. Fue aquí donde Garfield percibió el gran potencial de las máquinas para el manejo de grandes archivos de información. Utilizó para ello la máquina de clasificación IBM 101 de tarjetas perforadas que había sido codificada para la preparación de índices impresos.

Con una beca Grolier logró cursar sus estudios en la escuela de bibliotecología de la Universidad de Columbia. Después de interiorizarse sobre sistema de citas Shepard en la Biblioteca Pública escribió un ensayo sobre este como parte de su Maestría en Bibliotecología en la misma universidad, donde se recibió en 1954.

Al ser despedido Garfield del proyecto se unió como consultor en documentación procesada mecánicamente a la compañía farmacéutica Smith, Kline y French. Estaba centrado en los posibles usos de las computadoras, pero su experiencia en el proyecto de documentación y sus estudios en Bibliotecología confluyeron en la dirección de organizar la documentación y percibió la relevancia de la experiencia desarrollada por Shepard. Retomó entonces contacto con Adair para trabajar conjuntamente la temática.

Pero el momento intelectualmente decisivo en relación a la generación de un sistema de organización de parte de la producción científica agrupada en revistas, se plasma en 1954 cuando presenta el trabajo "Association-of-ideas techniques in documentation: Shepardizing the literature of science" en el Research Information Center, National Bureau of Standards. Señala allí que hace algún tiempo se empezó a preocupar por la elaboración de un código de citación para la ciencia. Allí presenta criterios de codificación de la información, donde sería clave poder identificar rápidamente a todos los artículos originales que se habrían referido al artículo elegido para su análisis. De esa forma sería posible evaluar la importancia de un trabajo en particular y su impacto en la literatura y el pensamiento de la época. Tal factor de impacto ya había sido utilizado previamente por otros autores para intentar medir la importancia relativa de las revistas científicas (Gros y Gross, Estelle Brodman).

Garfield señala que lo que se intenta es que mediante estos métodos los autores podrían determinar fácilmente lo que otros autores hacían en relación a su trabajo, facilitando la comunicación entre los científicos. Destaca que en ese momento en la última edición de la Lista

Mundial de Revistas Científicas figuraban 50.000 títulos en ciencia y tecnología, pero que la cobertura completa no necesariamente es un argumento a favor del análisis, sino que un proceso selectivo es mucho más pertinente porque conduce a lo principal del avance científico en el área, según los criterios de la propia comunidad científica. Lo que Garfield planteaba es que el enfoque de la citación hace que el uso de las referencias del autor en la elaboración del índice de citas determina que en forma agrupada se utiliza un ejército de indexadores, cada declaración, cada referencia se asemeja a un índice de entrada superpuesto con la función de la evaluación y la interpretación.

19.2.2. Las objeciones metodológicas de William Adair

Adair no mostró inicialmente entusiasmo por la propuesta de Garfield ni tampoco encontró eco en la compañía de Shepard que había dejado laboralmente. La principal objeción tenía que ver con dos puntos esenciales. Primero el gigantesco tamaño de la literatura científica que aún reduciéndolo a las revistas hacía inmanejable semejante masa de artículos. La segunda objeción, era aún más profunda. El índice de citación de Shepard se basaba en los fallos de los tribunales organizados temáticamente y con un orden cronológico donde se aceptaba que los fallos recientes y de estamentos superiores eran los válidos. Además de esta selección, quienes organizaban esta información eran los abogados especializados de la empresa que trabajaban en una sola disciplina. No podía imaginar que ello fuera posible para múltiples disciplinas de una gigantesca cantidad de revistas ni como se podría acotar de alguna forma semejante masa de material. Tampoco como se haría además con las limitaciones que todavía tenía el campo de la informática para procesar la información. Finalmente, después de hacer una experiencia de procesamiento utilizando las computadoras disponibles en la época para el campo de la Ingeniería, Adair se reforzó en su idea de los costos gigantescos que implicaría ampliar la propuesta al conjunto de las disciplinas.

En Adair era claro que la experiencia de Shepard y su éxito se apoyaba en la selección cualitativa del material por expertos en la propia disciplina, jurídica en este caso. Sólo podría avanzarse reduciendo drásticamente el universo de revistas a considerar y dejando de lado las diferencias cualitativas entre las disciplinas.

19.2.3. Garfield avanza hacia la organización cuantitativa de la información científica

Las objeciones de Adair eran absolutamente válidas pero Garfield avanzaría con gran tenacidad en definir un sistema de organización de la información científica acotado estrictamente a este propósito. Lo que fue interesante como comienzo de un sistema de este tipo, tuvo consecuencias relevantes sobre un objetivo ni siquiera imaginado inicialmente, que fue la deformación del sistema mundial de evaluación de la ciencia y de los científicos. Veamos la historia.

En 1954 Garfield formó su propia compañía, DocuMation Inc., que luego tomó el nombre de Eugene Garfield Associates. Una de sus primeras iniciativas fue la de presentar una propuesta formal para utilizar un sistema de indización de citas (que él llamaba "shepardizing") a la Oficina de Patentes. Garfield percibe que las patentes formaban una parte muy importante de la literatura científica y descubre que en la descripción de las patentes no aparecían los antecedentes de las patentes citadas ni ninguna referencia de la literatura citada. Esta iniciativa era funcional también a los abogados de patentes que debían viajar a Washington para encontrar la información señalada. No obtuvo respuestas positivas a pesar de que Adair le comentara que ya el abogado de patentes Harry Hart de Bell Telephone le había comentado si Shepard no podía aplicar su sistema a la identificación rápida de las patentes y que en 1949 Arthur Seidel de la Gulf Oil Company publicó la misma idea en la Revista de la Sociedad de la Oficina de Patentes. La burocracia que la dirigía no fue sensible al pedido, quizás porque ello disminuía su poder, que era la capacidad de control directo de los expedientes.

La idea de que era posible hacer un índice de citas muy acotado en relación a la inmanejable cantidad de revistas científicas dado la tecnología y recursos disponibles, era muy audaz y exigía propuestas difíciles de sostener. ¿Quién determinaría recortes que dejarían fuera del campo de análisis a la gran mayoría de las revistas científicas del mundo, editadas por otra parte en muchos idiomas diferentes? La tenacidad de Garfield en defender la relevancia del método de la citación para ordenar el acceso a la producción científica, inclinaría a su favor también la opinión de Adair. En 1955 éste publicaría el siguiente artículo que relataba la experiencia "shepardiana" y abría puentes hacia la utilización metodológica en los proyectos de Garfield sobre el ordenamiento de la ciencia:

> Con el fin de aclarar el alcance y el propósito de este artículo, tal vez sea bueno explicar que el escritor fue durante muchos años el Vicepresidente Ejecutivo de la Frank Shepard Company, editores de Citaciones de Shepard, un sistema de investigación jurídica que se utiliza con gran éxito por abogados y juristas hace más de tres cuartos de siglo. En

el curso de su actividad ha visto peticiones ocasionales de información y asesoramiento de los miembros de las profesiones médicas y de ingeniería en cuanto a si dicho sistema no puede ser utilizado en su especialidad. Desafortunadamente nadie conectado con la Compañía Shepard tuvo el tiempo para entrar en estas cuestiones a fondo. Se estima que este artículo que describe las funciones de las citas en la profesión legal puede indicar a aquellos más familiarizados con la literatura médica o ingeniería, si las citas podrían ser utilizados por el investigador en estas profesiones para orientar su camino a través de la masa laberíntica actual de materiales impresos.

Es necesario conocer primero que Citaciones de Shepard es un medio de investigación secundario. El abogado al informar un caso debe citar autoridades para respaldar sus argumentos. Así que es necesario que el tribunal reciba por escrito sus opiniones. Esto se debe a la doctrina del "stare decisis", que significa que todos los tribunales deben seguir los precedentes establecidos por los tribunales superiores y cada caso normalmente también sigue sus propios precedentes. Estas autoridades, por supuesto, son los casos anteriores, y la cita de los casos es necesaria [...] Sin embargo, el abogado, debe asegurarse de que sus autoridades siguen leyes actualizadas, es decir, que el caso no ha sido revocado, revisado, limitado o distinguido de alguna manera que hace que ya no sea útil como un antecedente válido. Aquí es donde el uso de citas de Shepard entra en juego.

Un caso de derecho siempre es referido por volumen y número de página de los informes en el que aparece. Así 301U.S.356 es una referencia al caso descrito en el Volumen 301 de la Corte Suprema de los Estados Unidos que informa en la página 356. Cuando un caso se informa de forma permanente, su referencia se convierte en fijo para todo el tiempo futuro. Del mismo modo los estatutos son referidos por el capítulo y la sección numerada, a veces en el artículo, el capítulo y el número de la sección de la publicación en la que aparecen. Así capítulo 16 Sec.24 N.J.R.S. se refiere al capítulo 16 sección 24 New Jersey Estatutos Revisados. Estas referencias permanentes se utilizan en los volúmenes impresos de Citaciones de Shepard. Ahora, el abogado que desee localizar uno o varios casos de su autoridad, en primer lugar debe utilizar un compendio, enciclopedia u otros medios de la investigación original para obtener sus casos iniciales. Utiliza un índice para hacer esto. Suponiendo que encuentre uno o más casos apropiados reforzar su autoridad, ahora se refiere a Shepard para el propósito de probar sus casos para ver si están en buenas condiciones. Al observar el mismo volumen y número de página en Shepard, encontrarán que aparece allí en virtud de todos los casos posteriores hasta en la fecha que se han citado como autoridad. Si se ha revertido o anulado, este hecho será mostrado por una abreviatura, como 'r' o 'a' delante del número del volumen [...] Los abogados y los jueces han dicho que el escritor con experiencia en su práctica han ganado más importantes demandas por el uso de Shepard que por ningún otro método de investigación divulgada. La sorprendente eficacia del método de la citación es tal que una vez que se encuentra el caso de inicio o de estatuto, se convierte en una llave que abre toda la estructura de la ley sobre un punto dado. Esta función, al parecer, sería de gran utilidad en otros campos. Un artículo sobre cualquier tema científico sería la clave de todos los demás. Se puede objetar que un índice exhaustivo haría lo mismo. Eso sucedería si la mente de los compiladores y usuarios, trabajaran de la misma manera. Incluso entonces, la gran cantidad de títulos, sub-títulos, referencias cruzadas, etc hacen que el índice más hábilmente compilado sea difícil de utilizar con el propósito de agotar un tema. El índice es necesario para empezar. Pero nunca puede ser el ahorro de tiempo que produce el sistema de citación La mayoría de todos los abogados están de acuerdo en esto. El índice representa la opinión del compilador en cuanto adonde cualquier tema debe ser encasillado. La lista de citas está determinada esencialmente por los autores, es decir, los tribunales.

Otra objeción podría ser que mientras que los casos legales y los estatutos tienen referencias estándar, los artículos científicos no los tienen. Este proceso suele generar una dificultad, pero no es insuperable. Shepard cubre muchos

comentarios y publicaciones jurídicas y algunas publicaciones especiales, tales como la Revista de la Sociedad de la Oficina de Patentes. Estos se dan con abreviaturas y una tabla de abreviaturas se muestra en la parte frontal de los libros. La enorme cantidad de literatura científica es otro obstáculo. Parecería, sin embargo, que esto puede ser atendido mediante la división de la esfera de la ciencia por la amplia temática como la Química o la Medicina, y limitando el número de años que abarca.
Más importante que esto es la pregunta de ¿cuánto escritores sobre temas científicos citan otros autores y artículos? El escritor debe asumir que lo hacen en gran medida ya que de lo contrario no tendría mucho sentido en las solicitudes de los sistemas de citas antes mencionadas. Probablemente no hay ningún campo del conocimiento humano más integral que la ley. Toca todos los ámbitos de la actividad humana y sus alcances son prácticamente ilimitados. Cada caso que se haya decidido en un tribunal de registro es una parte de ello. Un caso, no importa la edad, puede proporcionar a un abogado el argumento de que necesita. Por lo tanto Citaciones de Shepard abarca todos los casos reportados que se haya decidido en este país, así como todos los estatutos que se haya pasado por el Congreso o las diversas legislaturas estatales. El volumen de la literatura en un área particular del conocimiento científico puede ser más grande que esto, pero puede que no haya la necesidad de ir tan atrás en el tiempo. Si la capacidad de comenzar con un cierto artículo científico y por medio de una cadena de citas, para levantar todos los artículos sobre el mismo tema sería de valor para el investigador en cualquier campo científico, un sistema de citas parece ser el camino para hacerlo. Para terminar, debo reconocer al Sr. Eugene Garfield, Editor Asociado de Documentación Americana por cuya sugerencia este documento ha sido escrito y quien ha expresado un gran interés en la cuestión, y ha preparado un documento más detallado sobre las consecuencias y la aplicación del sistema de citas aplicado a la documentación científica. (American Documentation 6, 1955: 31-32).

Avalado por este trabajo, dado que detrás estaba la enorme experiencia de las citaciones Shepard de gran prestigio en EE.UU., Garfield publica en julio de 1955 su trabajo de 1954 en la revista *Science* con el nombre de "Citation Indexes for Science. A New Dimension in Documentatio through Association of Ideas". Por pedido de los directivos de Shepard eliminó el término "shepardizing". Garfiel pensó en el índice como un conjunto ordenado de números. Cada artículo sería representado por un código de dos partes, la primera referida a la revista y la segunda al artículo. Debajo de cada artículo citado los artículos que citan se imprimirían con una clasificación de una letra. Garfield describe el proceso de producción con tarjetas perforadas subrayando que personas poco calificadas pueden llevar a cabo la codificación y el archivo. Inicialmente Garfield argumentó la utilización del índice en términos históricos. "Sería particularmente útil en la investigación histórica, cuando uno está tratando de evaluar la importancia de un trabajo en particular y su impacto en la literatura y el pensamiento de la época. Este 'factor de impacto' puede ser mucho más indicativo que un recuento absoluto de la cantidad de publicaciones de un científico" (Garfield, 1955: 109).

Garfield señala que John D. Bernal había planteado la necesidad de una cámara central de compensación de artículos científicos que permitiera abastecer regularmente de artículos a los científicos. La propuesta era excelente en su simplicidad, pero su ejecución era compleja. Sin embargo, una reimpresión de artículos con un plan de distribución basado en el principio del Citation Index podría superar esta dificultad.

En 1955 comenzó a publicar en forma muy modesta *Current Contents*, que contenía las páginas de contenidos de revistas de distintas disciplinas. Su vocación central estaba definida y comenzó a ser conocido en el ambiente científico. Garfield esperaba una respuesta positiva a los artículos de Adair y al suyo, pero los expertos en documentación científica descalificaron su iniciativa.

En enero de 1956 Garfield presentó un proyecto a la National Science Foundation solicitando 50.000 dólares para determinar la información requerida por los científicos mediante procedimientos de indexación computacionales. Este fue rechazado, señalándole que no era política de la organización apoyar pedidos de empresas privadas en relación al tema de la documentación científica y que sería mucho mejor que el proyecto lo presentara, por ejemplo, la Universidad de Pennsylvania.

Garfield preparó un índice de citas del Antiguo Testamento que presentó en 1956 al Instituto de

Documentación de América. Allí incorporó una nueva idea interpretativa sobre la indexación de citas. Señaló que hay dos enfoques posibles para los indexadores. En el primero se limitan a recoger todas las citas formales indicadas en el texto. Un segundo enfoque sería la indexación de citas interpretativas basadas en la materia descripta en el texto del propio indizador, que puede ofrecer citaciones que se han publicado en otra parte. Este tipo de indexación interpretativa permite ser comparada con la exégesis.

Pero finalmente llegarían repercusiones de su artículo de 1955 publicado en *Science*. En enero de 1957, Garfield recibió el primer apoyo serio de un científico. El genetista Gordon Allen le escribió señalando que desde la aparición del artículo había esperado con interés saber cómo había evolucionado la construcción del índice de citas y que había instado a la Sociedad Americana de Genética Humana para tomar alguna iniciativa al respecto.

En 1957 National Science Foundation (NSF) emitió una declaración que parece haber sido el resultado de una audiencia del Congreso en el que un congresista preguntó a NSF por qué no "shepardizaba" la literatura científica. Como resultado la NSF publicó una declaración de que estaba considerando la investigación de "un método propuesto similar en algunos aspectos a las citaciones de Shepard, un método respetado en el campo de la ley, que nunca se había intentado en las ciencias". Garfield remitiría entonces un nuevo proyecto. Este volvería a ser rechazado pero la NSF argumentaría que el tema interesaba fuertemente pero que se requería la participación y el aval de una sociedad científica específica.

Garfield tomó el rechazo a su proyecto como una negativa rotunda, demostrando una vez más la incapacidad del NSF para hacer frente a la problemática. Pero no se detuvo. En noviembre, hizo su petición de un "índice unificado para la ciencia" en la conferencia sobre la información científica de la Academia Nacional de Ciencias (Garfield, 1959). En esta presentación insistió en la idea de integrar el conocimiento científico.

En 1958 Garfield había tenido su primer encuentro profesional con el destacado filósofo inglés de la ciencia John D. Bernal. Bernal, como hemos visto, fue uno de los primeros estudiosos en hablar de la necesidad de una "cuantitativa ciencia de la ciencia", defendiendo la planificación de la actividad científica en la solución de los problemas sociales y planteando un cambio radical en el modelo de publicación de los artículos científicos.[38]

Garfield planteaba la necesidad de un enfoque unificado y estandarizado para búsquedas en la literatura científica. Debería tener los siguientes elementos:
1. Una única lógica para todas las búsquedas bibliográficas.
2. Normalizar la nomenclatura, en particular en las áreas de solapamiento entre los servicios de indexación existentes.

---

[38] En el año 2007, en una ponencia sobre la influencia de Bernal en la gestación del World of Sciences y en los sistemas de citación, Garfield destaca la gran influencia que tuvo en su formación el libro *La función social de la ciencia* y que en 1942 se discutía con mucha fuerza en la Universidad de Colorado. Que al ingresar al proyecto de la Biblioteca Médica Welch retomó el impacto de las ideas de Bernal, destacando su rol en la Conferencia Información Científica de 1948, explicitando que "El acta de la conferencia se convirtió en una biblia para mí como investigador en ciernes, en particular su idea de un centro de reimpresión centralizado estuvo en mis pensamientos cuando por primera vez imaginé el todavía no existente ISI en 1955."

3. La provisión de información para la indexación detallada no era posible en los índices de la especialidad. Un aumento en el número de entradas de análisis por artículo sería económicamente e intelectualmente más factible.
4. Eliminación de todas las dudas sobre si los artículos individuales habían sido indexados por los índices de especialidades, sobre todo en temas interdisciplinarios donde la selectividad ejercida por los índices de especialidad es necesariamente arbitraria. La cobertura completa de artículos se convierte en una posibilidad práctica.
5. La utilización económica de máquinas para la elaboración de los índices.
6. Producción y distribución de los índices científicos ampliando el número de usuarios potenciales. La producción en masa es el mejor método conocido para reducir los costos del producto. (Garfield, 1959).

A los esfuerzos de Allen se sumó el genetista Joshua Lederberg, que era miembro de un panel del National Institutes of Health (NIH) del gobierno norteamericano que trabajaba sobre la información científica. Durante una de esas reuniones, se recordó el artículo de Garfield en *Ciencia* y se decidió escribirle. Garfield discutió el índice de citas en la NSF y el NIH. Él también tenía un amplio debate con Allen acerca de cómo mostrar el poder de la indexación de citas. Garfield esperaba que el índice de citas podría ayudar a normalizar el comportamiento de referencia de los científicos y proponía que las citas fueran sobre los siguientes tópicos: 1. Artículo de Revisión (Rev.); 2. Comunicaciones (Com.); 3. Editorial (Edit.); 4. Errata (Err.); 5. Traducción (Tr.); 6. Resumen

(Ab.); 7. Libros (Bk.); 8. Discusión (Disc.); 9. Resumen (Summ.); 10. Bibliografía (Bibl.); 11. Revisión de libros.

Eugene Garfield Associates pasó a llamarse Institute for Scientific Information (ISI) en 1960. Como Eugene Garfield hizo hincapié en su discurso sobre el jubileo número 50 de VINITI (2002), el ISI recibió su nombre en parte inspirado en el Instituto de Información Científica y Técnica (VINITI) de la Unión Soviética. En su correspondencia con Lederberg, Garfield manifestaba su asombro por las puertas que se habían abierto a partir del cambio de nombre.

En 1961 Garfield se graduó en la Universidad de Pennsylvania con un Ph. D. en lingüística estructural. Su tesis era un algoritmo para traducir nombres químicos a fórmula molecular.

Con el apoyo de Lederberg, Garfield obtuvo un financiamiento de la NSF, que le permitió en 1963 al ISI publicar el *Genetics Citation Index* (GCI) con una base de información de 600 revistas con 100.000 artículos y 1.5 millones de referencias citadas. Este comienzo obedece estrictamente a cuestiones financieras, ya que se había conseguido un apoyo estatal específicamente para ello. El GCI todavía no incluía títulos, fue principalmente una lista de nombres de autores citados.

El ISI comenzó la publicación del Science Citation Index (SCI) en 1964, nombre que fue acuñado por el genetista Joshua Lederberg, premio Nobel de 1958, que había apoyado a Garfield para que se pudiera editar el GCI. En 1965 se edita el Social Sciences Citation Index (SSCI). En 1975 aparece el Arts and Humanities Citation Index (A&HCI) y el Journal Citation Reports (JCR), que analiza los factores de impacto de las revistas.

En 1978 la revista *Science* señala que Garfield es ahora jefe de un "imperio de la información" basada en la "humilde nota", y dice que ISI es la primera corporación multimillonaria "que se basa en facilitar el acceso a la literatura científica". También señala que SCI "entresaca notas al pie de más de 2.600 revistas científicas, lo que permite a los investigadores identificar las relaciones temáticas que se pierden mirando sólo los índices temáticos."

En 1978, ISI ya empleaba a 470 personas y cubría 5.200 revistas publicadas en 31 idiomas diferentes, aunque todos sus productos se publican en inglés. En ese año la empresa construyó su edificio en el campus de la University City Science Center de Philadelphia, cerca de las universidades de Pennsylvania y Drexel. El nombre y la ubicación introducen la confusión de que el ISI es un instituto universitario o de origen académico y no una empresa privada. Tony Cawkell, el colaborador inglés de Garfield durante muchos años, en base a sus conversaciones con éste, ha destacado que el cambio de nombre fue hecho pragmáticamente para facilitar la obtención de recursos estatales en competencia con las organizaciones privadas sin fines de lucro. Así, la percepción de la comunidad científica y de los documentalistas fue que se trataba de una agencia gubernamental como el Instituto de Información Científica y Técnica de los soviéticos. El nombre debía facilitarlo.[39]

En 1988, Ted Cross y el holding JTPublishing adquirieron el 50% de las acciones de ISI y en 1990 el control

---

[39] "Shakespeare elegantly makes the point. Juliet knew very well that as a Capulet her family was at odds with Romeo's –the Montagus. In the famous conversation from her balcony with Romeo in the street below the said 'What's in a name? That wich we call a rose by any other name would smell as sweet'. The rose wich was Eugene Garfield Associates altered its name, but not the nature of it's activities, to The Institute for Scientific Information" (Cawkell y Garfield, 2001: 153).

mayoritario. JTP no tenía interés en la impronta que Gardfield le había dado a la compañía, sino sólo en incrementar sus aptitudes para ganar dinero. (Cawkell y Garfield, 2001). Esto último se reforzaría cuando en 1992 Garfield y sus socios venden las acciones de la compañía a Thomson Business Information, una subsidiaria con base en Canadá de la multinacional Thomson Corporation en 210 millones de dólares. En ese momento ISI tenía unos 300.000 clientes y un beneficio operativo estimado en 14 millones de dólares con una facturación de unos 150 millones de dólares anuales, siendo el líder indiscutido de los servicios de información a la comunidad científica.

Garfield se concentró en actividades académicas destinadas a desarrollar y mejorar las herramientas para investigadores, entre ellas el mantenimiento de la publicación de una revista quincenal de noticias, *The Scientist*, la primera revista de texto completo libre disponible en la web, y a presidir la Sociedad Americana de Ciencias de la Información. Posteriormente sería designado como Presidente Honorario de Thompson ICI, y desde allí seguiría apoyando intelectualmente a la compañía.

19.2.4. La confluencia y legitimación del ISI con las investigaciones de Derek J. de Solla Price

El impacto inicial de SCI en la comunidad de bibliotecarios y científicos fue heterogéneo. Curiosamente, donde causó poco apoyo fue entre los bibliotecarios, que no veían en el índice de citas un instrumento superador de las herramientas bibliográficas de las que disponían. En cambio, en la comunidad científica se recibió con mayor entusiasmo el SCI. Ello se explica por las necesidades diferentes: el bibliotecario tiene que ver con la información-recuperación, mientras que el científico está más interesado en disponer de una herramienta de acceso a la información científica específica del campo en que trabaja.

Para hacer factible su proyecto, fue extremadamente útil para Garfield apoyarse en estudios previos sobre la representatividad que el mismo podía tener, particularmente los de Bradford de 1934 que analizamos anteriormente, y los de Solla Price (1963) que se presentan más abajo.

Esta idea la denominaría más adelante (1979) la "ley de la concentración de Garfield". Su ley bibliométrica señalaba que para cualquier campo de la ciencia los artículos se concentran en las mismas revistas multidisciplinarias de alto impacto o *mainstream* (corriente principal) Haciendo referencia a las distribuciones de Bradford, dijo que en gran medida la *cola del cometa* de una disciplina consistía en el conjunto de revistas que conformaba el núcleo de la literatura de otra disciplina. Esto significaba que una buena biblioteca de ciencia que cubriera los núcleos de todas las disciplinas no debería tener más revistas que una buena biblioteca especializada que cubriera toda la literatura de solamente una disciplina. Por lo que no sería necesario más que unas 1000 revistas *mainstream* para cubrir todos los núcleos con sus colas. De aquí que con unas 3000 revistas el Science Citation Index cubriría al 90% de la literatura que realmente importa. Con un conjunto de revistas *mainstream*, no sólo se tienen los núcleos de todas las disciplinas, sino también sus colas de distribución principales, pues las colas de un conjunto de revistas *mainstream* están formadas por las otras revistas *mainstream*.

Como señala Paul Waters (1999: 22): "La creación del Science Citation Index (SCI) es menos el resultado del algún proceso inevitable de la ciencia que una contingencia histórica". Es decir, el diseño de la organización de la información científica a través de las citas fue marcado por las notables limitaciones de recursos y del incipiente desarrollo de la computación. Garfield hizo de la necesidad virtud. En las condiciones tecnológicas de la época de creación, el enorme trabajo necesario para construir los índices era fuertemente elogiado por la comunidad científica y al mismo tiempo imponía una barrera de entrada a un trabajo similar dados los altos costos y la continuidad del esfuerzo que ello implicaba. De todos modos, las críticas sobre la cantidad excesivamente limitada de revistas utilizadas se hacían sentir con fuerza por parte de la comunidad científica. La estrategia inicial de Garfield fue enfrentar estas críticas absorbiéndolas, es decir incorporando crecientes cantidades de revistas en la medida en que el proyecto se consolidaba. Luego, con el respaldo de la elite de la comunidad científica, transformaría esta limitación profunda del sistema de recolección de información en un diferencial ventajoso; las revistas admitidas tendrían un sello de distinción que provocaría un vuelco creciente hacia ellas por parte de los investigadores.

El modesto emprendimiento de Garfield se mantuvo en base a la excepcional tenacidad que siempre lo caracterizó. Para imponerlo desplegó una excepcional actividad destinada a convencer a la comunidad académica y organismos gubernamentales de la utilidad de la utilización del SCI. En 1966, por ejemplo, emprendió una gira por distintos países latinoamericanos para lograr que se suscribieran a sus publicaciones. En Argentina se recuerda su aparición ese año en el CONICET, donde fue atendido por los responsables del área de documentación y biblioteca Tuqui Molina y María Luis Gómez. Se hallaba presente en la reunión el Neurobiólogo argentino Mario Crocco, quien, entrevistado por nosotros, recuerda la aparición de Garfield: "Gordito, saco a cuadros, pésimo castellano. Planteaba que había creado un nuevo sistema que haría que la ciencia fuera diferente". Su visita tenía por objeto vender la suscripción al Science Citation Index al CONICET. Crocco recuerda que las documentalistas le señalaron que su sistema no permitía evaluar la ciencia, sino la fama. Y una de ellas le señaló: "La ciencia no es la fama".

Pero fue relevante la inscripción de estos procesos en los avances que se producían en el desarrollo de la Bibliometría y de la Cientometría y en los paradigmas de la corriente sociológica norteamericana encabezada por Robert Merton.

Los aportes de Merton y de Price fueron esenciales para Garfield (como él mismo lo ha destacado en numerosos artículos) en el desarrollo de medidas sobre la actividad científica, convirtiendo su obra en una inagotable fuente de ideas para la construcción de indicadores sobre la institución de la ciencia. El enorme prestigio de estos intelectuales facilitó la confianza de las comunidades científicas en el proyecto del ISI, cuestión esencial para darle legitimidad. Merton y Price fueron estrechos aliados del proyecto de Garfield y se asociaron con éste en la publicación de artículos que le dieron gran legitimidad al proyecto. Fueron parte de la junta consultiva de los índices del ISI y, tras la muerte de Price en 1983, Merton y Garfield (1963) promovieron la creación de un premio en su nombre, describiéndolo como el padre de la Cienciometría.

La Bibliometría es el recuento de todo lo que puede ir en una biblioteca científica y es un enfoque cuantitativo de las técnicas de gestión de la biblioteca. La Cienciometría o Cientometría (por su traducción directa de *Scientometric*) es la generalización de estas técnicas, no sólo de los documentos publicados, sino también de citas recibidas por los documentos, patentes y otras fuentes a los efectos de la gestión de sus actividades de investigación científica. Con los antecedentes que hemos señalado más arriba de James Cattell, la Cienciometría se consolida en la década de 1960, en la confluencia de la documentación científica, la Sociología de la Ciencia y la Historia Social de la Ciencia, con el propósito de estudiar la actividad científica como fenómeno social a través de indicadores y modelos matemáticos. Sobre el origen del nombre de esta nueva disciplina, la Cienciometría fue la traducción del término ruso *nauko – vometrica*, asignado por Doborov Korennoi para las técnicas estadísticas que dan acceso a la medida de la ciencia.

La Cienciometría en los Estados Unidos está vinculada al nombre de Derek J. de Solla Price. Nacido en 1922 en Leyton, Inglaterra, era licenciado en Física y doctor en Filosofía de la Universidad de Londres. Un hecho fortuito llamó su atención sobre el crecimiento exponencial de la ciencia. La remodelación de la biblioteca donde estaba la colección completa de la revista *Philosophical Transactions* de la Royal Society lo hizo depositario de ésta durante un tiempo. Allí pudo comprobar físicamente el notable crecimiento de los artículos científicos publicados y su inquietud se plasmaría en diversos artículos sobre este fenómeno. Después de obtener su segundo doctorado en 1954 en Historia de la Ciencia en la Universidad de Cambridge, manteniendo estrechos lazos intelectuales con John D. Bernal, Price se trasladó a Estados Unidos y finalmente se instaló en la Universidad de Yale.

Derek J. de Solla Price.

Price publicó, en 1961, *Science since Babylon* y en 1963 *Little science, big science*, dos libros que provocarían fuerte impacto en la comunidad científica. Price parte de que la historia de las Ciencias Exactas y Naturales es totalmente distinta a la de las otras disciplinas. En el caso de las primeras estima que su crecimiento lineal acumulativo permite su cuantificación y por lo tanto el uso de las matemáticas y del método lógico cuyo arraigo en la estructura de la ciencia hace que nadie puede dudar del poder que ambos poseen para ordenar el mundo de la observación. Busca entonces resumir las leyes que gobiernan la ciencia a través de regularidades enunciadas a través de las estadísticas.

Los aportes de Price fueron esencialmente:

1) Los estudios sobre el crecimiento exponencial de la ciencia y la vida media de la literatura científica. Utilizando datos sobre la cantidad de revistas existentes y de publicaciones especializadas en resúmenes de investigación, muestra que tienen un ritmo de crecimiento superior al poblacional. Ello tiene que ver con el gran desarrollo de la enseñanza superior, la generación de nuevas universidades e institutos de investigación y la creciente cantidad de doctores formados. Muestra que en el transcurso de los siglos este crecimiento tiene forma de curva logística.

Ello implica que, como toda curva de estas características, llega a un momento de saturación a partir del cual disminuye el ímpetu inicial. En una conferencia pronunciada en la Fundación Ciencia de la Ciencia publicada por la revista *Nature* (17 de abril de 1965), señalaba como decisivo contar con estadísticas del crecimiento de la ciencia pura y aplicada, de los precedentes históricos y los problemas de comunicación de la ciencia, de la localización geográfica de la investigación entre otras informaciones. Es decir una política de evaluación de la ciencia.

2) La segunda ley tiene que ver con la productividad de los investigadores que mide a partir de la cantidad de artículos publicados por cada uno de ellos. Para ello diferencia a una elite de autores que publica intensamente mientras una cantidad importante lo hace en mucha menor proporción. El mismo criterio aplica para las revistas, mostrando a través de una investigación desarrollada en 1956 en la Biblioteca Científica de Londres, según la cual, de 9.120 revistas, más de 4.800 no habían sido utilizadas en el año analizado, 2.274 lo habían sido sólo una vez mientras que en el otro extremo

60 revistas habían sido consultadas más de 100 veces. Menos del 10% de las revistas habían cubierto el 80% de la demanda. A partir de ello, Price asimila la cantidad de artículos producidos por los investigadores y la cantidad de consultas de revistas a indicadores de calidad. Entre ambos datos identifica a la elite científica.

Señala que el conteo es un dato burdo, pero "se podría afirmar con cierta seguridad la existencia de una correlación significativa entre la solidez cualitativa y la solidez cuantitativa" (de Solla Price 1973: 127). Esta tesis la sustenta con estudios acerca de la evolución de la producción textual científica, los índices de crecimiento social y económico de los países y el aumento en la producción científica. Logra establecer que los autores más reconocidos, por lo regular, son los más citados y los que mayor volumen de producción tienen en su haber. Así también logra una correlación positiva entre el aumento de la productividad científica y el crecimiento económico.

Sus conocimientos matemáticos le permitieron generar un enfoque cuantitativo para el desarrollo de un modelo coherente de estadística de la ciencia. Ello inspiró a científicos de informática como Berver Griffith y Henry Small a explorar en la estructura de las disciplinas científicas en gran escala en base a la información proporcionada por el Science Citation Index. Price investigó el crecimiento y la declinación de las disciplinas científicas, las normas de las ciencias que afectan la producción del conocimiento y la medición de la cantidad y calidad de las publicaciones científicas. Uno de sus aportes fue reintroducir el concepto del "colegio invisible", término originalmente referido a los mecanismos de comunicación informal utilizado por los creadores en 1650 de la Royal

Society, y que Price lo empleó para referirse a cómo ello funcionaba en la selección de artículos en las revistas científicas. El prestigio, para de Solla Price, funciona como polo de atracción de otros investigadores y científicos, lo que incrementa la colaboración en la elaboración de artículos y publicaciones. Este supuesto permite al autor plantear que las comunidades de académicos se forman no solo por las citaciones, sino también a través de las interacciones que se concretan en colaboraciones y finalmente en publicaciones conjuntas. Esto es lo que finalmente le permite emplear el término de "colegios invisibles" para observar las tendencias de las especializaciones y disciplinas científicas a través de la producción conjunta.

En el homenaje a John D. Bernal (Garfield, 2007), Eugene Garfield señala que él no estaba entrenado como historiador o sociólogo y que el Science Citation Index no fue planeado como una herramienta para los evaluadores de la ciencia. Más bien había sido diseñado para mejorar el intercambio de conocimientos y la eficiente difusión y recuperación de la información científica. Aunque no tenía la menor idea del factor de impacto en 1954, fue la posterior asociación con mentores como Robert K. Marton, Harriet Zuckerman y otros cientistas sociales lo que le hizo apreciar su valor para la política científica.[40]

---

[40] "Let me conclude by reminding you I was not trained as an historian or sociologist. The Science Citation Index was not planned as a tool for science evaluators. Rather, SCI was designed to improve the sharing of knowledge and efficient dissemination and retrieval of scientific information. Although I had an inkling of the impact factor in 1954 it was the later association whit mentors like Robert K. Merton, Harriet Zuckerman and other social scientists that made me appreciate its value for science policy" (Garfield, 2007).

De Solla Price y Garfield han utilizado el análisis de redes como herramienta para la construcción de mapas de la ciencia. Garfield consideraba que "La citación es una representación precisa, inequívoca de un sujeto que no requiere ninguna interpretación y es inmune a los cambios en la terminología. Además, la cita conservará su precisión con el tiempo. También se puede utilizar en los documentos escritos en diferentes idiomas" (1983: 3). Partir de la citación para la investigación de la evolución de temas científicos pasa de ser una búsqueda alfabética de información a la construcción de jerarquías de autores citados o excluidos de las citaciones en otras obras. En defensa de las ventajas del análisis de citaciones, Garfield agrega:

> Lo que parecía mejor acerca de un índice de citas fue la diversidad de los puntos de vista que siempre existe sobre la literatura de un tema en particular y de la eficiencia y la estabilidad con la que podrían describirse. Mediante el uso de referencias de autor para indexar documentos, la capacidad limitada de un indizador sujeto para hacer conexiones entre las ideas, conceptos y temas fue reemplazado por la capacidad muy superior de toda la comunidad científica a hacer lo mismo. Esto significaba que un índice de citas interpretaría cada uno de los documentos que abarcaba desde los puntos de vista que existían en la comunidad científica. Si un índice es considerado como un intento de representar el mayor detalle de la vida real como sea posible, una cita índice sería de un índice temático convencional lo que una fotografía a todo color sería de la de un dibujo lineal en blanco y negro. La otra atracción de la utilización de referencias bibliográficas en lugar de los encabezamientos de materias era su eficiencia y estabilidad semántica. (Garfield, 1983: 9).

Estos beneficios del análisis de citaciones se expresan según Garfield a través de tres tipos de medidas básicas: el número y variedad de revistas científicas; el número, la variedad y el marco temporal de las referencias; y la exploración cualitativa lograda a través de procesos de estandarización, clarificación e identificación de publicaciones y sus contenidos para ser observados cuantitativamente desde sus cualidades. Estas tres medidas permiten el desarrollo de una metodología más precisa, ya utilizada por los bibliotecólogos. "Excepto para el análisis de los títulos de papel y el nombramiento de los racimos, todo el proceso es automático. En otras palabras, lo que hemos desarrollado es un modelo informático capaz de cartografiar la estructura de la ciencia en términos de la mayoría de las especialidades activas". (Garfield, 1983: 75).

19.2.5. Los nuevos propietarios del ISI: breve historia de Thompson Corporation y cómo se transformó en Thompson Reuters

El pasaje del ISI al principal oligopolio mundial de la información no es un dato menor al momento de analizar la relación entre sus actividades y la comunidad científica. Presentamos aquí una imagen de la evolución de las compañías que culminaron en la existencia actual de Thomson Reuters.

Aunque en la historia de la compañía se remiten como orígenes de la corporación Thomson a la fundación en Londres de la editorial jurídica Sweet y Maxwell en 1799 y a la creación en 1872 de West Publishing por John B. West y su hermano Horacio en St. Paul, Minnesota, el dato cierto es que el 6 de julio de 1894 nace Roy Thomson, que adquiere su primer periódico en Canadá, *The Timmins Press*, de Ontario. En dos décadas era el dueño del mayor número de periódicos de ese país y desembarca en Escocia en 1954, donde compra su primer periódico en el Reino Unido, *The Scotsman*. Adquiere también la televisión escocesa. En la década de 1960 compra el periódico *The Times*. En 1965, Thomson Newspapers, Ltd. se formó como una empresa que cotizaba en bolsa en Canadá.

Los intereses de Thomson se movieron más allá de la publicación con la creación de Thomson Travel y la adquisición de Britannia Airways en 1965 y 1971, y una incursión en un consorcio para explorar en el Mar del Norte buscando petróleo y gas. Thomson utilizó sus ganancias del petróleo para comprar pequeños periódicos en los Estados Unidos, a partir de la adquisición de la Brush-Moore Prensa en 1967 por $72 millones. A finales de la década de 1970, la circulación de Thomson Newspapers en los Estados Unidos había superado el millón de ejemplares. La fusión de Thomson Newspapers y el Internacional Organization Thomson en 1989 generó The Thomson Corporation. Cuando Kenneth Thomson se hizo cargo de la empresa en 1976, la compañía valía alrededor de 500 millones de dólares. A su muerte, en junio de 2006, fue valorada en unos $29,3 mil millones.

En 1978, la adquisición de Wadsworth Publishing proporciona a Thomson su primera entrada en la información especializada, libros de texto universitarios y libros profesionales. A partir de mediados de la década de 1990, Thomson ha invertido más en los servicios de información especializada (pero esta vez dándolos en formato digital) y comenzó a vender sus periódicos. Thomson gastó $3.4 mil millones para adquirir el West Publishing Company, un proveedor de información jurídica. En los últimos años, Thomson proporciona la mayor parte del contenido de la información especializada: organizaciones financieras del mundo, legales, de investigación y médicos confían en él cada día para tomar decisiones críticas de negocios e impulsar la innovación.

A excepción de su división educativa, que todavía publica un número considerable de libros de texto convencionales, Thomson entra en este tipo de empresas ya que los clientes estaban demandando la entrega electrónica de su información. Thomson se deshizo de muchos de sus activos de medios tradicionales (o las combina con los productos digitales) y se dirige hacia los servicios de tecnología de la información y productos.

Algunas de las marcas de Thomson son más conocidas que el propio nombre de la empresa. Sus marcas incluyen Westlaw, FindLaw, BarBri, Guía de Referencia Médica, RIA, Impuestos y Contabilidad (software y los servicios fiscales y contables para Contadores) Soluciones Creativas, Quickfinder, DISEASEDEX, DrugREAX, Medstat, Thomson First Call, Checkpoint, EndNote, Derwent World Patent Índice, SAEGIS, Micropatent, Aureka, Faxpat, OptiPat, Just Archivos, Inteligencia Corporativa, InfoTrac, Delphion, Arco Test Prep, Directorios de Peterson, TradeWeb, Web of Science y el Arden Shakespeare. Las fuentes de información son generadas por diversas empresas de Thomson, incluyendo West Publishing, Thomson Financial, ISI, Thomson Gale, Dialog Corporation, Brookers, Carswell, CCBN, Course Technology, Gardiner-Caldwell, IHI, Lawbook Co, Wadsworth, Thomson CompuMark, y Sweet & Maxwell. En 2003, la Thomson Corporation compró los activos de automoción Chilton.

La familia Thomson mantenía la propiedad del 70% de la empresa. Aunque oficialmente es una empresa canadiense, Thomson se dirige desde su sede operativa en Stamford, Connecticut, pero se mantuvo como propiedad canadiense.

El 15 de mayo de 2007 The Thomson Corporation llegó a un acuerdo con Reuters para combinar las dos empresas, una operación valorada en 17.2 mil millones de dólares. El 17 de abril de 2008, la nueva compañía fue creada bajo el nombre de Thomson Reuters. Fue relevante para esta fusión el gran prestigio de Reuters como una fuente de información tradicional y confiable, lo que está vinculado con su historia.

Reuters fue fundada por el periodista y empresario de la comunicación: Paul Julius Reuters. Nacido en Alemania, fundó allí la Agencia de noticias Reuter. Su negocio fue en un inicio con palomas mensajeras. En 1850 abrió una línea de telégrafo en Aquisgrán, después de darse cuenta de que con esta tecnología la difusión de noticias era cada vez más rápida. En un principio la línea conectaría con Berlín, pero al poco tiempo Reuter descubrió que la difusión a Bruselas, uno de los centros financieros europeos en el siglo XIX, le reportaría más beneficios.

Paul Julius Reuter, fundador de la agencia Reuters.

Un año después, Reuter se marchó a Londres, donde trató de desarrollar un cable telegráfico submarino que atravesara el Canal de la Mancha y conectara Dover con Calais. Tras varios intentos fallidos, el "telégrafo submarino" comenzó a funcionar a finales de 1851, y el empresario negoció con la Bolsa de Londres el intercambio de información financiera del resto de Europa, algo que también hizo en la Bolsa de París. En 1865, su negocio pasó a ser oficialmente una sociedad limitada bajo el nombre Reuter's Telegram Company.

A lo largo de los años la compañía ganó reputación, siendo la primera en Europa en informar del asesinato de Abraham Lincoln, y estableció una red completa de corresponsales por todo el mundo, así como un negocio de compra y venta de información. Reuters mantuvo su condición de corporación hasta 1984, cuando pasó a ser una sociedad anónima que comenzó a cotizar en la Bolsa de Londres y el índice Nasdaq de Estados Unidos. Sus estatutos prohibían que una persona pudiera ostentar más del 15% de las acciones, para evitar que la agencia quedara bajo los intereses de un único propietario. Históricamente, la sede central de Reuters se encuentra en Londres. Además de esta sede, Reuters cuenta con otras distribuidas en todo el mundo, destacando su centro para Norteamérica en Nueva York y para Asia en Singapur. Dentro de sus ediciones en idioma español, la agencia cuenta con distintas versiones para América Latina, España, México, Colombia y Argentina.

Sede de Reuters en Londres.

A partir de la década de 1980, la agencia crece con mucha rapidez gracias a la elaboración y suministro de información empresarial y financiera, y busca ampliar su campo de información a otros medios como la radio, televisión y nuevas tecnologías (Internet). En 2007, The Thomson Corporation alcanzó un acuerdo de unión con Reuters para formar Thomson Reuters. Thomson se hizo con el 53% del capital de la nueva compañía, por lo que la restricción del 15% fue eliminada. En el año

2008 Thomson Corporation adquirió Reuters por 12.700 millones de euros. Con esta fusión, la nueva compañía pasó a controlar el 34% del mercado de los servicios informativos en finanzas y negocios y se ubicó por delante de la norteamericana Bloomberg, que hasta entonces lo lideraba, con el 33%.

Thomson Reuters se inició con un único equipo de gestión ejecutiva, responsable por 48.800 empleados distribuidos por todo el mundo. El CEO de la nueva empresa, Tom Glocer, de 47 años, quien tenía ese puesto en Reuters, declaró al asumir que: "La combinación de estas dos grandes compañías creará una excepcional empresa global guiada por los principios de Reuters". Justamente, el respeto por la tradición de Reuters, creada en 1851, y por sus principios éticos, fue un tema recurrente en el proceso de fusión. A tal punto que Thomson se comprometió a respetar "el credo empresarial" de Reuters, en particular en lo que hace a "la independencia, integridad y equilibrio de la información".

Durante 2009, La Fundación Thomson Reuters lanza TrustLaw, un servicio global que ofrece asistencia legal gratuita y noticias anticorrupción y el sistema de investigación legal WestlawNext, que incorpora décadas de búsqueda e inteligencia editorial con las últimas innovaciones tecnológicas. Thomson Reuters lanza dos nuevos productos que atienden el mercado financiero: Eikon, un destino para el global de la información, las tecnologías y el acceso al mercado y Elektron, para la negociación de alta velocidad interactiva abierta y la infraestructura de datos.

Thomson Reuters adquiere Complinet y anuncia la creación de la empresa de gobierno, riesgo y cumplimiento, que reúne a una gran variedad de soluciones de productos que atienden el mercado regulatorio. La Fundación Thomson Reuters lanza TrustLaw Women, un centro internacional de noticias, información, recursos y discusión sobre los derechos legales de las mujeres. Ofrece Accelus, una revolucionaria serie de soluciones de gobierno, riesgo y cumplimiento y Cortellis, la solución de próxima generación para la industria de ciencias de la vida, que transforma la manera en que acceden y usan los profesionales de Farmacia y Biotecnología los datos a través de toda la investigación y desarrollo de fármacos.

Con la venta del ISI a Thomson Group, el crecimiento del ISI se aceleró aún más. Pasó a ser parte de una subsidiaria (ISI World of Technology) cuyo nombre tuvo sucesivas modificaciones. Es parte de la unidad Healthcare and Science dentro de la División Profesional de Thompson Reuters. Está a su vez dividida en dos unidades: Life Sciences y Scholarly Research, que comercializa soluciones para apoyar el trabajo de los investigadores y estudiantes, como la plataforma ISI Web of Technology (WoT), y los servicios de ScholarOne y de EndNote, productos de WoK World of Knowledge que incluye Webs of Science (WoS), que es el resultado de la combinación del Science Citation Index (SCI) con las Ciencias Sociales y los índices de citas de Artes y Humanidades y el que incorpora las bases de datos con las citas de las revistas científicas y de los periódicos, y su indización y resúmenes, cuyas bases metodológicas y de datos se derivan directamente de la empresa original ISI.

19.2.6. Los distintos indicadores que ofrece actualmente el ISI y su definición de la metodología de selección de las revistas incorporadas

El sitio oficial de Web of Science detalla de la siguiente forma a los indicadores que ofrece: "Web of Science™

Core Collection ofrece a los investigadores, administradores, profesores y estudiantes acceso rápido y de gran alcance para las bases de datos de citas más importantes del mundo. El contenido autorizado multidisciplinar abarca más de 12.000 de las revistas de mayor impacto en todo el mundo, incluyendo revistas de acceso abierto y más de 150 mil actas de congresos. Cobertura actual y retrospectiva de las ciencias, ciencias sociales, artes y humanidades desde el año 1900".

El objetivo es superar la sobrecarga de información y centrarse en los datos esenciales a través de más de 250 disciplinas.
- Contenido regional.
- Interfaz de idioma local.
- El proceso de descubrimiento simplificado destinado a: Investigadores Académicos, Bibliotecarios e Investigadores Científicos.
- Hacer conexiones con SciELO Citation Index, que permite obtener una visión global más completa mediante el descubrimiento de nuevas perspectivas de la investigación en América Latina, España, Portugal, el Caribe y África del Sur.
- Buscar y visualizar críticamente importante contenido regional con impacto internacional para obtener una imagen completa de los factores de influencia y los conductores de la investigación regional.
- Acceso a casi 650 títulos, más de 4 millones de referencias citadas, y el acceso abierto, con enlaces al texto completo a través de una interfaz de idioma local con una experiencia de búsqueda fácil.

Conference Proceedings Citation Index es accesible a través de la Web of Science™ Core Collection. Ayuda a los investigadores a acceder a la literatura publicada de las conferencias más importantes, simposios, seminarios coloquios talleres y convenciones en todo el mundo. Este recurso ofrece una visión completa de las actas de congresos y de su impacto en la investigación global, que le permite usar la búsqueda de referencias citadas para rastrear las ideas emergentes y la nueva investigación más allá de lo que está cubierto en la literatura de la revista. Dos ediciones cubren las ciencias y las Ciencias Sociales. EndNote® le permite moverse sin problemas a través de su proceso de investigación con herramientas flexibles para buscar, organizar y compartir su investigación, la creación de su bibliografía y la escritura de su papel. Se puede sincronizar la biblioteca de EndNote través de su escritorio, en línea, y el iPad, por lo que a todas sus referencias, archivos adjuntos, y los grupos se puede acceder desde cualquier lugar.

Science Citation Index Expanded. Se accede a través de la Web of Science™ Core Collection, y ofrece a los investigadores, administradores, profesores y estudiantes un acceso rápido, de gran alcance a la información bibliográfica y de citas que tienen que encontrar los datos de investigación, analizar las tendencias, las revistas y los investigadores, y compartir sus hallazgos.

Supera la sobrecarga de información y permite centrarse en los datos esenciales de más de 8500 de las principales revistas científicas y técnicas del mundo en 150 disciplinas.

Social Sciences Citation Index®. Se accede a través de la Web of Science™ Core Collection. Ofrece a los investigadores, administradores, profesores y estudiantes un acceso rápido, de gran alcance a la información bibliográfica y de citas, a los que tienen que encontrar los datos de investigación, analizar las tendencias, las revistas y los investigadores y compartir sus hallazgos. Esto permite superar la sobrecarga de información y centrarse en los datos esenciales de 3000 de las revistas de Ciencias Sociales más importantes del mundo a través de 50 disciplinas.

Características: cobertura completa y relevante. Todas las revistas incluidas en Social Sciences Citation Index® han cumplido con los altos estándares de un proceso de evaluación objetiva que elimina el desorden.

Mecanismos utilizados en el uso de los indicadores señalados: referencias citadas. De uso del investigador, es un buscador de investigaciones previas y monitorea los desarrollos actuales, a ver quién está citando sus trabajos, mide la influencia de la obra de sus colegas, y sigue el camino de las ideas más populares del momento.

Fácil identificación de autores: ubica los artículos escritos por los mismos autores. Encuentra el derecho de autor de inmediato, elimina los problemas de los autores con nombres similares o varios autores con el mismo nombre.

Opciones de análisis perspicaz: encuentra las tendencias y patrones ocultos, profundiza en áreas de investigación emergentes, e identifica los principales investigadores, instituciones y revistas con la herramienta Analizar.

Palabras Claves Plus®: mejora el poder de la búsqueda de referencias citadas mediante la búsqueda a través de disciplinas para todos los artículos que citan referencias en común.

Veces citado: descubre la influencia de un documento mediante la vinculación a todos los documentos que lo han citado.

Enlaces de texto completo: accede directamente a los artículos de texto completo de los editores.

Alerta y canales RSS: permite mantenerse al día con la información que le interesa al usuario, con referencias citadas y búsquedas con alertas de correo electrónico. O la creación de canales RSS para las búsquedas guardadas y alertas de citas.

Además, con Social Sciences Citation Index se puede acceder a cada elemento significativo de un diario, que incluye artículos originales de investigación, revisiones, editoriales, cronologías, resúmenes, y mucho más.

Una amplia gama de disciplinas: encontrar información en áreas como la Antropología, la Sociología, los estudios urbanos, los negocios y la comunicación, la criminología, Derecho, enfermería, rehabilitación, y la información y la Biblioteca de Ciencias.

El *Journal Citation Reports (JCR)* es una publicación anual que realiza el Instituto para la Información Científica. Esta publicación evalúa el impacto y la relevancia de las principales revistas científicas del campo de las ciencias aplicadas y sociales. Originalmente era parte del Science Citation Index, y actualmente está realizado a partir de los datos que éste contiene.

El JCR calcula anualmente dos índices para las revistas indexadas en su base de datos: JCR Science Edition y JCR Social Science Edition. Están muy relacionados con el cálculo del factor de impacto de las publicaciones científicas, uno de los principales indicadores a la hora de evaluar la actividad científica en Europa y Estados Unidos.

La información que figura para cada revista incluye:
- La información básica bibliográfica de la editorial, el título abreviatura, el idioma y el ISSN.

- Las categorías de temas (hay 171 de esas categorías en las ciencias y 54 en las Ciencias Sociales).
- Los datos de citación básica: el número de artículos publicados durante ese año y el número de veces que los artículos se citaron en la revista durante el año por los últimos artículos en sí mismo y otras revistas.
- Los cuadros detallados que muestran el número de veces que se citaron los artículos en la revista durante el año por los últimos artículos en sí mismo y otras revistas. El número de citas que se hacen a partir de los artículos publicados en la revista de ese año en la misma y otras revistas individuales específicos en cada uno de los último diez años (las veinte revistas más citadas están incluidas). El número de veces que los artículos publicados en la revista durante cada uno de los más recientes diez años fueron citados por las revistas específicas individuales durante el año (se dan las veinte revistas con el mayor número de citas).

Y una serie de medidas derivadas de estos datos: El factor de impacto de la revista, la relación entre el número de citas a los dos años anteriores de la revista, dividido por el número de artículos en esos años (esto es esencialmente el promedio de las últimas citas por artículo), el índice de inmediatez de la revista, el número de citas por año a los artículos publicados el mismo año, la edad media de los artículos que fueron citados por los artículos publicados en la revista de ese año, la edad media de los artículos de la revista que fueron citadas por otras revistas durante el año.

Hay ediciones separadas para las ciencias y las Ciencias Sociales; la edición de 2013 de ciencia incluye 8.411 revistas y la edición de 2012 de las Ciencias Sociales contiene 3.016 títulos. El tema de cada año se publica al año siguiente, después de que las citas para el año se han publicado y la información ha sido procesada.

En sus primeros cincuenta años, el Science Citation Index creció de forma notable en tamaño e influencia. La base de datos se expandió de 1.4 millones de citaciones en 1964 hasta las 550 millones de 2005. La lista de fuentes de revistas consultadas ha crecido en estos años desde las 613 iniciales a las 15.721.

Un documento de James Testa, gerente del Departamento Editorial del Institute for Scientific Information de 1998, permite apreciar cómo define la propia institución sus objetivos y su cobertura y cómo justifica su metodología. Aunque algo extensa, la cita aporta datos altamente relevantes, y por eso consideramos necesaria su reproducción.

> La base de datos del ISI y su proceso de selección de revistas. La misión básica del ISI, como compañía publicadora de bases de datos, es proporcionar amplia cobertura a las investigaciones más importantes e influyentes realizadas en todo el mundo. Actualmente, la base de datos del ISI cubre más de 16 000 revistas, libros y actas de eventos internacionales en las áreas de las ciencias, las Ciencias Sociales, las Artes y las Humanidades.
>
> Una parte importante de esta base de datos está constituida por las 8 000 revistas internacionales que el ISI indiza anualmente mediante el registro de los datos bibliográficos completos para cada artículo incorporado, incluidos los resúmenes en inglés, las direcciones de los autores y editores, así como las referencias citadas de cada revista.
>
> El ISI está comprometido a proporcionar amplia cobertura a las revistas más importantes e influyentes del mundo para

garantizar el conocimiento actualizado de sus suscriptores y corresponder a sus necesidades de recuperación de información corriente y retrospectiva. Sin embargo, amplio no significa necesariamente que esté todo incluido.

¿Por qué ser selectivo? Puede parecer que, para ser amplio, un índice de la literatura científica publicada en revistas debe incluir todas las revistas científicas que circulan. Este enfoque no sólo sería impracticable desde el punto de vista económico, sino también innecesario, según se ha demostrado con los análisis de la literatura científica. Hay pruebas de que un número relativamente pequeño de revistas publican la mayor parte de los resultados científicos más significativos. Este principio es con frecuencia mencionado como la Ley de Bradford. A mediados de los años 50, S. C. Bradford percibió que el núcleo principal de la literatura en cualquier disciplina científica estaba compuesto por menos de 1000 revistas. De estas son relativamente pocas las de gran relevancia para un determinado asunto, mientras muchas otras tienen una menor relevancia. Hay títulos con menor relevancia para una disciplina o tema, pero con mayor relevancia para otro asunto. Así, el núcleo de la literatura científica puede formarse en torno a varios temas, con revistas específicas que se convierten en más o menos relevantes, en dependencia del tema. Bradford entendió que un núcleo esencial de revistas forma la base de la literatura para todas las disciplinas y que, por lo tanto, la mayoría de los trabajos importantes es publicada en relativamente pocas revistas. Recientes análisis de citas han demostrado que un número tan pequeño como 150 revistas, representa la mitad de lo que se cita y la cuarta parte de lo que se publica. También se ha demostrado que un núcleo de aproximadamente 2 000 revistas representa actualmente cerca del 85 % de los artículos publicados y el 95 % de los artículos citados. Pero este núcleo no es estático. Su composición básica cambia constantemente. La misión del equipo editorial del ISI es identificar y evaluar las revistas nuevas y prometedoras que pueden ser de interés para los suscriptores del Instituto, así como excluir aquellas que se han vuelto menos útiles.

El proceso de evaluación. La evaluación y selección, tanto de los títulos incluidos en la base de datos, como de los excluidos se realiza por el ISI cada dos semanas. El grupo editorial del instituto analiza cerca de 2.000 nuevos títulos cada año, aunque selecciona sólo entre el 10 y el 12 % de ellos. Además, la cobertura de revistas existentes en los productos del ISI es revisada constantemente. Las revistas que se indizan actualmente son monitoreadas, para asegurar que están manteniendo altos patrones y una clara relevancia para los productos del ISI incluidos en repertorios.

Cada revista se somete a un extenso proceso de evaluación antes de ser seleccionada o rechazada. Los editores del ISI que realizan las evaluaciones de revistas cuentan con una formación educacional apropiada para sus áreas de responsabilidad, así como experiencia e instrucción en la ciencia de la información. Su conocimiento de la literatura de sus campos de especialización se amplía mediante la consulta a redes establecidas de asesores, quienes participan en el proceso de evaluación cuando es necesario. En la evaluación de las revistas, se tienen en cuenta muchos factores cualitativos y cuantitativos. Se analizan los requisitos básicos de publicación, su contenido editorial, la internacionalidad de la autoría y la citación de los datos asociada a los autores. Ningún factor se considera aisladamente, sino combinando e interrelacionando los datos; así puede el editor determinar todos los puntos fuertes y débiles de la revista.

Patrones básicos para revistas. La periodicidad regular de la publicación es uno de los criterios fundamentales en el proceso de evaluación. Una revista debe cumplir estrictamente sus períodos de salida, para que se pueda considerar su posible inclusión inicial en la base de datos del ISI. La habilidad para publicar a tiempo implica contar con una reserva sustancial de manuscritos que garanticen las salidas puntuales de la revista. No se concibe que un título salga a la luz semanas o meses después de la fecha que aparece en su portada, y mucho menos que este fenómeno se haga crónico. Para medir adecuadamente este aspecto del cumplimiento de la periodicidad, nunca se toma una decisión a partir de una entrega; generalmente el editor basa su criterio en la evaluación de al menos tres números diferentes de la revista de que se trate.

El ISI también observa si la revista cumple o no los requisitos editoriales internacionales, que ayudan a perfeccionar la recuperación de los artículos originales. Estos requisitos incluyen títulos de revistas informativos, títulos de artículos y resúmenes completamente descriptivos, datos bibliográficos completos en todas las referencias citadas, e información completa sobre la dirección para cada autor.

Los títulos de los artículos en inglés, los resúmenes, y las palabras claves son esenciales. También se recomiendan las referencias citadas en lengua inglesa. Aunque en todos los idiomas se publica información científica importante, los autores deben proporcionar traducciones en inglés de los títulos de los artículos, de las palabras claves y de los resúmenes, si desean alcanzar el mayor número de lectores posible. Además, por una cuestión puramente práctica, no sería factible para el ISI asumir la responsabilidad de traducir este material.

La aplicación del proceso de revisión por pares, es otro indicador de los patrones de una revista y evidencia la calidad total de la investigación presentada y la exactitud e integridad de las referencias citadas.

Contenido editorial. El verdadero núcleo de la literatura científica, está comprendido en un número relativamente pequeño de revistas. No obstante, la investigación continúa dando origen a campos de estudios especializados y surgen nuevas revistas en la medida en que la investigación publicada sobre un tema nuevo adquiere mayor alcance. El editor del ISI determina si el contenido de una nueva revista enriquecerá la base de datos o si el tema ya está adecuadamente cubierto.

La enorme cantidad de datos a su alcance y su observación diaria de virtualmente todas las nuevas revistas científicas publicadas, permiten al equipo editorial del ISI identificar los temas emergentes y las 'áreas calientes' en la literatura.

Internacionalidad. La representación geográfica de una revista es otra consideración. Para satisfacer las necesidades de su base de suscriptores internacionales, el ISI trata de indizar las revistas con diversidad internacional entre los autores, tanto de los artículos originales, como de los artículos citados.

Para reflejar apropiadamente el contexto global en el cual tiene lugar la investigación científica y para proporcionar cobertura balanceada en cada categoría, el ISI procura indizar también las mejores revistas regionales. Sin embargo, en vez de comparar una revista regional con todas las otras revistas de su categoría específica, el editor del ISI la considera en términos de las publicaciones provenientes de la misma área geográfica. Elevados patrones en cuanto a la presentación y publicación, especialmente la periodicidad y los datos bibliográficos en inglés, siguen siendo esenciales para el análisis.

Análisis de citas. El proceso de evaluación del ISI es único, justamente porque sus editores tienen una riqueza de datos de citas a su disposición. La importancia de interpretar y entender correctamente esos datos al evaluar las revistas, no puede ser enfatizada de modo excesivo. En virtud de que el número de autores y de revistas varía enormemente entre las disciplinas, los niveles y los promedios de las citas en una disciplina específica también varían mucho. Las áreas más pequeñas como la botánica o la matemática, no generan tantos artículos o citas como las áreas mayores como la biotecnología o la genética. Además, en algunas áreas, particularmente las Artes y Humanidades, puede demorar un tiempo relativamente largo, incluso varios años, para que un artículo atraiga un número significativo de citas, mientras que en otras áreas como las ciencias de la vida, no es raro que las citas alcancen su tope después de sólo unos pocos años. Estos hechos se deben considerar para utilizar correctamente los datos sobre las citas.

Es posible utilizar varios tipos de datos sobre las citas. Para las revistas establecidas, éstos incluyen medidas de citas completas, factor de impacto, e índice de inmediatez. Para las revistas recién creadas, los editores examinan el registro de publicaciones de los autores y de los miembros del cuerpo editorial, para conocer dónde se han publicado sus artículos y si sus trabajos se han citado.

También, debido a que el ISI recupera todas las referencias citadas de cada una de las 8 000 revistas incluidas en su base de datos; la información sobre las citas está disponible lo mismo para las revistas indizadas que para aquéllas que no lo están, pero que se han citado por cualquiera de las 8 000 revistas del núcleo.

19.2.7. La predominancia del uso del inglés en las revistas científicas[41]

En la Edad Media cristiana, la unidad del mundo académico europeo fue facilitada en gran medida por la homogeneidad religiosa y también por la lengua. Hemos mostrado el desplazamiento a lo largo de siglos del griego por el latín como la lengua erudita que permitía a los estudiantes y profesores de diferentes regiones y lenguas nacionales encontrar un terreno común, con independencia de la universidad a la que asistieran. El creciente uso de las lenguas vernáculas, a partir del siglo XVII ayudó, con la Reforma Protestante, a romper la unidad del mundo científico. La división social e intelectual entre el espacio social global y el campo científico se hizo aún más notable, mientras que los eruditos hablaban latín en las obras dirigidas a los estudiosos y vernácula para llegar a un público no especializado.

Tal como hemos adelantado al desarrollar la historia de las editoriales y las revistas científicas, luego de la preponderancia del francés primero y el alemán después

---

[41] El libro de Renato Ortiz *La supremacía del inglés en las ciencias sociales* (2009) analiza exhaustivamente esta problemática. Hemos tomado algunas de sus ideas principales. Pero nosotros nos centramos en el impacto que tuvo la creación del ISI en la consolidación del inglés como lengua científica dominante.

como las "lingua franca" científicas.[42] Esto empezó a suponer un problema en la comunidad científica, ya que se temía que el progreso de la ciencia se ralentara debido a problemas de comunicación entre diferentes idiomas. Para evitar esto, a mediados del siglo XIX se llegó al consenso de publicar los resultados en las tres lenguas con más publicaciones científicas hasta ese momento (y que coincidían con los países con mayor desarrollo económico): alemán, francés e inglés. Todo científico de esta época debía manejarse en estas tres lenguas.

El inglés emerge de la Segunda Guerra Mundial como el idioma científico dominante. Ello está estrechamente

---

[42] "El término (lengua franca) es recurrente y abarca a toda la literatura que se ocupa del tema; por lo general, se asocia con el latín, el idioma del saber en otros tiempos. La imagen es parcialmente verdadera pero encubre ciertas incongruencias. La expresión 'lengua franca' no figura en las descripciones de ninguna lengua románica; su aparición es tardía y data del siglo XI. Designa un tipo de habla intermedia que servía para la comunicación entre los cruzados de distintas naciones en la lucha por la cristianización del mundo islámico. Irónicamente, su origen es fruto de un malentendido: deriva de *lisant-al-farang*, del árabe. Porque los musulmanes asociaban a los invasores –más allá de sus orígenes– con los francos. Las incongruencias persisten incluso se consideramos el término en el comienzo de la Edad Media. *Scientia* equivalía a 'un saber cierto' y se aplicaba a la teología, la lógica, la física y las matemáticas. La astronomía y la óptica eran llamadas ciencias medias porque prestaban sus principios a otras disciplinas; la navegación, la contabilidad, la cirugía, la farmacia y la construcción de edificios eran especialidades prácticas o, mejor dicho artes. El latín era la lengua de la *scientia*; los otros saberes –desde las ciencias medias hasta las artes– se expresaban en idioma vernáculo. Tampoco se tiene en cuenta que, en la jerarquía social dominante, utilizar la lengua vulgar equivalía a desclasarse, a rebajarse; el latín no era solo una lengua franca sino un medio de comunicación prestigioso." (Ortiz: 101-102).

asociado al hecho de que a la terminación del conflicto bélico Estados Unidos era el único país industrializado cuya infraestructura educativa y tecnológica no sólo no había sido afectada negativamente por la destrucción bélica, sino que además había tenido un desarrollo acelerado en diversos planos para hacer frente a la extraordinaria demanda mundial de bienes agrícolas e industriales que la situación había demandado.

Dentro de este desarrollo se asistió a una gran expansión de la enseñanza superior y de institutos de investigación ligados al conflicto bélico pero que luego trasladaron investigaciones de punta a diversos planos de la esfera económica y productiva. Muchos aspectos centrales de lo que se entiende hoy por "sociedad de la información" fueron inicialmente elaborados en inglés.

En los siguientes cuadros y gráficos, a partir de tomar datos de una de las primeras revistas científicas, se aprecia esta evolución, en la que se destaca la desaparición del latín, que fue la "lingua franca" dominante hasta el siglo XVIII y su reemplazo por las lenguas vernáculas.

Cuadro N° 1. Evolución de los idiomas del material citado en la revista *Philosophical Transactions* de la Royal Society deLondres (1665-1990). En años y porcentajes

Idioma del material citado						
	1665	1750	1850	1900	1950	1990
Inglés	48	33	56	52	81	89
Francés	12	13	23	6	7	3
Alemán	0	0	14	41	8	5
Latín	35	47	7	0	–	–
Otros	5	7	0	1	4	3

Fuente: Allen et al. (1994).

Figura 1. La homogeneización lingüística vista a través de las referencias de la revista *Philosophical Transactions of the Royal Society* (1665-1990). En años y porcentajes

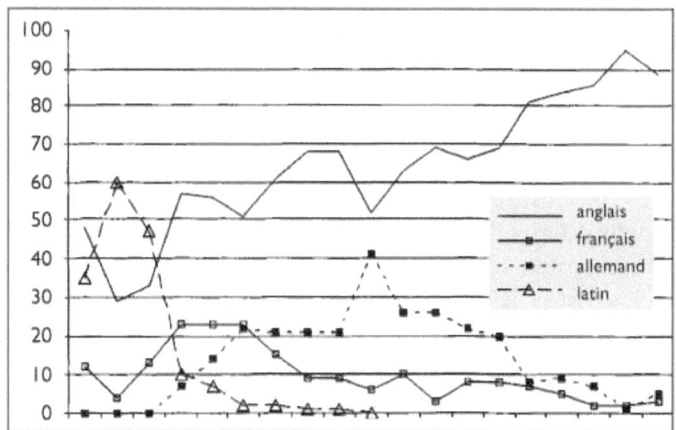

Fuente: Gingras (2002).

Se aprecia la gran presencia del francés por el prestigio de la Academia de Ciencias de Francia y luego del idioma alemán, dominante en ciencia hasta las primeras décadas del siglo XX. Teniendo en cuenta que los datos están tomados de una revista situada en Inglaterra, la importancia del inglés en estos datos siempre es significativa, pero el dato de 1950 ilustra el pasaje dominante a este idioma, lo que se incrementaría fuertemente en los años siguientes.

Los datos de las bases de datos internacionales de revistas científicas indexadas lo muestran claramente y no es necesario abundar en ello. Sin embargo, sería un grave error creer que toda la producción científica, y ni siquiera su mayor parte, se publica en inglés. Hay una enorme proliferación de revistas científicas, más de doscientas mil, muchas de ellas con sistemas de evaluación por pares que no son incorporadas a bases de datos como las del ISI, que hemos visto más arriba establece normas severas y excluyentes a quienes no publiquen dominantemente en este idioma. Mientras en estas décadas el inglés tomaba fuerza como lengua científica dominante, competía con la aparición de otra lengua científica importante: el ruso. La Guerra Fría entre la Unión Soviética y Estados Unidos obligaba a los científicos de la Unión Soviética y de los países del este europeo bajo su órbita, a publicar sus resultados exclusivamente en ruso, lo que está ligado a la importancia del VINITI, como veremos más abajo. Durante las décadas de 1950 y de 1960, muchas publicaciones científicas se escribían en inglés o en ruso.

Esto es aun mucho más acentuado en relación a las disciplinas. Para las Ciencias Naturales, el inglés es naturalmente el idioma de la ciencia. Por un lado debido a un proceso de circunstancias históricas que hemos desarrollado en distintas partes de este volumen y que tiene que ver además con la inversión de la relación entre ciencia y tecnología producida desde el siglo XX en que la primera pasa a dominar la relación y lo hace en los países que unen a un aparato científico avanzado, inversiones de capital continuas, equipos especializados y laboratorios de investigación de alta complejidad. Alemania y luego Estados Unidos comandaron estos procesos y de ahí el peso de la lengua alemana primero y del inglés posteriormente, tema aceleradamente resuelto por el fin del conflicto bélico, que también enfrentó en este nivel a los organizadores de ciencia básica.

En estas disciplinas, el inglés se utiliza tanto para la investigación como para la comunicación oral y escrita, particularmente a nivel internacional. Ello a pesar de que quienes no son oriundos de países de habla inglesa se encuentran en desventaja al respecto. Pero ello está referido a las Ciencias Naturales básicas. En el caso de las ciencias aplicadas, de creciente relevancia en el desarrollo de las ciencias, mucha producción científica se piensa, organiza y difunde en publicaciones locales y regionales que utilizan idiomas propios.

En el caso de las Ciencias Sociales, el panorama es muy diferente. Si bien núcleos de elite de distintos países comunican su producción internacional en inglés, tal proporción es ínfima, como lo revela el análisis de lo publicado en las bases de datos internacionales. Por razones ligadas al tipo de producto científico, la utilización del idioma vernáculo es decisiva para expresar los fenómenos particulares e históricos que son el objeto de su análisis, y que no pueden traducirse en conceptos universales de transmisión directa como sucede en el caso de las Ciencias Naturales. Como veremos, ello tiene también que ver con la relevancia para estas ciencias de los libros como soporte más calificado de generación de conocimiento.[43]

---

[43] "La lengua sociológica está marcada por las exigencias de su soporte lingüístico. Ahora bien, contexto y lengua se conjugan mutuamente. El objeto sociológico se construye a través de la lengua; emplear este o aquel idioma no es fortuito, una mera sutileza de estilo, sino una dimensión decisiva en la formulación final. El discurso de las ciencias naturales se justifica porque consigue reducir el lenguaje, depurarlo de su residuo sociocultural, algo impensable para la comprensión de la sociedad. En este caso, el inglés no puede funcionar como lengua franca, no por cuestiones de principio morales o de orgullo nacional, sino

El impacto de las exigencias del ISI en estos procesos no puede ser subestimado. Ya hemos visto que el ISI planteaba: "Los títulos de los artículos en inglés, los resúmenes, y las palabras claves son esenciales. También se recomiendan las referencias citadas en lengua inglesa. Aunque en todos los idiomas se publica información científica importante, los autores deben proporcionar traducciones en inglés de los títulos de los artículos, de las palabras claves y de los resúmenes, si desean alcanzar el mayor número de lectores posible. Además, por una cuestión puramente práctica, no sería factible para el ISI asumir la responsabilidad de traducir este material [...] Para reflejar apropiadamente el contexto global en el cual tiene lugar la investigación científica y para proporcionar cobertura balanceada en cada categoría, el ISI procura indizar también las mejores revistas regionales. Sin embargo, en vez de comparar una revista regional con todas las otras revistas de su categoría específica, el editor del ISI la considera en términos de las publicaciones provenientes de la misma área geográfica. Elevados patrones en cuanto a la presentación y publicación, especialmente la periodicidad y los datos bibliográficos en inglés, siguen siendo esenciales para el análisis."

Como en tantos otros aspectos de la instalación internacional del ISI, Eugene Garfield encabezó la ofensiva destinada doblegar a las comunidades científicas más tradicionales en relación al uso del idioma. Fiel a su estilo frontal, durante una visita a Francia en 1976 publica en la revista *Recherche* (vol. 7, nº 70), un artículo provocativamente titulado "La science francaise est-elle

---

en virtud de la naturaleza misma del saber construido." (Ortiz, 2009: 112).

provinciale?" en que señala que a pesar de haber contado con grandes científicos, la ciencia francesa se encuentra en franco deterioro. "El síntoma más evidente de la decadencia de la ciencia francesa es el rechazo de los científicos franceses a reconocer que el idioma francés ya no es la lengua internacional por excelencia. Al publicar los resultados de sus investigaciones exclusivamente en francés la mayoría de los científicos impide que sean leídos por el resto de la comunidad internacional". Los parámetros de Garfield eran los niveles de citación recogidos por el ISI que por su propia conformación privilegiaban la publicación en inglés.

El artículo provocó una airada reacción en el mundo académico, periodístico y político francés. Es que Francia se encontraba todavía bajo el impacto del período conocido como los "trente glorieuses", haciendo alusión a las tres décadas posteriores a la terminación de la Segunda Guerra Mundial. Ello debido al proyecto desarrollado bajo el liderazgo inicial del gaullismo, que logró integrar poderosas iniciativas estatales con estímulos al crecimiento industrial. El proyecto fue largamente exitoso. Durante los años que van desde 1945 a 1975, Francia experimentó un crecimiento económico sin precedentes en su historia (4,5% en promedio) provocado por un gran crecimiento demográfico y la integración de manera competitiva de Francia a una economía internacional en expansión. El sistema educacional y científico francés jugó aquí un papel destacado reforzando el orgullo nacional por estas realizaciones. En este contexto los investigadores franceses fueron presionados por sus agencias estatales para presentar en los congresos internacionales sus ponencias en francés.

La presentación de Garfield impulsó al sistema académico francés a la realización de conferencias donde los científicos y lingüistas profundizaran la comprensión del fenómeno y sus causas. Los franceses respondieron con el primer simposio de Orsay, que tuvo lugar en 1980 bajo el título "Le français chassé des sciences". En 1981 en Québec, el Consejo de la lengua francesa organiza en Montréal, un coloquio internacional sobre el tema "L'avenir du français dans les publications et communications scientifiques et techniques". El debate fue tan importante que en 1982 la Academia de Ciencias de París se siente obligada a producir su propio informe sobre el asunto.

Sin embargo, por las razones objetivas que hemos desarrollado al presentar la preeminencia del inglés como idioma vehicular, la intervención de Garfield fue simplemente informar de un fenómeno de fondo: la disminución constante de la proporción de las publicaciones en lengua francesa en el conjunto de la producción mundial de ciencia. Ello no se explicaba por la caída de la producción científica francesa, sino por el hecho de que cada vez más investigadores franceses escribían sus artículos en inglés, incluso en revistas científicas publicadas en Francia. Una situación emblemática fue la del Instituto Pasteur, que paulatinamente pasó de publicar en francés a hacerlo en los dos idiomas. Con nueva información estadística del mismo origen Garfield respondería a los comentarios franceses en su revista *Current Contents* (8 de abril de 1977, págs. 5-12). En 1988 Garfield insistiría en el tema señalando que mientras que los artículos escritos en inglés por los investigadores franceses representaron sólo el 25% del total de partidas identificadas de los investigadores franceses, en revistas del Scientific Citation Index en 1973, la cifra ya era del 51% en 1978 y de más del 70% en 1988. (Garfield, *Current Contents*, 6 junio de 1988).

Lo relevante de las afirmaciones de Garfield, que siempre fueron totalmente transparentes al respecto es que, como señala Renato Ortiz (2009), resignifican la idea mertoniana de la universalidad de la ciencia. "Al incluir la universalidad en la lengua, la retira de los imperativos abstractos del mundo de la ciencia. Universal se vuelve equivalente a difundido en inglés; el provincialismo define, como contrapartida, la esencia de los otros idiomas. Este juicio valorativo y discriminatorio orienta la división entre revistas 'universales' y revistas 'domésticas', dado que escribir y publicar en inglés implica la existencia de un desnivel jerárquico entre el mundo y la provincia" (2009: 203).

Para completar este momento de consolidación del inglés como lengua de la ciencia, es importante incorporar el peso relativo de las instituciones rusas ligadas a la organización de la ciencia.

19.2.8. El VINITI

En el punto 17.2., al desarrollar los antecedentes bibliométricos que precedieron a la creación del ISI, habíamos planteado la relevancia de la creación en la Unión Soviética en 1952 del Instituto de Información Científica y Técnica VINITI (*Vserossiisky Institut Nauchnoi I Tekhnicheskoi Informatsii*), como una rama de la Academia Rusa de las Ciencias.

Es el mayor banco de datos en línea en Rusia y contiene más de 25 millones de documentos. La base de datos contiene el Resumen Diario, que es leído por científicos de muchos países. En el año 2002 VINITI tenía más de 240 bases de datos sobre la Ciencia y la

Tecnología, la Economía y la Medicina. Contaba con sistemas de recuperación de gran alcance, y una amplia gama de servicios. Durante casi seis décadas, VINITI ha sido el principal centro de información en Europa del Este. La tarea principal del Instituto es proporcionar a investigadores, diseñadores e ingenieros la información sobre los últimos avances en ciencia y tecnología en todo el mundo.

Actualmente, el VINITI procesa la producción de varios campos de la ciencia y la tecnología, publica en 70 países en 40 idiomas, selecciona libros, revistas, actas de congresos, descripciones de invención y patentes y artículos científicos depositados. Este flujo de información integral constituye la base de datos más grande de Rusia en Ciencias Naturales, aplicadas y técnicas. La base de datos se compone de numerosos sub-campos que abarcan una amplia variedad de disciplinas científicas y tecnologías, cuestiones económicas y de Medicina. La base de datos es accesible en línea. Permite un acceso rápido a las descripciones bibliográficas, resúmenes, textos completos, multimedia, y otra información. Durante las siete décadas de la existencia de la URSS, Rusia se convirtió en la lengua de comunicación científica en Europa del Este, Asia y algunos países de América. Como resultado, el VINITI se hizo popular en las antiguas repúblicas soviéticas y muchos otros países. Los usuarios del VINITI ahora están dispersos en 68 países y entre los suscriptores hay muchos expatriados rusos.

VINITI emplea a cerca de 800 profesionales con preparación especializada en diversos campos de las ciencias básicas y aplicadas, con dominio de idiomas extranjeros. El instituto está compuesto por 15 departamentos que procesan la literatura en un campo específico de la ciencia (por ejemplo, la Física y la Astronomía, ciencias de la tierra) y un departamento especial para la revista y la adquisición de libros.

Los siguientes criterios se consideran para la indexación de revistas extranjeras en VINITI: norma editorial básica, revisión por pares, el número de otras bases de datos que cubren la revista, el número de agencias de envío, el análisis visual y la versión electrónica. Los siguientes criterios de indexación se aplican a la selección de las revistas locales: a) las revistas publicadas por Rusia (más de 200 títulos, entre ellos 155 títulos publicados por la editorial Nauka, con 119 en ciencias básicas y aplicadas); b) revistas rusas cubiertas por Web of Science; c) las revistas incluidas en la lista de revistas elegidas por el Comité de Alto Calificación; d) las revistas incluidas en Scopus (180 títulos). En 2010, la proporción de publicaciones en inglés era del 49,77%, en ruso el 36,9%, en chino el 5,11%, en alemán el 4,49%, en ucraniano y en francés el 0,55%, y en japonés un 0,44%. VINITI también procesa publicaciones en revistas de las antiguas repúblicas soviéticas si estas publicaciones tienen resúmenes en ruso. Como se aprecia, la potencia tradicional rusa en estos temas mantuvo en el período soviético relevancia, impactando todavía hoy en el manejo de información y la evaluación (como vimos oportunamente al analizar el tema de los rankings). La declinación soviética y su fragmentación debilitaron su influencia y fortalecieron el predominio del idioma inglés como lengua franca científica. Pero el poder económico y político de Rusia y su tradicional vuelta a las fuentes en materia de un proyecto imperial latente, no pueden ser omitidos en el análisis en relación a los temas de comunicación científica y sistemas de evaluación internacionales de la ciencia y la calidad de las instituciones universitarias.

20. El Institute for Scientific Information (ISI): "el huevo de la serpiente" en la evaluación científica

"El huevo de la serpiente" es una metáfora popularizada por la película de ese nombre dirigida por Ingmar Bergman en 1977 y ambientada en el Berlín de los años 20. El científico que realiza experimentos sobre los seres humanos, el Dr. Vergerus dice: "Cualquiera puede ver el futuro, es como un huevo de serpiente. A través de la fina membrana se puede distinguir un reptil ya formado". La película describe el proceso que condujo a la destrucción de la democracia alemana y su paulatina sustitución por un régimen totalitario a partir de 1920. Se refiere a que cuando está en la etapa de gestación, la serpiente puede ser vista a través de la cáscara transparente del huevo. Y lo que se ve es un bichito insignificante y hasta simpático, que puede incluso inspirar compasión. Por eso, nadie se atreve a destruirlo impidiendo su nacimiento. Pero cuando sale del huevo y comienza a actuar, el proceso no para hasta que la destrucción es total. Y cuando por fin alguien quiere hacer algo al respecto, es demasiado tarde.

Al desarrollar detalladamente la historia de la construcción del Institute for Scientific Information (ISI) y de su creación distintiva, el Science Citation Index (SCI), hemos dejado claro que las raíces de este índice de citas están fuera del mundo de la ciencia, no sólo nacieron fuera de la comunidad científica sino que fueron desarrollados por una persona ajena al sistema y de ahí la resistencia inicial a adoptarlo. Desde la década de 1960 y en relativamente escasos años, la indización de la literatura académica ha evolucionado desde un simple sistema de recuperación de la información (encontrar información publicada relevante) y difusión selectiva de la información a una herramienta para evaluar a la investigación y a los investigadores.

En Eugene Garfield, su creador, difusor y defensor acérrimo a lo largo de décadas (además de su beneficiario económico principal en el período fundacional) se conjugaron la percepción de la necesidad acuciante de organización de la información científica a partir de las demandas latentes con el forzamiento de las posibilidades de la época en materia de capacidad de procesamiento. Frente a la existencia de decenas de miles de revistas científicas a nivel mundial, publicadas en diversos idiomas, se imponía una operación quirúrgica audaz. En primer lugar, definir arbitrariamente a las revistas de "elite" ligadas a las instituciones con editoriales poderosas o asociadas con las principales editoriales privadas de difusión comercial. En segundo lugar, como hemos visto, marcar como atributo casi excluyente a las publicaciones en inglés como las pertenecientes al universo que vale la pena incluir en el análisis, y por lo tanto en el Science Citation Index.

En numerosas oportunidades, Garfield reconoció que su propósito no era establecer una medida de la calidad de la ciencia sino un sistema de conteo de la utilización efectiva de la información científica. Todavía en 1998 Garfield reconocía que: "La nueva generación de científicos, e incluso los cientometristas, necesitan que se les recuerde periódicamente que el Science Citation Index (SCI) no fue originalmente creado para realizar estudios cuantitativos, calcular el factor de impacto ni para facilitar el estudio de la historia de la ciencia".

Sin embargo, Garfield fue extraordinariamente hábil al involucrar simultáneamente a la tradición que reclamaba la organización de la información científica encarnada por John D. Bernal, con quien estableció cordiales relaciones, con una tardía relación personal con Merton reivindicando sus aportes sobre la importancia de la meritocracia de los científicos basada en los lugares de reconocimiento de su producción científica, espacio rápidamente cubierto por las revistas incorporadas al ISI, y sobre todo con lo funcional que resultaron las mediciones de SCI para de Solla Price, que le permitieron apoyar en mediciones empíricas mucho más amplias que la de sus propios estudios su tesis sobre la existencia de una correlación significativa entre la solidez cualitativa y la solidez cuantitativa de los artículos científicos. Paul Wauters (1999) ha destacada la ansiedad con que Price le reclamaba a Garfield datos procesados en el nuevo espacio generado para consolidar empíricamente sus avances pioneros en la historia de la ciencia.

Garfield no los involucró simplemente en el plano conceptual. Los integró en las actividades del ISI y, apoyados en su prestigio y en el apoyo de los genetistas encabezados por el premio Nobel Joshua Lederberg, logró el apoyo que hasta allí había sido muy reticente de la National Science Foundation y de las altas esferas de poder del gobierno norteamericano apremiado por el desarrollo de demandas de racionalización burocrática asociadas con el aparato organizativo necesario para la gestión de la inversión pública en investigación y desarrollo, dada la competencia con la Unión Soviética por la repercusión de sus avances en la carrera espacial.

A partir entonces de un esfuerzo inicialmente centrado en una organización de la información científica, al acoplarse la comunidad científica asociada a las elites a través de las revistas y al gran negocio de la evaluación, los avances empíricos discrecionales y condicionados por las limitaciones de presupuesto y de desarrollo de la informática, van evolucionando en la construcción de una teoría. Garfield tenía muy claro en este plano los planteos de Bradford porque era bibliotecario y les eran útiles para definir la selección forzada por escasez de recursos y limitaciones de la computación. Lo va transformando en teoría y así se explica la primitivez del sistema de construcción de estos sistemas de evaluación científica.

Se puede hacer una analogía con los avances científicos de los siglos XVIII y hasta casi finales del XIX. Los mismos no fueron la aplicación del conocimiento científico disponible sino que primero se desarrollaron las invenciones pragmáticas de ciertos individuos que luego fueron la base material del desarrollo del conocimiento científico. El ejemplo típico es el descubrimiento del vapor, cuyo funcionamiento en el plano teórico solo fue comprendido años más tarde, cuando ya funcionaban las bombas a vapor. Aquí es lo mismo. Primero se construyó un sistema parcial, limitado y deformado, y luego la comunidad científica lo sacralizó. Sistema que surgió no de una teoría sino de la praxis del sistema shepard de citación. La Cientometría le fue agregando sofisticados desarrollos de indicadores y de información analítica, pero siempre ocultando el pecado original, el "huevo de la serpiente". Nadie pudo plantear una alternativa al sistema de citación, objeto de representación de segundo orden, según Wouters, usado como de primer orden. Dudas sobre la identificación de lo cuantitativo como sinónimo de cualitativo fueron planteadas por diversos autores (los hermanos Stephen y Jonathan Cole, por ejemplo) en forma dubitativa, sin poder enfrentarse a la maquinaria en marcha.[44] Quienes criticaron al SCI quedaron inicialmente marginados. Pero la incoherencia estructural de su metodología sigue presente, de ahí las reacciones actuales contra la utilización del "factor de impacto" de las revistas científicas en los procesos de evaluación, de las rebeliones contra el elevado costo de la producción científica publicada por monopolios privados y de la deformación de los procesos de evaluación asociados.

---

[44] En un artículo publicado en 1967 identificaron la cantidad de citas recibidas por un artículo y un grupo de artículos de una muestra de físicos norteamericanos con la relativa importancia de la calidad de dichos artículos en el área. Pero un año después, en 1968, afirman: "Cuando se controla la calidad de los trabajos de los físicos, la cantidad prácticamente no produce ningún efecto independiente sobre la visibilidad. De allí que podamos concluir que, para los físicos que producen artículos de gran calidad, no tiene mayor importancia que su lista bibliográfica sea extensa o no" (1968: 397).

Las críticas al sistema de medición de la calidad a partir de la utilización del "factor de impacto" del ISI fueron de dos órdenes. Las metodológicas en base a cuestionar las bases de la cultura de la citación, es decir del uso de la acumulación cuantitativa de las citas como sinónimo de calidad, y las centradas en mostrar las limitaciones técnicas contenidas en el uso del indicador como tal.

En 1999 es sin dudas Paul Wouters quien elabora la más significativa crítica a la cultura de la citación, que según el autor ha cambiado, sin saberlo, y sutilmente los conceptos básicos de la ciencia moderna, como la calidad científica y su influencia, con fuertes consecuencias sobre los científicos y la política científica, a pesar de la falta de éxitos de la Cienciometría que se apoyó en su desarrollo en el sistema de la citación. Lo primero que destaca es la extrema heterogeneidad de los procesos de utilización de citas entre las distintas disciplinas, contraponiendo a un matemático que no cita muchas publicaciones con los que hacen investigación biomédica que pueden citar cientos de artículos. Las culturas varían profundamente, no solo entre las especialidades, sino también entre las revistas que históricamente han existido.

Para la cultura de la citación, la frecuencia de las citas parece una buena forma de medir objetivamente la utilidad científica, la calidad o el impacto de la publicación. Pero Wouters destaca que la cita, como se usa en el análisis bibliométrico y en los indicadores de ciencia y tecnología, no es idéntica a la referencia producida en el escritorio de un científico. La cita, entonces, es producto del indexador de citación, no del científico. Por ello desde la creación del ISI para hacer viable el nacimiento del índice de citas y su utilización por los investigadores, fue necesario un proceso de traducción cuyo resultado es la nueva forma en que el SCI representa a la ciencia. El análisis de citas y la Cientometría se basan en la literatura científica y están un paso por detrás de la práctica de investigación que les da origen. Pueden ser vistos como representaciones de "segundo orden" de lo que sucede en los laboratorios o en el escritorio de los científicos.

La cita es un nuevo signo diferente a la referencia en que se basa. Los indicadores cientométricos están arraigados en la literatura, capturan diversas relaciones entre las publicaciones, pero, y este es un punto crucial, ignoran su contenido. La representación de la literatura científica por la Cientometría se basa en sus propiedades formales que desconocen expresamente las dimensiones cognitivas implicadas.

Además de la distorsión del proceso de selección de las "revistas centrales" que contendrían las mejores y más significativas contribuciones de un determinado campo del conocimiento asociadas a la de "ciencia central"[45] el ISI introduce un elemento de medición: "el factor de impacto".

---

[45] Hemos mostrado más arriba los criterios con que el ISI selecciona las revistas a incluir en sus selectivos listados. Se señala allí: "Cada revista se somete a un extenso proceso de evaluación antes de ser seleccionada o rechazada. Los editores del ISI que realizan las evaluaciones de revistas cuentan con una formación educacional apropiada para sus áreas de responsabilidad, así como experiencia e instrucción en la ciencia de la información. Su conocimiento de la literatura de sus campos de especialización se amplía mediante la consulta a redes establecidas de asesores, quienes participan en el proceso de evaluación cuando es necesario." Es decir que el proceso supone un staff con un conocimiento completo sobre la literatura científica

Introducido inicialmente como una medida estadística destinada a facilitar la labor de los bibliotecarios para garantizar la compra de material para las bibliotecas de las publicaciones más citadas, la comunidad científica distorsionó su utilización al contar con una medida comparativa que al evaluar supuestamente a las revistas más utilizadas como sinónimo de las mejores o de más calidad, trasladó este criterio a la evaluación de los investigadores en relación a donde publicaban. En la misma dirección se deformaron los criterios de evaluación de proyectos de investigación, de asignación de recursos para los mismos y todo aquello que permitía contar con medidas "objetivas" de medición de la calidad y evitaban la siempre tediosa y compleja evaluación de las personas y los productos considerados.

La utilización del "factor de impacto" ha recibido innumerables críticas de la comunidad científica, particularmente porque la distorsión de las revistas utilizadas por el ISI beneficia abiertamente a las revistas hegemonizadas por las comunidades académicas de los países

---

internacional publicada en gran cantidad de idiomas. Pero en realidad ello no es así, porque claramente se señala que "los títulos de los artículos en inglés, los resúmenes, y las palabras claves son esenciales. También se recomiendan las referencias citadas en lengua inglesa". Finalmente, los criterios que son tomados para ser incorporados son esencialmente formales: "El ISI también observa si la revista cumple o no los requisitos editoriales internacionales, que ayudan a perfeccionar la recuperación de los artículos originales. Estos requisitos incluyen títulos de revistas informativos, títulos de artículos y resúmenes completamente descriptivos, datos bibliográficos completos en todas las referencias citadas, e información completa sobre la dirección para cada autor."

más desarrollados, particularmente los que tienen el inglés como lengua nativa.

Antes de desarrollar en detalle estas críticas que tiene que ver con las limitaciones técnicas, subrayemos que la deformación introducida en la evaluación por las "revistas centrales" se agrava notablemente para el caso de las Ciencias Sociales y las Humanidades. La principal distorsión es el reduccionismo de evaluar la calidad académica a través de las revistas científicas. En estos campos disciplinares el soporte más utilizado es el libro, ya sea como producto de una obra relevante individual o como la recopilación alrededor de una temática de artículos en libros generalmente editados por un alto referente de la respectiva especialidad. Más allá del prestigio de determinadas editoriales, de la presencia de directores de colección o de comités editoriales, la edición de libros no permite una comparación sistematizada directa de la calidad a través de indicadores abstractos como los utilizados en la citación de revistas que suponen a través del factor de impacto la existencia de una ciencia global unificada y comparable. Si algo se refuerza en el campo de las Ciencias Sociales es la diversidad no solo temática sino del estudio de diferentes fenómenos locales con historias y ámbitos geográficos específicos que son parte constitutiva de su contenido esencial y por lo tanto que definen en su forma de expresarlo la calidad de la investigación realizada.

Una crítica integral a los análisis cuantitativos de la literatura científica y su validez para juzgar la producción latinoamericana fue realizada desde la Organización Panamericana de la Salud por el destacado especialista en estos temas, Ernesto Spinak, señalando que los datos bibliométricos no proveen una garantía intelectual suficiente en cuanto a su significado e importancia, debido a las limitaciones de las bases de datos usadas y sus procedimientos. Los procesos de investigación de una sociedad, objeto de medición en la Cienciometría, no son enteramente "objetivos y neutros", como una ley física natural, sino que forman parte de las estructuras sociales y están inmersos en éstas, por lo que varían de unas sociedades a otras. La supuesta objetividad de estas mediciones descansa en consideraciones implícitas que no son necesariamente ciertas en todos los casos. Los sociólogos han señalado esta limitación cognoscitiva del análisis de citaciones, así como el carácter no normativo de la empresa científica en los países en desarrollo (Spinak, 1996: 140).

En la misma publicación Garfield polemizó con esta publicación pero en su estilo tradicional, es decir no abordando las cuestiones metodológicas de fondo, sino, como lo había hecho con las críticas de los académicos franceses, reafirmando que los "mejores científicos latinoamericanos publican sus mejores trabajos en revistas internacionales. También pueden publicar en revistas nacionales por diversas razones legítimas pero para conseguir el reconocimiento internacional que buscan, cada vez publicarán más en revistas internacionales o regionales". Y desechando las críticas agrega en forma descalificatoria para su interlocutor: "No obstante sus comentarios hallarán resonancia en muchos que en el Tercer Mundo creen que hay una conspiración de los servicios bibliométricos o de indización, destinada a negar a los países pequeños el reconocimiento debido. Es significativo que quienes hacen estas afirmaciones no suelen ser científicos que produzcan investigaciones significativas en el ámbito internacional". (Spinak, 1996: 146).

Hay una afirmación en la respuesta de Garfield que merece un comentario especial: "Ernesto Spinak ha aprovechado la publicación de mi artículo en el Boletín de la Oficina Sanitaria Panamericana (vol. 118, nº 5, págs. 448-456, 1995) para lanzar una polémica filosófica sobre la validez de los indicadores cuantitativos en el Tercer Mundo y, en concreto, para cuestionar la relevancia del Science Citation para tales propósitos. De esta manera, vuelve a traer a colación las ya viejas impugnaciones referentes a inconvenientes y defectos reales e imaginarios del análisis de citación. *Sin embargo, nunca señala específicamente cuál es el error concreto en los datos*" (resaltado nuestro). Esto coincide con toda la producción intelectual de Garfield que dejó a Merton, Price, Zuckerman y otros académicos de la corriente funcionalista de la Sociología americana la defensa del sistema de citaciones en términos teóricos como sinónimo de calidad académica, y por ende de prestigio y reconocimiento social. Garfield siempre fue un pragmático que avanzó en los objetivos de organización de un tipo parcial de información, en búsqueda de expresos objetivos comerciales privados y en la medida en que encontró el respaldo acrítico de gran parte de la comunidad académica internacional pudo hacerlo. De ahí que frente a una crítica importante e integral que cuestionaba los fundamentos mismos del sistema de citación así organizado se refugió en la empiria limitada de los indicadores construidos y en su utilización efectiva como suficiente argumento. Aplicó con perseverancia y soberbia el poder enorme que le daba el manejo de la única base de datos originalmente conformada, y el gran respaldo de las empresas comerciales vinculadas a las revistas y de las elites académicas que se sentían cómodas dentro del sistema diseñado.

El cubrimiento de revistas en las bases de datos del Institute for Scientific Information es muy bajo. En el año 2002 la décima edición del Directorio de Revistas publicado en ese año por Ebsco, registra 175.000 revistas científicas publicadas por 250 países con información sobre 86.000 editores científicos y comerciales. Según el Ulrich International Periodicals Directory en ese año se identificaban más de 200.000 revistas científicas en el mundo contenidas en 2.569 categorías temáticas. (Patalano, 2005: 222).

En las 8.655 revistas registradas por el ISI en el año 2002 (algo más del 4% del total mundial), 62 pertenecen a América Latina y el Caribe (0.71%) 49 a España y 2 a Portugal, representando Iberoamérica un total del 1.3% del universo de la literatura científica así registrada. (Biojone, 2002). Ya en el año 2002, el registro de revistas Latindex de la Biblioteca Central de la Universidad Autónoma de México en el Indice de Revistas Académicas de América Latina, el Caribe, España y Portugal registraba más de 11.000 títulos, de los cuales 1.062 cumplían con todos los requisitos de alta calidad académica, contemplando tanto los aspectos formales de edición, continuidad, presentación, etcétera como los aspectos relativos a los comités editoriales, arbitraje, autores y contenidos. En el año 2014 el registro total de revistas es de 25.062, lo que supone por lo menos un par de miles de revistas de alta calidad. Muy pocas de ellas son relevadas por los registros del ISI.

Las escasísimas revistas de Sudamérica incluidas contrastan con los 72.186 *papers* científicos que registra para la región el Research Trends de Elsevier, en el año 2011. El Ranking Iberoamericano (SIR) de Universidades de SCImago con datos de la base Scopus del mismo año nos informa de 204.000 documentos científicos publicados en universidades de España y de 163.000 de Brasil. La magnitud de estas cifras exime de comentarios sobre el contraste de la producción científica y la representatividad de lo recogido por el ISI a través de las revistas seleccionadas. Aparece aquí el tema de que los científicos de Iberoamérica, sobre todo de las Ciencias Naturales, se ven forzados por el sistema a publicar en las revistas legitimadas desde el ISI o de Scopus, lo que refuerza un círculo vicioso que trae como consecuencia el debilitamiento o la imposibilidad del desarrollo de revistas nacionales en las que participen activamente los miembros de estas comunidades científicas. Lo más notable es que al publicar en las revistas monopolizadas por Thompson Reuters o Elsevier, la producción científica financiada por estos países se ve obligada a adquirir a elevados costos la producción generada por sus científicos. Estos temas serán tratados ampliamente en el próximo volumen.

Un ejemplo ilustrativo. Para Argentina, en el año 2007, para las Ciencias Sociales y del Comportamiento el ISI recoge 200 registros[46] y para las Humanidades, 12. Si tenemos en cuenta que el Ministerio de Ciencia, Tecnología e Innovación Productiva registraba para el año analizado 8.902 investigadores en Ciencias Sociales y 4.593 en Humanidades, ello significa que cada 45 investigadores de Ciencias Sociales se recoge 1 registro y

---

[46] Los registros del ISI no son solamente artículos, también incluyen, aunque en menor proporción actas de reunión, revisiones, material editorial, biografías, cartas, etcétera.

en el caso de las Humanidades se toma otro cada 383 investigadores (Barsky, 2014). En el año 2011 tales proporciones eran 1 registro cada 37.4 investigadores en Ciencias Sociales y del Comportamiento y 1 registro cada 292 investigadores de Artes y Humanidades, igualmente insignificante.

En contraste, por ejemplo en Ciencias Médicas, tal proporción era de 4.4 investigadores por cada registro.

Las publicaciones estadounidenses dominan dichas bases de datos. Por ejemplo, en el Journal Citation Reports del 2003, se incluyeron 2.267 revistas de los Estados Unidos y 1.219 de Gran Bretaña, mientras que las correspondientes a algunos países no anglófonos de incuestionable peso científico como Francia e Italia fueron 147 y 65, respectivamente, y sólo 29 revistas españolas incluidas.

Específicamente, los científicos estadounidenses, quienes presentan una inclinación a citarse entre ellos, dominan estas bases de datos (más de la mitad de las citas) hasta incrementar el índice de citas y el impacto medio de la ciencia norteamericana un 30% por encima del promedio mundial. En el año 2011 había en EE.UU. 511.412 científicos. Durante el 2010 habían publicado en el SCI 1.424.859 artículos científicos y tecnológicos. En Argentina se registraban 8.820 publicaciones de 50.340 investigadores.

Este sesgo se agrava por el uso de un periodo corto de tiempo para el cálculo del indicador, por ejemplo, en las publicaciones norteamericanas en medicina clínica, el 83% de las referencias en el mismo año se realizaron a otros trabajos publicados por norteamericanos (muchos de ellos probablemente autocitas), un valor 25% superior al nivel estable alcanzado después de tres años. Entonces, tanto la aparente calidad de líder de los norteamericanos como los factores de impacto de varias de sus revistas están, en gran parte, determinados por el gran volumen de autocitas y los sesgos de citación nacional que caracterizan a la ciencia de ese país.

Pero aun dejando de lado las relevantes discusiones sobre la validez del sistema de citaciones para medir la calidad de la investigación, y yendo al terreno de la praxis desarrollada por la acción del ISI, se destaca la gran cantidad de críticas a la construcción técnica del factor de impacto como instrumento de evaluación de los autores y las publicaciones científicas.

Además de las limitaciones que hemos marcado en relación al uso del inglés, una razonable sistematización de Cañedo Andalia et al. (2005) nos permite presentar estas críticas.

El factor de impacto de una publicación seriada concilia las diferencias entre los índices de citación de los artículos: la mitad de los artículos más citados se citan 10 veces más a menudo que la mitad de los artículos menos citados. Por ende es un promedio que no hace referencia ni siquiera al impacto de un artículo en particular.

El factor de impacto de una revista depende del campo de investigación al que pertenezca; es probable que revistas que cubren amplias áreas de las investigaciones básicas, con un crecimiento y, por tanto, con un envejecimiento también rápido de la literatura, presenten un alto factor de impacto.

Los índices de citación de los artículos determinan el factor de impacto de las revistas y no a la inversa: se asume, en general, que una publicación con un alto factor de impacto realzará el impacto del artículo. Esto no es cierto. Si una revista con un alto factor de impacto concediera una serie de citas a un artículo, con independencia de su contenido, la diferencia relativa disminuiría como una función del incremento del impacto de la revista. Por tanto, el alto impacto de una revista no concede un alto impacto a sus artículos.

El factor de impacto de una revista no es estadísticamente representativo del índice de citación de sus artículos. El factor de impacto de una revista se correlaciona pobremente con el índice de citación de sus artículos: los autores utilizan múltiples criterios, diferentes al factor de impacto, para enviar sus contribuciones a una revista.

Las citas a los materiales considerados "no citables" por el Science Citation Index, se incluyen erróneamente en el cálculo del factor de impacto: el Science Citation Index comprende sólo artículos normales, notas y revisiones como registros citables en el denominador (de la fórmula utilizada para el cálculo del factor de impacto), sin embargo, las citas (cuyo número se coloca en el numerador), abarcan toda clase de documentos (editoriales, cartas, resúmenes de conferencias, etcétera). Las citas a revistas publicadas en su idioma original y con una versión traducida, dos idiomas por ejemplo, se consideran doblemente. Por ello, una revista que incluya resúmenes de conferencias, editoriales interesantes y una sección activa de correspondencia puede tener un factor de impacto "inflado" con respecto a las que carecen de esta clase de materiales.

Los editores que desean incrementar el factor de impacto de sus revistas con referencia se basan en editoriales previos, porque no existen mecanismos de corrección para el cálculo del factor de impacto que considere las autocitas.

Las autocitas no se tratan correctamente al momento de calcular el factor de impacto: los artículos de revisión reciben grandes cantidades de citas que "inflan" el factor de impacto de las revistas. La extensión de los artículos influye en el factor de impacto de una revista. Los artículos largos atraen muchas más citas que los artículos con extensión promedio o cortos. Las revistas que publican "comunicaciones" breves y presentan una frecuencia de publicación alta –muchos números al año–, generan un gran número de autocitas y, con esto, un factor de impacto mayor en esta clase de revistas. Debido a que los artículos de una revista tienden a citar otros artículos en la misma revista, una frecuencia alta de publicación contribuye positivamente al impacto de la revista y se correlaciona significativamente con ella.

El conjunto de revistas procesadas varía de un año al otro, según se señala expresamente en el material del ISI que hemos reproducido, donde además se explican los criterios con que se dan de baja y se incorporan revistas por decisión del staff del instituto que se apoya esencialmente en requisitos estrictamente formales.

El factor de impacto de una revista es una función del número promedio de referencias por artículo en el campo de investigación donde se desarrolla su actividad. El impacto de citación de un campo de investigación es directamente proporcional al promedio de referencias por artículo, que varía considerablemente de un campo a otro (es el doble más alto en Bioquímica que en Matemática, por ejemplo). Los campos de investigación cuya dinámica genera que la literatura envejezca rápidamente, presentan factores de impacto promedio altos. Los campos de investigación dinámicos y con cortos periodos de publicación como la Bioquímica y la Biología Molecular presentan altas proporciones de citas de las publicaciones recientes –y por tanto altos factores de impacto–, mucho mayores que Ecología y Matemática, por ejemplo. Los hábitos y la dinámica de citación pueden ser muy diferentes de un campo de investigación a otro. Es imposible hacer comparaciones sobre el factor de impacto de revistas entre un campo y otro. Por ejemplo, los artículos sobre Bioquímica y Biología Molecular se citan unas cinco veces más que los que tratan sobre Farmacia.

El factor de impacto depende de la dinámica (expansión-contracción) del campo de investigación. En disciplinas jóvenes y de rápida expansión, el número de publicaciones que se citan es relativamente grande con respecto al total de material citable, ello produce índices de citación altos y por tanto, revistas con un alto factor de impacto.

Los campos de investigación pequeños tienden a carecer de revistas con alto factor de impacto. En un campo de investigación extenso y autocontenido, el índice promedio de citas de la revista o de sus artículos es independiente del tamaño del campo, pero el rango absoluto será más amplio en un gran campo, y ello significa mayor factor de impacto para las revistas punteras. Estas diferencias se vuelven obvias cuando se comparan revistas de revisión, que tienden a ubicarse en la cima del campo. Los científicos líderes en campos pequeños se encuentran en desventaja en comparación con sus colegas en los grandes campos, porque ellos carecen de acceso a revistas con un alto factor de impacto.

Sin embargo, la mayoría de los campos de investigación no son auto-contenidos, el factor con relación al campo de investigación más importante probablemente sea la habilidad de un campo de investigación para hacerse citar por campos vecinos. La relación entre Medicina clínica y básica es un ejemplo: la Medicina clínica descansa pesadamente en las ciencias básicas, esto no sucede a la inversa. El resultado es que la Medicina básica se cita entre 3 y 5 veces más que la Medicina clínica. El resultado de una evaluación basada en el factor de impacto en Medicina depende entonces de la posición de los grupos de investigación o de las instituciones en el eje básico-clínico. Las relaciones entre los campos (por ejemplo, investigación básica y clínica) determinan con fuerza el factor de impacto de la revista.

El uso de un espacio de tiempo extremadamente corto para el cálculo del indicador (citas a los artículos publicados sólo en los dos años anteriores) en el cálculo del factor de impacto introduce un sesgo temporal fuerte. Las revistas con una alta frecuencia de publicación presentarán citas relativamente más actualizadas y ello contribuirá poderosamente a su factor de impacto. Campos con una literatura más duradera, como la Matemática, reciben un número menor de citas en los dos primeros años utilizados para calcular el factor de impacto que otros campos con una gran dinámica.

El factor de impacto, como mecanismo de evaluación no sólo de la calidad, sino también de la utilidad, presenta una falta de universalidad para su aplicación y por ello, su uso debe restringirse a los campos donde su aplicación demuestre un claro valor, como sucede con los campos ricos en investigaciones, amplios, con una expansión geométrica, por ejemplo, las ciencias biológicas y preclínicas.

Existen pocas propuestas, y menos consenso, sobre cómo establecer el límite para diferenciar un factor de impacto alto de uno moderado o de otro bajo. Por demás, este análisis debe realizarse en cada área temática por separado, porque cada campo o disciplina tiene un comportamiento particular en cuanto al impacto.

El uso del factor de impacto como índice para medir la calidad de las publicaciones se fundamenta en la idea de que la frecuencia con que se cita una revista mide exactamente su importancia para la comunidad de especialistas, el área o la disciplina a la que pertenece. Existe una tendencia a hacer equivalentes los conceptos de visibilidad, alto impacto y prestigio y esto no es totalmente cierto. Aunque el factor de impacto se utiliza con menos frecuencia explícitamente para la evaluación académica, su contraparte implícita, el prestigio de la revista, se encuentra ampliamente extendido como criterio de evaluación y es probablemente el indicador más utilizado junto al conteo crudo de publicaciones.

El "prestigio" es una combinación indeterminada de productos de los procesos cognitivos (percepción, pensamiento), afectivos (emociones, sentimientos) y pulsacionales (necesidades, motivos) o de la actividad que surgen cuando los individuos emiten juicios de valor. El juicio humano como resultado intrínseco de la actividad espiritual del individuo, constituye un producto indescifrable de la acción de distintos procesos psicológicos, propios del ser humano en la mayoría de las ocasiones y, por lo tanto, de escaso valor para su empleo como mecanismo de evaluación científica.

Existe una propensión de las publicaciones a obtener un prestigio ante los expertos, que persevera en detrimento de su mérito científico. Las revistas reconocidas tradicionalmente pueden desplazar, según la evaluación de los expertos, a las revistas nuevas en términos de prestigio, aunque en términos profesionales estas publiquen artículos más importantes. Asimismo, el hecho simple de que un informe se publique en una revista prestigiosa, no es garantía de su calidad. Si bien una alta visibilidad es una condición indispensable para las demás propiedades, hay revistas con muy buena visibilidad que no presentan un alto factor de impacto o prestigio; un alto prestigio tampoco es garantía de un buen factor de impacto: la madeja de factores que inducen altos valores de impacto y prestigio y su influencia específica es aún un tema que requiere más estudios.

Uno de los criterios que utilizan los expertos del SCI para la selección de las revistas candidatas a ingresar a su base de datos es que estas hayan recibido un número suficiente de citas, de manera que las revistas no citadas se excluyen de su posible cobertura. Sin embargo, estas revistas poco citadas no necesariamente poseen una baja calidad, sino que simplemente pueden presentar algunas características como idiomas, temáticas, tipo de contenido o distribución que hacen que sean poco citadas por otras revistas.

La verdadera evaluación del trabajo de un científico debe realizarse por su contenido y no por el factor de impacto de las revistas donde se publique. Como se ha observado, el impacto de una revista no puede considerarse, en forma alguna, como representativo de sus artículos. Y si así fuera, el factor de impacto de una revista estaría aún lejos de ser un indicador de calidad: el impacto de citación es esencialmente una medida de utilidad más que de calidad científica y la selección de las referencias por parte de los autores está sujeta a fuertes sesgos sin relación alguna con la calidad.

Otro tanto sucede con el término "revistas núcleo", también ampliamente popularizado y que se asocia frecuentemente con alto factor de impacto y prestigio. Nada más lejano de la realidad, la noción de revistas núcleo se vincula con la esfera de la productividad y no del consumo como sucede con el factor de impacto y el prestigio. El concepto de núcleo se relaciona con la llamada ley de Bradford, que plantea que si un número determinado de publicaciones periódicas se ordena de forma descendente, según su productividad de artículos y se divide en tres zonas de análisis, cada una con igual cantidad de contribuciones, entonces existirá una zona núcleo con un reducido número de fuentes donde se encontrará la mayor cantidad de artículos y dos zonas restantes con una mayor dispersión.

21. Rebelión en la granja

El 16 de diciembre de 2012, en el contexto de la Reunión Anual de la Sociedad Americana de Biología Celular (BCSV) de los Estados Unidos se realizó una reunión de directores y editores de importantes revistas académicas. Allí, se emitió la Declaración de San Francisco de Evaluación de la Investigación y se señaló que hay una necesidad apremiante de mejorar la forma en que los resultados de la investigación científica son evaluados por las agencias de financiación, instituciones académicas y otras.

La crítica principal estuvo centrada en la utilización del "factor de impacto" de las revistas.

> El índice de impacto de las revistas se utiliza con frecuencia como parámetro primario con el que comparar la produc-

ción científica de las personas y las instituciones. El índice de impacto de revistas, según los cálculos de Thomson Reuters, fue creado originalmente como una herramienta para ayudar a los bibliotecarios a identificar revistas que comprar, no como una medida de la calidad científica de la investigación en un artículo. Con esto en mente, es importante entender que el índice de impacto tiene una serie de deficiencias bien documentadas como herramienta para la evaluación de la investigación. Estas limitaciones incluyen:
a) la distribución de citas en revistas está muy sesgada;
b) las propiedades del índice de impacto son específicas del campo científico considerado: es una combinación de varios tipos de artículos, muy diversos, incluyendo artículos de investigación primaria y opiniones;
c) los índices de impacto se pueden manipular de acuerdo con la política editorial;
d) los datos utilizados para el cálculo de los índices de impacto de las revistas no son ni transparentes ni están abiertamente a disposición del público.

A partir de este diagnóstico, el documento realiza una serie de recomendaciones:

-La necesidad de eliminar el uso de métricas basadas en revistas, tales como el índice de impacto de revistas, en la financiación, en los nombramientos y en las consideraciones de promoción;
-la necesidad de evaluar la investigación por sus propios méritos y no en base a la revista en que se publica la investigación, y
-la necesidad de aprovechar las oportunidades que ofrece la publicación en línea (como relajar los límites innecesarios en el número de palabras, figuras y referencias en artículos, y la exploración de nuevos indicadores de la importancia y el impacto).
Reconocemos que muchas agencias de financiación, instituciones, editores e investigadores ya están alentando prácticas mejoradas en la evaluación de la investigación. Estas medidas están empezando a aumentar el impulso hacia

enfoques más complejos y significativos para la evaluación de investigación que ahora se puede realizar y que son adoptadas por todos los principales grupos involucrados.

El tema se potenció fuertemente cuando el 11 de diciembre de 2013, al recibir el premio Nobel de Medicina, el biólogo norteamericano Randy Schekman emitió una fuerte declaración señalando, entre otras cosas:

> Todos sabemos lo que los incentivos distorsionadores han hecho a las finanzas y la banca. Los incentivos que se ofrecen a mis compañeros no son unas primas descomunales, sino las recompensas profesionales que conlleva el hecho de publicar en revistas de prestigio, principalmente *Nature*, *Cell* y *Science*. Se supone que estas publicaciones de lujo son el paradigma de la calidad, que publican solo los mejores trabajos de investigación. Dado que los comités encargados de la financiación y los nombramientos suelen usar el lugar de publicación como indicador de la calidad de la labor científica, el aparecer en estas publicaciones suele traer consigo subvenciones y cátedras. Pero la reputación de las grandes revistas solo está garantizada hasta cierto punto. Aunque publican artículos extraordinarios, eso no es lo único que publican. Ni tampoco son las únicas que publican investigaciones sobresalientes.
> Estas revistas promocionan de forma agresiva sus marcas, de una manera que conduce más a la venta de suscripciones que a fomentar las investigaciones más importantes. Al igual que los diseñadores de moda que crean bolsos o trajes de edición limitada, saben que la escasez hace que aumente la demanda, de modo que restringen artificialmente el número de artículos que aceptan. Luego, estas marcas exclusivas se comercializan empleando un ardid llamado 'factor de impacto', una puntuación otorgada a cada revista que mide el número de veces que los trabajos de investigación posteriores citan sus artículos. La teoría es que los mejores artículos se citan con más frecuencia, de modo que las mejores publicaciones obtienen las puntuaciones más altas. Pero se trata de una medida tremendamente viciada,

que persigue algo que se ha convertido en un fin en sí mismo, y es tan perjudicial para la ciencia como la cultura de las primas lo es para la banca.

Es habitual, y muchas revistas lo fomentan, que una investigación sea juzgada atendiendo al factor de impacto de la revista que la publica. Pero como la puntuación de la publicación es una media, dice poco de la calidad de cualquier investigación concreta. Además, las citas están relacionadas con la calidad a veces, pero no siempre. Un artículo puede ser muy citado porque es un buen trabajo científico, o bien porque es llamativo, provocador o erróneo. Los directores de las revistas de lujo lo saben, así que aceptan artículos que tendrán mucha repercusión porque estudian temas atractivos o hacen afirmaciones que cuestionan ideas establecidas [...] Hay una vía mejor, gracias a la nueva remesa de revistas de libre acceso que son gratuitas para cualquiera que quiera leerlas y no tienen caras suscripciones que promover. Nacidas en Internet, pueden aceptar todos los artículos que cumplan unas normas de calidad, sin topes artificiales [...] Los patrocinadores y las universidades también tienen un papel en todo esto. Deben decirles a los comités que toman decisiones sobre las subvenciones y los cargos que no juzguen los artículos por el lugar donde se han publicado. Lo que importa es la calidad de la labor científica, no el nombre de la revista. Y, lo más importante de todo, los científicos tenemos que tomar medidas. Como muchos investigadores de éxito, he publicado en las revistas de renombre, entre otras cosas, los artículos por los que me han concedido el premio Nobel de Medicina, que tendré el honor de recoger mañana. Pero ya no. Ahora me he comprometido con mi laboratorio a evitar las revistas de lujo, y animo a otros a hacer lo mismo.

Estas declaraciones tienen dos direcciones centrales. Por un lado cuestionan el dominio de las editoriales comerciales en el control de las revistas científicas por las distorsiones que ello provoca en el proceso de evaluación y de sus costos para los investigadores. Por otro apuntan a negar validez al "factor de impacto" de las revistas científicas que se miden en el ISI, controlado actualmente por la agencia también privada Thomson Reuters. Este cuestionamiento surge de la evidencia directa de las distorsiones que provoca este indicador, lo que ha sido tratado extensamente en la literatura sobre el tema. Sin embargo, es generalmente desconocido el origen del ISI, la forma arbitraria en que se organizó el Science Citation Index y la forma específica en que por razones estrictamente comerciales ello se plasmó, con la colaboración activa de un sector de la comunidad científica y la pasividad y sujeción de la gran mayoría de los científicos y de las autoridades de Ciencia y Técnica de muchos países. Para eso hay que remontarse a los debates e iniciativas previas existentes en relación a los sistemas de organización de la información científica, que es lo que hemos intentado presentar aquí.

CONCLUSIONES GENERALES

El crecimiento constante de los sistemas de educación superior a nivel mundial, por la expansión institucional y la masificación de las universidades, generó en la segunda mitad del siglo XX la preocupación de la sociedad y de los gobiernos por la calidad de la oferta multiplicada de carreras de grado y postgrado por universidades estatales y privadas. Estos procesos se fortalecieron a nivel internacional porque las matrículas universitarias se convirtieron en una fuente importante de ingresos directos e indirectos para los países con ventajas comparativas, además de la relevancia del crecimiento de su prestigio y poder en las relaciones internacionales.

En países de larga tradición de financiamiento estatal creció la preocupación por canalizar los recursos presupuestales en actividades con calidad garantizada. Los procesos de evaluación y acreditación por agencias estatales tendieron a garantizar a las sociedades nacionales la calidad de actividades o instituciones. En Argentina estas actividades fueron implementadas por la Comisión Nacional de Acreditación y Evaluación Universitaria (CONEAU) mediante los procesos de autorización de la creación y evaluación de las universidades y de las carreras de postgrado y de las de grado que afecten la salud y el bienestar de los habitantes.

Sin embargo, y en paralelo, creció la relevancia de los denominados rankings nacionales e internacionales de las universidades, que pretendieron establecer escalas ordinales de clasificación de las instituciones, mediante el uso de diversos indicadores. Localmente, ya la temática planteaba las dificultades de utilizar indicadores afectados en su propia definición por el tipo de modelo ideal de universidades que se definía como de calidad superior. Algunos indicadores "objetivos", que aparentan ser definidos externamente a los organizadores de los rankings, no dejan de presentar serias dificultades tanto en su construcción como en la importancia relativa que se les da en relación a la totalidad de la evaluación. Pero además, dada la insuficiencia de estas mediciones, los organizadores de los rankings fueron agregando mediciones subjetivas mediante encuestas de opinión a académicos, empleadores y otros agentes sociales, incrementando sensiblemente la arbitrariedad de las mediciones y las posibilidades de negociación y manipulación de los resultados.

En manos de empresas privadas o de institutos especializados de instituciones estatales, los rankings internacionales definitivamente incrementaron la arbitrariedad de los indicadores utilizados que reforzaron el modelo ideal abstracto de calidad, inspirado esencialmente por las universidades norteamericanas de investigación, una pequeña parte de las universidades de este país, con alta relevancia de la función de investigación. Hemos desarrollado en detalle la fragilidad de los indicadores utilizados y la imposibilidad de comparar a escala internacional instituciones con construcciones institucionales y objetivos disímiles estrechamente asociados a las etapas de desarrollo histórico de cada país.

Pero al resaltar la relevancia de la calidad de la función de investigación como parámetro organizador esencial de estas comparaciones, aparecieron inmediatamente en primer plano las formas de medición de esta, mediante un rol excluyente de las publicaciones en una fracción limitada de las revistas científicas. Además de excluir a otras formas de presentación de los resultados de la investigación que en ciertas disciplinas como las Ciencias Sociales y las Humanidades son determinantes, la selección de las revistas científicas reconocidas ha sido monopolizada por dos gigantescos grupos de comunicación. Además, buena parte de estas revistas son también editadas por estos mismos grupos más otros de gran dimensión internacional.

Como se construyó este proceso, inicialmente avalado por las comunidades científicas dominantes y en la actualidad fuertemente cuestionado por las consecuencias económicas para los investigadores y las instituciones para acceder a la información científica monopolizada, así como las crecientes críticas a los procesos de evaluación plasmados en la selección de los artículos publicados, es entonces un tema relevante. No meramente por una curiosidad histórica sino esencialmente porque las circunstancias y arbitrariedad con que se organizó la construcción del Science Citation Index en el Institute for Scientific Information sentó las bases de una extrema y arbitraria concentración en determinadas revistas, lo que fue notablemente reforzado por la cuasi obligatoriedad de publicar en inglés, desplazando a toda la producción científica en idiomas vernáculos y garantizando un monopolio dominante de las comunidades de los países angloparlantes.

Describimos aquí el papel relevante que jugó Eugene Garfield, quien –con su férrea voluntad de emprendedor y espíritu de hombre de negocios norteamericano– logró plasmar la construcción de un instrumento poderoso que luego fue transferido a un monopolio mundial como Thompson Reuters, que acentuó la instalación definitiva de este modelo de evaluación de la ciencia a escala internacional. Sofisticados instrumentos de organización de la información así generada no han podido ocultar la ilegitimidad de utilizar el "factor de impacto" de las citaciones de los artículos, medida generada exclusivamente para organizar la compra de material científico por los bibliotecarios y trasladada y aplicada irresponsablemente por las comunidades científicas para la evaluación de la calidad de los investigadores y de los proyectos de investigación. Hemos analizado además las inconsistencias epistemológicas de la cultura de la citación, que permite confundir cantidad con calidad incrementando así el embudo provocado por la concentración en determinado perfil de revistas científicas.

Hoy este tema ha sido denunciado y repudiado crecientemente por las comunidades científicas de muchos países por su inconsistencia. Notablemente, en Argentina las comisiones de evaluación del CONICET mantienen estos criterios reemplazando los procesos de evaluación por la apelación a los indicadores proporcionados por el ISI, cuestión además avalada por las publicaciones del Ministerio de Ciencia y Tecnología, que ha reemplazado la publicación completa de la producción científica de las entidades que generan ciencia en el país por publicaciones parciales y una amplia referencia a lo publicado por los investigadores argentinos en las revistas seleccionadas por el ISI, que muestran en forma extrema la escasa utilidad que tienen para reflejar la producción de una parte importante de las disciplinas científicas del país.

Además del tema de la inconsistencia de la aplicación del "factor de impacto" a los procesos de evaluación, la concentración monopólica de la producción científica por las editoriales comerciales internacionales está produciendo un gran movimiento alternativo. Un tema relevante en esta temática son las transformaciones en las comunicaciones en la ciencia. En los últimos años, a partir de la digitalización de los contenidos y del surgimiento de Internet, ha habido una rápida transformación de las comunicaciones científicas. Ello ha afectado el formato, las vías de comunicación utilizadas, el negocio editorial y el contenido de la información a publicar, afectando la forma de prepararla. Se ha desarrollado intensamente el sistema de acceso abierto determinando nuevas formas de comercialización editorial y también se asiste al avance de los estados nacionales por recuperar la difusión de las producciones científicas generadas a partir de proyectos científicos financiados con recursos estatales.

Todos estos elementos están también redefiniendo los sistemas de evaluación académica que sigue siendo un aspecto central en el control de la calidad de la producción científica. El sistema evoluciona en forma acelerada, y en pocos años se verán grandes cambios en la forma de circulación y legitimación de la información científica.

En este volumen hemos centrado el análisis en la génesis de estos procesos que afectan fuertemente la transparencia de los procesos de evaluación en las comunidades científicas. En el volumen siguiente analizaremos cómo se complejizó el sistema internacional de organización de las revistas científicas, las distintas formas de medición de la ciencia a través de las citas de lo publicado, los debates sobre la recuperación de los idiomas vernáculos, en nuestro caso el español, para la publicación en ciencia, la historia de los procesos de evaluación y de las publicaciones de las comunidades científicas en Argentina y los debates actuales sobre los criterios de evaluación legitimados y en procesos de transformación.

BIBLIOGRAFÍA

Adair, William C. (1955). "Citation Indexes for Scientific Literature", American Documentation 6:31-32, 1955. http://garfield.library- upenn.edu/papers/science1955.pdf

Albornoz, Mario (2007). "Los problemas de la ciencia y el poder". Revista *CTS*, n° 8, vol. 3, abril de 2007, págs. 47-65.

— (2008). "Evaluación en ciencia y tecnología". En *Ética de la gestión en la investigación biomédica*. Buenos Aires, Paidós.

Algaba, Antonio (2000). "La difusión de la innovación. Las revistas científicas en España 1760-1936". *Scripta Nova. Revista Electrónica de Geografía y Ciencias Sociales* nº 69 (17), 1 de agosto de 2000, ISSN 1138-9788. Universidad de Barcelona.

Allen, B. y otros (1994). "Persuasive communities: a longitudinal analysis of references in the Philosophical Transactions of Royal Society: 1665.1990", *Social Studies of Science*, vol. 24, nº 2.

Altbach, P. (2004). "The Costs and Benefits of World-Class Universities". *Academe* 90 (1 January-February). http://www.aaup.org/AAUP/pubsres/academe/2004/JF/Feat/altb.htm

— (2006). "The Dilemmas of Rankings". *International Higher Education* nº 42.

— (2009). *Educación superior comparada. El conocimiento, la universidad y el desarrollo*. Buenos Aires, Universidad de Palermo.

Babini, José (1954). *La evolución del pensamiento científico en la Argentina*. Buenos Aires, La Fragua.
Báez, Fernando (2013). *Nueva historia universal de la destrucción de libros. De las tablillas sumerias a la era digital*. México, Océano.
Barsky, Osvaldo (1987). *Los posgrados universitarios en la República Argentina*. Buenos Aires, Troquel.
— (2012). "Acerca de los rankings internacionales de las universidades y su repercusión en Argentina". Revista *Debate Universitario*, vol. 1, n° 1, diciembre de 2012, págs. 35-83, ISSN 2314-2138. Buenos Aires, CAEE-UAI.
— (2014). "La evaluación de la ciencia, la crisis del sistema internacional de revistas científicas y propuestas de políticas". Exposición en el Seminario Iberoamericano de "Ciencia, tecnología, universidad y sociedad". OEI, Observatorio CTS, Consejo Interuniversitario Nacional, Buenos Aires, 26, 27 y 28 de mayo de 2014.
Barsky, O.; Sigal, V. y Dávila, M. (coords.) (2004). *Los desafíos de la universidad argentina*. Buenos Aires, Universidad de Belgrano - Siglo XXI.
Barsky O. y Dávila, M. (coords.) (2010). *Las carreras de posgrado en la Argentina y su evaluación*. Buenos Aires, Teseo - Universidad de Belgrano.
Barsky, O.; Busto Tarelli, T.; Di Tullio, E.; Fernández, l.; Petrantonio, M. y Pousadela, I. (2006). "Políticas y mecanismos para fortalecer la articulación entre los posgrados universitarios y las cadenas productivas con el fin de mejorar los niveles de competitividad". En *Universia. La formación universitaria para el sistema educativo y el sector productivo. Casos comparados*. Págs. 463-718. Buenos Aires, Planeta.

Baty, Phyl (2010). "The unveils broad, rigourous new rankings methodology". *Times Higher Education*, 3 june 2010. Retrieved on 12 Jan. 2011 from: http://www.timeshighereducation.co.uk/story.asp?sectioncode=26&storycode=411907&c=1

Bernal, John D. (1964). *Historia social de la ciencia*. Península.

Bernal, John D. (1967). *The social function of science*. Cambridge, MIT Press.

Bernal, John D. (1979). *La ciencia de nuestro tiempo*. México, Nueva Imagen.

Berry, E. M. (1981). "The evolution of scientific and medical journals". *New England Journal of Medicine*, USA, 305 (7), págs. 400-402.

Biojone, Mariana Rocha (2002). "Presencia de las revistas latinoamericanas, caribeñas, españolas y portuguesas en las bases de datos internacionales". En Primera Reunión Regional de la red Scielo, Valparaíso, Chile, 30 sept. - 2 oct. 2002.

Bok, Derek (2009). *Más allá de la torre de marfil. La responsabilidad social de la universidad moderna*. Buenos Aires, Universidad de Palermo.

Borges, Jorge Luis (1979). *Borges oral*. Buenos Aires, Emecé Editores.

Borges, Jorge Luis (2005). "La biblioteca de Babel". En *Obras Completas I* (3a ed.). Barcelona, RBA.

Bradford, Samuel Clement (1934). "Sources of information on specific subjects". *Engineering* 137, Pág. 85-86.

Brinton, Crane (1966). *Las ideas y los hombres. Historia del pensamiento de Occidente*. Madrid, Aguilar.

Brown, Peter (2001). "The Move of U.S. Publishers Overseas". En *A Century of Science Publishing. A*

Collection of Essays. E. H. Fredriksson (editor), Amsterdam, IOS Press.

Brunner, J. J. (2012). "La idea de Universidad en tiempos de masificación". En *Universia*, n° 7, vol. III. http://ries.universia.net

Buringh, Eltjo; van Zanden, Jan Luiten (2009). "Charting the 'Rise of the West': Manuscripts and Printed Books in Europe. A Long-Term Perspective from the Sixth through Eighteenth Centuries". *The Journal of Economic History*, 69 n° 2, págs. 409-445 (416-417, tables 1 & 2).

Cameron, Jamie (2001). "Watersheds in Scientific Journal Publishing". En E. H. Fredriksson (ed.). *A Century of Science Publishing. A Collection of Essays*. Amsterdam, IOS Press.

Campanario, J. M. (2002). "El sistema de revisión por expertos (peer review): muchos problemas y pocas soluciones". Revista *Documentación Científica* n° 25. Madrid.

Candolle de, Alphonse (1987). "Histoire des sciences et des savants depuis deux siècles, d'après l'opinion des principales académies ou sociétés scientifiques". Texte revu par Bruno Latour (ed.). París, Fayard.

Cañedo Andalia, R.; Nodarse Rodríguez, M.; Ramos Ochoa, R. E.; Guerrero Pupo, J. C. (2005). "Algunas precisiones necesarias en torno al uso del factor de impacto como herramienta de evaluación científica". Acimed 2005; 13 (5). Disponible en: http://bvs.sld.cu/revistas/aci/vol13_5_05/aci01505.htm

Cawkel, Tony y Garfield, Eugene (2001). "Institute for Scientific Information". En E. H. Fredriksson (ed.). *A Century of Science Publishing. A Collection of Essays*. Amsterdam, IOS Press.

CHE (Center for Higher Education Development) (2010). "Methodology". *Die Zeit.*

Ciapuscio, Héctor (1999). *Nosotros y la tecnología.* Buenos Aires, Grupo Editor Ágora.

Cole, F. J.; Eales, N. B. (1917). "The history of comparative anatomy. Part - 1: A Statistical analysis of literature". *Science Progress,* 11, págs. 578-596.

Cole, Stephen y Cole, Jonathan R. (1967). "Scientific Outpout and Recognition: A Study in the Operation of the Reward System in Science", *American Sociological Review*, vol. 32, Issue 3 (Jun. 1967), págs. 377-390.

Cole, Jonathan y Cole, Stephen (1971). "Measuring the Quality of Sociological Research: Problems in the Use of the Science Citation Index". *The American Sociologist*, vol. 6 (February), págs. 23-29.

Cortes Vargas, D. (2007). "Medir la producción científica de los investigadores universitarios: la bibliometría y sus límites". *Revista de la Educación Superior*, vol. XXXXVI (2), n° 142, Abril-Junio, págs. 43-65.

Darton, Robert (2010). *Las razones del libro.* Buenos Aires, Trama.

Elzinga, Aant (1988). "Bernalism, Comintern and the Science of Science. Criticial Science Movements then and Now". En J. Annerstedt y A. Jamison (comps.). *From Research Policy to Social Intelligence.* Londres, Macmillan.

Elsinga, Aant y Jamison, Andrew (1996). "El cambio de las agendas políticas en ciencia y tecnología". Revista *Zona Abierta* 75/76. Madrid.

Fredriksson, Einar H. (2001). "The Dutch Publishing Scene: Elsevier and North-Hollan". En E.H. Fredriksson (editor). *A Century of Science Publishing. A Collection of Essays".* Amsterdam, IOS Press.

Galard, Jean (2001). "The Birth of Scientific Publishing. Descartes in the Netherlands". En E. H. Fredriksson (editor). *A Century of Science Publishing. A Collection of Essays*. Amsterdam, IOS Press.

Galton, Francis (1874). *English Men of Science: Their Nature and Nurture*. Londres, Mac Millan & Co.

García Delgado, Juan Carlos; Alonso, José Antonio y Jiménez, Juan Carlos (coords.) (2013). *El español, lengua de comunicación científica*. Barcelona, Ariel.

Garfield, E. (1954). Shepardizing the Scientific Literature. Unpublished paper, Columbia University.

— (1955). Citation indexes for science: a new dimension in documentation through association of ideas. Science Citation Index Science 122: 108-111.

— (1957). Breaking the subject index barrier –a citation index for chemical patents. Personal Archive Eugene Garfield.

— (1958). A general feasibility study of citation indexes for science. A proposal for research. Personal Archive Eugene Garfield.

— (1960). Citation index to genetics literature. Application for Research Grant. Personal. Personal Archive Eugene Garfield.

— (1962). Citation index project, progress report # 2. Personal Archive Eugene Garfield.

— (1964). Science citation index. A New Dimension in Indexing. Science 144, 649- 654.

— (1970). Citation indexing for studying science. Nature 227, 669-671.

— (1979). Citation indexing: its theory and application in science, technology, and humanities. New York: John Wiley & Sons.

— (2007). "Tracing the Influence of JD Bernal on the World of Science through Citation Analysis". Presented at Bernal Symposium on Protein Crystallisation. University College, Dublin, Belfield, Dublin, 3 y 4, September.

Garfield, E. & Sher, I. H. (1963), Genetics Citation Index— Experimental Citation Indexes to Genetics. Personal Archive Eugene Garfield.

Gingras, Yves (2002). "Les forms especifiques de l'internationalité du champ scientifique". *Actes de la Recherche en Sciences Sociales*, n° 141-142.

Goldstein, H. y Spiegelhalter D. J. (1996). "League tables ad their limitations: statistical issues in comparisons of institutional performance" en *Journal of the Royal Statistical Society* vol. 159, págs. 385-443.

Gunther, John (1956). *Roosevelt en perspectiva. Un perfil en la historia*. Buenos Aires, Americana.

Harvey, Lee (1999). "Quality in higher education". Paper at the Swedish Quality Conference, Göteborg, University of Central England in Birmingham.

Hessen, Boris (2010). "Las raíces socioeconómicas de la mecánica de Newton". Edición a cargo de Pablo Huerga Melcón (www.isinet.com) y presentado en el Seminario sobre Evaluación de la Producción.

Hobsbawm, Eric (1998). *Historia del siglo XX*. Buenos Aires, Crítica.

Huerga Melcón, Pablo (1966). *La ciencia en la encrucijada. Análisis crítico de la célebre ponencia de Hessen "Las raíces socioeconómicas de la mecánica de Newton, desde las coordenadas del materialismo filosófico"*. Madrid, Biblioteca Filosofía en español - Pentalfa Ediciones.

IREG (2006). Berlin Principles on Ranking of Higher Education Institutions adopted at IREG's 2° meeting in Berlin, 18-20 May, 2006. Journal of Patent Office Society XXXIX, 583-595.

Lemaitre, M. J. (2009). "Nuevos enfoques sobre aseguramiento de la calidad en un contexto de cambios". En revista *Calidad en Educación* n° 31, Consejo Nacional de Educación, Santiago de Chile.

Liebenberg, Louis (2013). "The origin of science. On the Evolutionary Roots of Science and its Implications for Self-Education and Citizen Science". Cyber Tracker, South Africa.

Liu, N. C. y Cheng, Y. (2005). "Academic Ranking of World Universities. Methodologies and problems". En *Higher Education in Europe*, vol. 30, n° 2.

Marcos, Mari Carmen (1988). "Elsevier Science: editorial y servicio de información". En revista *El profesional de la información*. Octubre de 1988.

Martínez Rizo, F. (2011). "Los rankings de universidades: una visión crítica". *Revista de la Educación Superior*, vol. 40, n° 157, enero/marzo, México.

Martínez, Pablo F. (2009). "El pensamiento agrario ilustrado en el Río de la Plata: Un estudio del Semanario de Agricultura, Industria y Comercio (1802-1807)". *Mundo Agrario*, 8 (18). Facultad de Humanidades y Ciencias de la Educación, Universidad Nacional de la Plata.

Mendoza, S. y Paravic, T. (2005). "Origen, clasificación y desafíos de las revistas científicas". En *Investigación y postgrado*, vol. 21, n° 1, junio. Caracas.

Merton, Robert K. (1938). *Science Technology and Society in Seventeenth Century England*. Nueva York, Howard Fertig, 1970.

— (1964). "Teoría y estructuras sociales ". Fondo de Cultura Económica, México.
— (1968). *Social Theory and Social Structure*. Nueva York: The Free Press.
— (1968). "The Matthew Effect in Science". *Science* 159, n°. 3810, págs. 56-63.
— (1973). "La estructura normativa de la ciencia". En *La Sociología de la Ciencia. Las investigaciones teóricas y empíricas*. Págs. 267-278. University of Chicago Press.
— (1977). *La sociología de la ciencia: investigaciones teóricas y empíricas*. Recopilación e introducción de Norman W. Storer. Madrid, Alianza Editorial.
Merton, Robert K. y Garfield, Eugene (1963). "Introduction". En *Little Science, Big Science... and Beyond*. Nueva York, Columbia University Press.
Nicholls, J. (1992). "Academic development and quality control". Manuscrito no publicado. Presentación en el Seminario "Los cambios en la educación Superior". Montevideo.
Oppenheimer, A. (2010). ¡Basta de histor*ias! La obsesión latinoamericana con el pasado y las 12 claves del futuro*. Buenos Aires, Sudamericana.
Ordorica, I. y Rodríguez Gómez, R. (2010). "El ranking Times en el mercado del prestigio universitario". En *Perfiles Educativos*, vol. XXXII, n° 129, págs. 8-25. México.
Ordorica, I.; Rodríguez Gómez, R. et al. (2008). "Comentarios al *Academic Ranking of World Universities* 2008". Cuadernos de trabajo de la Dirección General de Evaluación Institucional, n° 2. México, UNAM-DGEI.

Orozco, Luis A. y Chavarro, Andrés. "Robert Merton (1910-2003). La ciencia como institución". *Revista de Estudios Sociales* nº 37, diciembre de 2010. Bogotá, Universidad de los Andes.

Ortega y Gasset, José (2005). *Misión del Bibliotecario*. México, Fundación Ortega y Gasset.

Ortiz de Montoya, Celia A. (1962). *Historia de la educación y de la pedagogía*. Paraná, Facultad de Ciencias de la Educación, Universidad Nacional del Litoral.

Ortiz, Renato (2009). *La supremacía del inglés en las ciencias sociales*. Buenos Aires, Siglo XXI.

Papp, Desiderio y Babini, José (1954). "La ciencia del renacimiento. Las Ciencias Exactas en el Siglo XVII". En Aldo Mieli. *Panorama general de historia de la ciencia VII*. Buenos Aires, Espasa-Calpe.

Patalano, Mercedes (2005). "Las publicaciones del campo científico: las revistas académicas de América Latina". *Anales de documentación* nº 8. Buenos Aires.

Pérez Rasetti, C. (2011). "Construcción de indicadores para el sistema de Educación Superior de Iberoamérica/América Latina y el Caribe. Reflexiones para una propuesta". OEI-CAECID.

Pérez-Esparrels C. y López García, A. (2009). "Los rankings de las instituciones de educación superior: una revisión del panorama internacional". En revista *Calidad en la Educación*, nº 30. Santiago de Chile, Consejo Nacional de Educación.

Piqueras, Mercé. "Aproximación histórica al mundo de la publicación científica". www.ub-edu/geocrit/sn-69-27.

Piqueras, Mercé (2001). "Peer review, ¿el talón de Aquiles de la publicación científica?". En *Biomedia*.

Disponible en: http//www.biomeds.net/biomedia/d010110001.htm

Piscoya Hermoza, L. (2006). "Ranking universitario en el Perú". Lima, Asamblea Nacional.

Piumbato Innocentini Hayashi, María Cristina. "Sociología da ciencia, bibliometria e cientometria: contribucioes para a análise de producao científica". Universidade Federal de São Carlos - UFSCar.

Porter, J. R. (1964). "The scientific journal-300th anniversary". *Bacterilogical Reviews* vol. 28, n° 3, septiembre, págs. 211-230. American Society for Microbiology, USA.

Prelat, Carlos E. (1961). "La Ciencia y la Técnica en el 'Seminario' de Vieytes". Extensión Cultural de la Universidad Nacional del Sur.

Pulido, A. (2008). "El futuro de la universidad". www.univnova.org/documentos/1pdf. Madrid.

QS University Rankings. Latin América (2012). www.qs.com

Rauhvargers, A. (2011). "Global university rankings and their impact". European University Association, Brussels, Belgium.

Renaut, Alain (2008). *Qué hacer con las universidades.* UNSAN.

Restrepo Arango, Cristina y Urbizagástegui Alvarado, Rubén. "La selección de revistas mediante el análisis de citas y la ley de Bradford en una biblioteca académica". Revista *Códices* vol. 6, n° 2, págs. 159-172, julio-diciembre de 2010. México.

Rhodes, Frank H. T. (2009). *La creación del futuro. La función de la universidad norteamericana.* Buenos Aires, Universidad de Palermo.

Rivera, E. (2012). "Razones, defectos y límites de los rankings". Campus. www.campusmilenio.com.mx

Roussos, Andrés (2014). "Cambio de paradigma en las comunicaciones científicas en Psicología". En revista *Debate Universitario* vol. 2, n° 4, mayo 2014, págs. 44-64. Buenos Aires, CAEE-UAI. Disponible en: http:/ppct.caicyt.gov.ar/index.php/debate-universitario/article/view/4758/pdf ISSN 2314-1530.

Rothblatt Sh. et al. (eds.) (1996). *La universidad europea y americana desde 1800*. Barcelona, Pomares.

Salmi, J. y Saroyan, A. (2007). "League tables as policy instruments: Use and misuses". *Higuer Education Management and Policys* vol. 19, n° 2, págs. 31-68.

Salmi, J. (2009). *El desafío de crear universidades de rango mundial"*. Washington, Banco Mundial.

Sarkowski, Heinz (2001). "The Growth and Decline of German Scientific Publishing. 1850-1945". En E. H. Fredriksson (ed.). *A Century of Science Publishing*. Amsterdam, IOS Press.

Sarton, George (1965). *Seis alas. La vida de la ciencia*. Buenos Aires, Eudeba.

Schwartzman, S. (1992). "Non-western societies and higher education". En B. R. Clark y G. Neave (ed.). *The Encyclopedia of Higher Education*. Vol. 2. Oxford, Pergamon Press.

— (2010). "O Impacto dos rankings nas instituicoes de ensino". VIII Congreso Brasileiro de Gestao Educacional, San Pablo.

Solla Price de, Derek. J. (1961). *Science since Babylon*. New Haven, Yale University.

— (1963). *Little science, big science*. New York, Columbia University Press.

— (1973). *Hacia una ciencia de la ciencia*. Barcelona, Ariel.

Spinak, Ernesto (1996). "Los análisis cuantitativos de la literatura científica y su validez para juzgar la producción latinoamericana". Boletín de la Oficina Sanitaria Panamericana nº 120 (2).

— (1998). "Indicadores cienciométricos". Ci. Inf., Brasilia, v. 27, n° 2, maio/ago, págs. 141-148.

Stella, Anthony y Woodhouse, David (2006). "Ranking of Higuer Education Institutions, Australian Universities Quality Agency". AUQUA Ocassional Publications n° 6.

Thompson, John B. (2005). *Books in the Digital Age*. Cambridge, Polity Press.

Thomson. Science citation Index. http://scientific.thomson.com/products/ssci

Usher, A. y Savino, M. (2006). "A world of difference. A global survey of university league tables". En Educational Policy Institute, Toronto.

— (2006) "Estudio global de los rankings universitarios" en *Calidad en la educación* nº 25, Santiago de Chile.

van Raan, A (2005). "Fatal attraction: Conceptual and methodological problems in the ranking of universities by bibliometric methods". En *Scientometrics*, nº1, págs. 133-143.

Wouters, Paul (1999). "The Citation Culture". Doctoral Thesis. University of Amsterdam.

Weber, L. E. y Duderstadt, J. J. (2004). "Challenges and Possible Strategies for Research Universities in Europe and the United States" in Reinventing the Research University. Edited by L.E, Weber and J.J. Duderstadt, Economica, London, Paris, Genève.

Wells, H. G. (1938). "World Brain". Methuen y Co. London. En web edition eBook@Adelaide, University of Adelaide, Australia.

Williams, R. (2008). "Methodology, meaning, and usefulness of rankings". Australian Universities Review, 50 (2), págs. 51-58.

Ziman, John (1986). *Introducción al estudio de las ciencias*. Barcelona, Ariel.